교과세특
탐구주제 바이블
인문계열편

CampusMentor 캠퍼스멘토 ×  모야
Make Objects You Ask

저자 소개

한승배

양평전자과학고등학교 진로전담교사 재직중

▌'10대를 위한 직업백과', '미리 알아보는 미래 유망직업',
  '학과바이블', '홀랜드 유형별 유망 직업 사전' 등 단행본 다수 집필
▌'2009·2015 개정 교육과정 중학교 및 고등학교 진로와 직업'
  교과서 진필, '드림온 스토리텔링' 및 '원하는 진로를 잡아라' 보드게임 개발

강서희

안양여자상업고등학교 진로전담교사 재직중

▌'홀랜드 유형별 유망 직업 사전', '페이스메이커',
  '미디어 활용 진로 탐색 워크북' 집필
▌'원하는 진로를 잡아라' 및 '드림온 스토리텔링' 보드게임 개발,
  고등학교 '진로와 직업' 2015 개정 교육과정 인정도서 심의위원

근장현

대지중학교 진로전담교사 재직중

▌'대한민국 미래교육 콘서트' 집필
▌경기도교육청 정책실행연구회 회장, 경기도 진로진학상담교사협의회
  부회장, 네이버 지식인 학교생활 컨설턴트, 중학교 '진로와 직업'
  2015 개정 교육과정 인정도서 심의위원

김강석

숭신여자고등학교 진로전담교사 재직중

▌'학과바이블', '나만의 진로 가이드북', '진로 포트폴리오
  하이라이트(고등학교)' 등 단행본 및 교과서 다수 집필
▌경기도 진로진학상담교사협의회 부회장, 2009·2015 개정 교육과정 및
  성취기준 연구, 방송통신중 교육 콘텐츠 개발 참여

김미영

수지고등학교 화학과 교사 재직중

▌'2015 개정 교육과정 화학 교과 STEAM' 자료개발 및 교사 연수 강사,
  '블렌디드 러닝 화학교과' 성장 중심 자료개발 참여
▌경기도 화학교육연구회 및 경기도 신과수교육연구회 연구위원,
  교과 연계 민주시민교육실천 교사연구회 연구위원,
  중등 1급 정교사 자격연수(화학) 멘토링

김수영

죽전고등학교 수학과 교사 재직중

▌경기도 수업비평교육연구회 및 경기도 수학교육연구회 연구위원

김준희

죽전고등학교 진로전담교사 재직중

▌'경기도 진로교육생태계' 집필
▌교육부 네이버지식iN 학교생활컨설턴트, 경기도 진로교육 실천사례
  연구대회 심사위원, 고등학교 '진로와 직업' 2015 개정 교육과정 인
  정도서 심의위원

김호범

호원중학교 수석교사 재직중

▌'전통교육에 기초한 단비교육', '2030년에 삶이 살아 숨 쉬는 수학수업',
  '단비 수학선생님' 집필
▌전 자카르타한국국제학교 교감

노동기

상현고등학교 체육과 교사 재직중

▌'체대입시 따라잡기 정시전략편', '체대입시 따라잡기 수시전략편' 집필
▌내일교육 '체대입시 칼럼' 기고

배수연

늘푸른고등학교 지리과 교사 재직중

▌전국연합출제위원, 도단위 NTTP 교과연구회 연구위원
▌경기혁신교육모니터단

신경섭

수일고등학교 진로전담교사 재직중

▍경희대학교 입학사정관 교사위원, 안산교육청 진로진학지원단
▍전국연합학력 출제위원, 고입검정고시 출제위원, 고입자기주도학습 전형위원

안병무

여강중학교 진로전담교사 재직중

▍'우리는 체인지메이커' 집필
▍고등학교 '진로와 직업' 2015 개정 교육과정 인정도서 심의위원, 경기중등진
로진학상담교육 연구회 분과장, 학생 진로교육 사이버 인증 시스템 개발위원,
정부 부처 연계진로체험 사업 자문위원, APEC 국제교육협력단 파견(AIV)

위정의

충현중학교 진로전담교사 재직중

▍'교과 연계 독서토론 워크북', '두근두근 미래직업체험 워크북' 집필
▍경기도교육청 독서교육 지원단, 경기도교육청 자격연수 논술평가 출제 및
검토위원, 중등 1급 정교사 국어과 자격연수 강사,
경기도중등진로교육연구회 연구위원

유현종

성남외국어고등학교 영어과 교사 재직중

▍'심화영어' 집필, '심화영어회화' 검토
▍중·고등학생 영어듣기평가 검토위원, 경기도 전국연합학력평가 문항검토위
원, 2012년 경기도교육청 인정도서심의회 심의위원, 2015 개정 교육과정 영
어과 교육과정 보고서, 경기도교육청 외고·국제고 교육과정운영 지원단

이남설

수원외국어고등학교 진로전담교사 재직중

▍'진로 포트폴리오 하이라이트(고등학교)' 집필, '교과세특 및 진로기반 학생부
프로그램' 개발
▍고3 전국연합학력평가 출제 및 검토위원, 주요 대학 교사 자문위원

이남순

동백고등학교 진로전담교사 재직중

▍'기업가정신으로 플레이하자', '꿈틀꿈틀 기업가정신 워크북', '서술형평가
ROADVIEW', '고3 담임 매뉴얼' 집필
▍경기도중등진로교육연구회 연구위원, 경기도중국어교육연구회 연구위원,
전국연합학력평가 출제위원, 경기도진학지도지원단, 대교협 대표강사

최미경

서현고등학교 윤리과 교사 재직중

▍2020 전국현장교육연구대회 1등급 수상
▍단국대학교 논술고사 검토위원, 학교생활기록부 컨설팅 지원단

하희

구리여자중학교 진로전담교사 재직중

▍'학과바이블', '나만의 진로가이드북', '진로 포트폴리오 스포트라이트(중학교)',
'두근두근 미래직업 체험 워크북', '똑똑 기업가정신', '블랜디드 수업에 기업가
정신을 담다' 집필
▍경기도 진로교육연구회 연구위원

서문

대학입학제도 개편방안과 대입공정성 강화방안, 그리고 2023 서울대학교 입시 예고안이 발표되었습니다. 이에 따르면 교과 활동 중 과목별 세부능력 및 특기사항(교과세특)에 기록된 내용이 학생부종합전형의 평가에서 가장 중요한 영역이 될 것으로 보입니다. 따라서 수업과정 중의 활동이나, 연계된 다양한 활동은 대학에서 가장 중요하게 평가하는 요소로 자리매김할 것입니다. 바로 여기에 탐구주제 활동의 중요성이 있습니다. 교과 수업과 관련하여 자신이 더 알고 싶거나 궁금한 탐구주제에 대해 자기주도적인 연구 활동이나 발표, 보고서, 토론 활동 내용들이 과목별 세부능력 및 특기사항란에 기록되기 때문입니다.

이 책에는 그 중요성이 더욱 커지고 있는 교과세특의 필수 요소인 탐구 주제에 관한 모든 것을 담았습니다.

하지만 자신의 전공분야에 대해 호기심을 가지고 교과별, 전공별 탐구 주제를 선정하는 것은 매우 힘든 부분입니다. 어렵게 탐구 주제를 선택하였다고 할지라도 주제가 너무 쉽거나 흔하다든지 또는 고등학교 수준에서 접근하기 어려운 주제라 이를 탐구하는 과정에 너무 많은 시간과 에너지를 소비하게 되는 문제가 발생합니다.

이 책에는 학생들이 가장 어려워하는 탐구주제 선정 문제 해결을 위해 다양하고 구체적인 내용의 탐구 주제를 담았습니다. 먼저, 대학의 학과를 7개 계열(인문계열, 사회계열, 자연계열, 공학계열, 의학계열, 예체능계열, 교육계열) 등으로 나누고, 2015 개정 고등학교 교육과정의 핵심 과목인 '국어과, 사회과, 도덕과, 수학과, 과학과, 영어과' 등의 일반 선택과목과 진로선택 과목을 선정하였습니다. 그리고 제시된 모든 교과에서 성취기준을 분석하여 7개 계열과 계열별 대표학과에 적합한 탐구 주제를 제시하고 있습니다. 이 책에 제시된 다양한 교과별 탐구 주제를 참고하여, 학생들 스스로 더욱 확장되거나 심화된 주제를 찾아서 연구해 본다면 더욱 좋을 것입니다. 평소에 무심코 지나쳤던 것들에 대해 관심과 의문을 가지고 주제를 찾아보고, 탐구를 통해 질문의 답을 찾아가는 과정은 대학에서 요구하는 가장 중요한 핵심 역량이기도 합니다.

입시 정책은 항상 변화합니다. 변화에 주저하고, 혼란스러워하면 자신에게 주어진 시간을 낭비하는 것입니다. 상황을 분명하게 인식하고 정확한 내용을 파악하여 발 빠르게 대처한다면 누구나 좋은 결과를 얻을 수 있습니다. 이 책에 제시된 탐구할 주제들은 에시 자료입니다. 학생 개개인의 적성과 진로, 흥미를 고려하여 자신에게 적합한 주제를 정해서 열심히 탐구한다면 여러분에게 많은 도움이 될 것입니다. 지금 이 시간에도 자신의 진로를 찾기 위해 열심히 노력하고 있을 대한민국의 모든 고등학생들을 진심으로 응원합니다.

이 책의 활용상 유의점

1.

이 책은 2015 개정 고등학교 교육과정 보통교과군(국어/사회(도덕, 역사 포함)/영어/과학/수학)과 예체능 계열의 경우 보통교과군 외 예술체육 교과군(체육/음악/미술)의 일반 선택 및 진로 과목의 성취기준 분석을 바탕으로 약 4,000여개의 탐구 주제를 추출하였습니다.

2.

이 책은 교과별 구분 이외에 인문, 사회, 자연, 공학, 의약, 예체능, 교육 등 7개 계열과 해당 계열별 핵심 학과별로 구분하여 탐구 주제를 제시하였으므로 자신의 희망 진로에 맞는 탐구 주제를 활용할 수 있습니다.

3.

학생들은 교과의 단원, 성취기준을 학습하는데 발생하는 호기심을 기반으로 심화된 내용에 대해 탐구하고자 하는 주제를 선택하고 자신의 희망 전공에 맞게 내용을 응용 및 재구성, 심화하여 사용하는 것을 권장합니다.

4.

자신의 진로 분야에 맞는 내용만 활용하기 보다는 다른 분야의 같은 단원, 성취기준 내용의 탐구 주제 내용을 참고하여 2~3개의 주제를 통합하여 주제를 선정하는 것을 권장합니다.

5.

같은 주제라고 할지라도 접근하는 방법 및 과정에 따라, 그리고 결과물을 통해 배우고 느낀점에 따라 학교생활기록부의 교과별 세부능력특기사항에 입력되는 내용이 달라질 수 있습니다. 그러므로 탐구 결과뿐만 아니라 과정에 대한 구체적인 기록이 필요합니다.

6.

이 책에서 제시한 탐구 주제는 하나의 예시 자료이며, 해당학과의 탐구 주제를 대변하는 절대적인 주제가 아니므로 학생들은 학교& 학생의 상황 및 시대적인 이슈에 맞게 주제를 융통성 있게 변형하여 사용하는 것을 추천합니다.

이 책의 구성 ○

🏷 교과군

상단의 타이틀을 통해 교과군의 이름을 확인
할 수 있습니다.
보통 교과군(국어과·사회과·수학과·과학과·영
과)으로 구성되어 있습니다.

국어과

1

국어

핵심키워드

☐ 사회적 이슈   ☐ 글쓰기   ☐ 세계대회 중계   ☐ 중립성   ☐ 애국주의적 관점   ☐ 음악 분야의 활동 인물
☐ 음악계열 진로설계   ☐ 2018 자카르타-팔렘방 아시안게임   ☐ 야구 대표팀   ☐ 운동선수 병역특례법

📖 세부 과목명과 핵심 키워드

교과군 내 세부과목과 해당 과목 탐구주제의
핵심 키워드를 미리 살펴봅니다. 그리고 체크
박스를 활용하여 관련 키워드를 알고 있는지
여부를 체크해볼 수 있습니다.

영역 **읽기**

성취기준

[10국02-02]   매체에 드러난 필자의 관점이나 표현 방법의 적절성을 평가하며 읽는다.

▶ 읽기가 독자의 머릿속에서 자신만의 독창적인 의미를 구성하는 것이 아니라 독자가 속한 구체적인 상
황과 사회·문화적인 맥락 속에서 다른 구성원들과 상호 작용하며 의미를 만들어 가는 과정임을 이해하
고, 글을 읽는 자세를 기르기 위해 설정하였다.

[10국02-05]   자신의 진로나 관심사와 관련된 글을 자발적으로 찾아 읽는 태도를 지닌다.

🏆 영역과 성취기준

영역은 해당 과목의 단원에 해당합니다. 각 영
역별 성취기준을 정리하였으며, 성취기준을 기
반으로 폭넓게 생각해볼 수 있는 탐구주제를
제시하였습니다.

탐구주제

1.국어 — 읽기

① 사회적 이슈(난민문제, 청소년 범죄, 과잉진압, 아동학대, 사회적 거리두기 등)에 관한 글을 읽고 자신의 구체적 상황
이나 사회·문화 및 역사적 배경을 고려하여 그 문제에 대한 자신의 생각을 글로 작성해 보자. 작성한 글을 참고하여
자신의 생각을 발표하는 영상을 촬영해 보자.
관련학과
만화애니메이션학과, 미디어영상학과, 사진학과

② 올림픽이나 아시안게임, 월드컵 등 세계대회 중계의 일부분을 발췌하여 읽어 보자. 그 내용 중에서 중립성을 지키지
못하고 애국주의적인 관점에서 해설한 부분을 찾고, 본인의 생각을 정리해 발표해 보자.
관련학과
경호학과, 공연예술학과, 무용학과, 체육학과, 사회체육학과, 스포츠경영학과, 스포츠건강관리학과, 스포츠과학과, 한국무용전공, 현대무용전공, 발레전공,
태권도학과

12

탐구주제

③ 음악 분야(작곡가, 뮤지컬가수, 음악감독, 지휘자, 무대행사 음악기획자, 피아니스트 등)에서 활동하는 인물의 인터뷰를 읽어보거나 영상을 시청해 보자. 그리고 관련 분야의 진로를 준비하려면 필요한 것이 무엇인지 조사하여 토론해 보자.

관련학과
국악과, 기악과, 만화애니메이션학과, 미디어영상학과, 성악과, 실용음악과, 음악학과, 작곡과

💡 탐구주제와 관련학과

교과세특 탐구주제와 함께 관련학과를 제시함으로써, 학생들이 자신의 희망 전공과 관련한 탐구주제인지 확인할 수 있도록 돕습니다.

영역 **쓰기**

성취기준

[10국03-01] 쓰기는 의미를 구성하여 소통하는 사회적 상호 작용임을 이해하고 글을 쓴다.

▶ 쓰기가 의미를 구성하는 과정이라는 점과 구성한 의미를 독자와 소통하는 사회적 상호 작용이라는 점을 이해하고 글을 쓰는 자세를 기르기 위해 설정하였다. 필자는 쓰기 맥락을 고려하는 가운데 자신이 가지고 있는 배경지식과 다양한 자료에서 얻은 내용을 과정에 따라 종합하고 조직하고 표현하면서 의미를 구성한다.

탐구주제

① 지난 2018 자카르타-팔렘방 아시안게임 야구 국가대표팀의 선발과정이 논란에 휩싸였었다. 관련 기사를 찾아서 읽어 본 후 우리나라 운동선수와 관련된 병역특례법을 이해하고 문제점과 해결 방안에 대한 본인의 생각을 정리하여 발표해 보자.

관련학과
경호학과, 체육학과, 사회체육학과, 생활체육학과, 스포츠경영학과, 스포츠건강관리학과, 스포츠과학과, 태권도학과

활용 자료의 유의점

ℹ️ 본인의 생각을 표현할 수 있는 일러스트레이션이나 영상을 제작
ℹ️ 본인이 관심 있는 인물의 인터뷰나 영상을 수업 전에 조사해오는 것을 권장
ℹ️ 평소에 관심을 가지고 있거나 체육수업시간에 했던 스포츠 종목을 바탕으로 소재 탐색

📎 활용 자료의 유의점

해당 과목의 탐구주제 활용 시에 참고해야 할 점을 제시하였습니다.

✏️ MEMO

탐구주제와 관련된 내용을 메모란에 자유롭게 적어보세요.

교과세특
탐구주제바이블
인문계열편

국어과 교과과정

국어과

국어

핵심키워드

☐ 쓰레기 ☐ 빈곤퇴치 ☐ 로봇세 ☐ 도시재생 ☐ 젠트리피케이션 ☐ 열섬현상 ☐ 베이비박스
☐ 소득세 ☐ 지방인재 채용 ☐ 적극적 안락사 ☐ 해양쓰레기 ☐ 미세먼지 ☐ 비정규직 ☐ 반려동물 보유세
☐ 이산화 탄소 배출 ☐ 노인빈곤 문제 ☐ 유전자변형 ☐ 스마트시티 ☐ 그린뉴딜 ☐ 디지털디톡스 운동

영역 ## 듣기·말하기

성취기준

[10국01-01~02] 개인이나 집단에 따라 듣기와 말하기의 방법이 다양함을 이해하고 듣기·말하기 활동을 하며 상황과 대상에 맞게 언어 예절을 갖추어 대화한다.

[10국01-03] 논제에 따라 쟁점별로 논증을 구성하여 토론에 참여한다.

▶ 정책 논제의 필수 쟁점으로는 문제의 심각성, 제시된 방안의 문제 해결 가능성 및 실행 가능성, 방안의 실행에 따른 효과 및 개선 이익 등을 들 수 있다.

[10국01-04] 협상에서 서로 만족할 만한 대안을 탐색하여 의사 결정을 한다.

▶ 협상에 대한 이해와 실행을 통해 의견을 조율하고 함께 만족할 만한 대안을 모색하는 의사결정능력을 기르기 위해 설정하였다. 협상의 개념과 절차를 이해하고 적용하여 협상을 실행함으로써 양측이 모두 만족할 만한 결과를 이끌어 내는 경험을 해 보는 데 중점을 둔다.

[10국01-05~06] 의사소통 과정을 점검하고 조정하며 듣고 말한다. 또한 언어 공동체의 담화 관습을 성찰하고 바람직한 의사소통 문화 발전에 기여하는 태도를 지닌다.

탐구주제

1. 국어 — 듣기·말하기

① 덤스터 다이빙(Dumpster diving)은 '충분히 먹을 수 있는 식료품이 쓰레기가 되어 길거리에 쌓이는 현실을 경고하기 위해 시작된 운동'이다. 덤스터 다이빙 운동은 우리에게 커다란 생각거리를 안겨준다. '무엇이 쓰레기이고 무엇이 아닌가? 이 많은 쓰레기들을 어떻게 하면 다시 되살려 낼 수 있을까? 환경적 가치와 경제적 가치는 늘 상충할 수밖에 없는 걸까?' 라는 주제 중에서 모둠별로 하나를 선택하여 토론해 보자.

관련학과
국어국문학과, 언어학과, 인문학부, 문화인류학과, 철학과, 글로벌학부, 문화콘텐츠학과, 고고학과, 중어중문학과, 영어영문학과, 일어일문학과, 노어노문학과, 서어서문학과, 불어불문학과, 문예창작학과

탐구주제

2 2019년 노벨 경제학상은 빈곤퇴치와 빈곤국의 발전과 가난한 사람들의 삶의 질 개선에 혼신해 온 뒤플로 교수 등 3명이 선정됐다. 빈곤국에서 시민들에게 음식을 주는 것과 현금을 지급하는 것 중 어느 정책이 빈곤 퇴치에 효과적인지 복지 실험을 한 것으로 전 세계의 주목을 받았다. 전 세계 빈곤 문제 해결을 위해 어떻게 미시적 접근법을 개발 경제학에 접목시켜 효과적인 빈곤 정책을 도출했는지 분석하여 발표해 보자.

관련학과
글로벌학부, 문화인류학과, 철학과, 인문학부, 국어국문학과, 신학과, 기독교학부, 고고학과, 영어영문학과, 독어독문학과, 서어서문학과, 불어불문학과,
중어중문학과

3 유럽에서 시작된 로봇세 논의는 IT 업계 대표적인 인사인 빌 게이츠가 로봇으로 인한 실업을 해결하려면 로봇에게 세금을 걷어야 한다고 제안하면서 찬반논란이 더욱 확산되고 있다. 로봇세를 부과해야 한다는 주제로 찬성과 반대측 입장 중에서 자신의 입장을 선택하여 토론해 보자.

관련학과
국어국문학과, 언어학과, 인문학부, 문화인류학과, 철학과, 글로벌학부, 문화콘텐츠학과, 신학과, 철학과, 중어중문학과, 일어일문학과, 영어영문학과,
독어독문학과, 불어불문학과

4 도시재생은 노후하여 쇠퇴한 지역을 물리적으로 개선하고 도시의 활력을 되찾도록 한다는 점에서 긍정적 효과가 있지만, 젠트리피케이션으로 인해 도시의 원주민이 내몰리고 대신 중산층이 이 자리를 차지하는 심각한 부정적 효과를 초래하기도 한다. 도시재생과 젠트리피케이션의 구체적인 사례를 조사하여 발표해 보자. 그리고 사회현상이나 사회 문제점들에 대해 탐색한 후 서로 의견을 조율하고 협상하여 만족할 만한 대안을 모색해 보자.

관련학과
국어국문학과, 언어학과, 인문학부, 문화인류학과, 철학과, 글로벌학부, 문화콘텐츠학과, 기독교학과, 신학과, 고고학과

5 열섬현상이란 인구의 증가·각종 인공 시설물의 증가·콘크리트 피복의 증가·자동차 통행의 증가·인공열의 방출·온실효과 등의 영향으로 도시 중심부의 기온이 주변 지역보다 현저하게 높게 나타나는 현상을 말한다. 국내외 사례분석을 통해 열섬현상 현황과 문제점 및 열섬현상 저감대책을 조사하여 발표해 보자.

관련학과
글로벌학부, 철학과, 언어학과, 국어국문학과, 인문학부, 문화콘텐츠학과, 문예창작학과, 신학과, 문화인류학과

6 부득이한 사정으로 아이를 키울 수 없게 된 부모가 아이를 두고 갈 수 있도록 마련된 상자, 베이비박스에 버려진 아이의 수가 해마다 승가하고 있다. '베이비박스를 늘려야 할까'에 대한 주제로 찬성 또는 반대측에서 자기측의 주장에 대한 근거를 제시하고 베이비박스의 문제점과 대안을 모색해 보자.

관련학과
철학과, 신학과, 기독교학과, 불교학부, 국어국문학과, 언어학과, 인문학부, 문화인류학과, 글로벌학부, 고고학과

7 국회예산정책처의 '소득세 개편에 따른 세수 전망' 보고서에 따르면 소득세 최고세율 인상안이 적용되는 고소득자는 향후 5년간 연평균 9,645억원의 세금을 더 부담해야 하는 것으로 나타났다. 마이클 샌델의 「정의란 무엇인가」라는 책을 읽고, 부자들에게 세금을 더 부과하는 정책에 대해 토의해 보자.

(정의란 무엇인가, 와이즈베리, 마이클 샌델)

관련학과
철학과, 기독교학과, 국어국문학과, 언어학과, 인문학부, 문화인류학과, 글로벌학과

(8) 최근 모 국회의원이 공공기관 지역인재 채용 비율을 35% 이상으로 의무화하는 내용을 골자로 하는 '지방대학 및 지역 균형인재 육성에 관한 법률' 일부 개정법률안을 대표 발의했다. 공공기관 지방인재 채용에 대한 국내 사례를 조사하고, 의무화 법안 발의에 대해 자신의 견해를 발표해 보자.

관련학과

국어국문학과, 언어학과, 인문학부, 사학과, 문화인류학과, 철학과, 글로벌학부

(9) 우리나라는 소극적 안락사를 시행하고 있고 적극적 안락사, 조력자살은 시행되지 않고 있다. 국내외에서 발생하고 있는 안락사 사례를 조사해 보고, 우리나라의 적극적 안락사 도입에 대한 찬반의견을 4가지 이상 근거를 들어 토론해 보자.

관련학과

철학과, 신학과, 기독교학과, 국어국문학과, 언어학과, 인문학부, 문화인류학과, 영어영문학과, 중어중문학과, 일어일문학과, 독어독문학과, 노어노문학과, 서어서문학과, 불어불문학과

(10) 매년 1,500톤의 플라스틱 쓰레기가 바다로 유입되고 있다. 이러한 현재의 상황이 지속된다면, 2050년에는 물고기보다 해양 쓰레기의 양이 더 많을 것이라 UN은 경고하고 있다. 해양 플라스틱 쓰레기의 발생 원인을 육지와 해양으로 나누어 정리하고, 이를 줄이기 위한 해결 방안을 토의해 보자.

관련학과

국어국문학과, 언어학과, 인문학부, 문화인류학과, 철학과, 글로벌학부, 기독교학과, 신학과, 중어중문학과, 영어영문학과, 일어일문학과, 노어노문학과, 서어서문학과, 불어불문학과

(11) 경제협력개발기구(OECD)는 한국에서 현재 수준의 공기오염이 지속될 경우, 2060년까지 한국인의 900만 명이 조기 사망할 것이라고 보고서를 통해 밝힐 정도다. 이처럼 갈수록 심해지고 있는 미세먼지의 피해 사례를 제시하고, 문제점들에 대해 서로 의견을 조율하고 협상하여 해결 대안을 모색하여 토의해 보자.

관련학과

중어중문학과, 국어국문학과, 언어학과, 인문학부, 문화인류학과, 철학과, 글로벌학부, 사학과, 신학과, 영어영문학과, 일어일문학과, 노어노문학과, 서어서문학과, 불어불문학과

(12) 한 해 동안 3만 7,715마리의 토끼가 실험동물로 사용되고 있다 . '의약품 개발을 위한 동물 실험을 금지해야 하는가'에 대한 주제로 찬성 또는 반대측에서 자기측의 주장이 타당함을 논리적으로 입증하여 토론해 보자.

관련학과

철학과, 신학과, 기독교학과, 국어국문학과, 언어학과, 인문학부, 문화인류학과, 글로벌학부, 불교학부

(13) 최근에 '공기업 비정규직의 정규화 그만해 주십시오.'라는 국민청원의 글이 올라오고 있다. 많은 사람들은 이를 역차별이고 특혜다라며 반발하고 있다. 공정성이란 공평하고 올바른 성질을 말하고, 평등이란 권리, 의무, 자격 등이 차별 없이 고르고 한결같음을 말한다. 우리 사회의 진정한 '공정성'과 '평등'이란 무엇을 말하는지 토의해 보자.

관련학과

인문학부, 국어국문학과, 문예창작학과, 문화인류학과, 철학과, 신학과, 기독교학과

탐구주제

(14) 농림축산식품부는 동물복지 종합계획을 통해 2022년부터 반려동물 보유세를 도입하는 방안을 검토하겠다고 밝혔다. 이에 세금 때문에 유기견이 늘 수도 있다는 반대 의견과 반려인들의 책임감을 위해 필요한 어쩔 수 없는 조치라는 찬성 의견이 팽팽히 맞서고 있다. 반려동물 보유세에 관한 찬반의 입장을 정한 후, 자신의 주장을 논리정연하게 근거를 제시하여 토론해 보자.

관련학과

기독교학과, 신학과, 인문학부, 국어국문학과, 문예창작학과, 문화인류학과

영역 읽기

성취기준

[10국02-01] 읽기는 읽기를 통해 서로 영향을 주고받으며 소통하는 사회적 상호 작용임을 이해하는 글을 읽는다.

> ▶ 독자는 사회적 이슈에 관한 글을 읽고 자신의 구체적 상황이나 사회·문화 및 역사적 배경을 고려하여 그 문제에 대한 자신의 생각을 형성하고, 이를 다른 사람과 공유하거나, 나아가 여론을 형성하기도 한다.

[10국02-02~03] 매체에 드러난 필자의 관점이나 표현 방법의 적절성을 평가하며 읽고, 삶의 문제에 대한 해결 방안이나 필자의 생각에 대한 대안을 찾으며 읽는다.

> ▶ 여러 자료에 대한 비판적 독서를 통해 독자 자신이나 사회가 안고 있는 문제들에 대한 해결의 실마리를 얻고, 필자의 관점이나 생각에 대하여 다양한 대안을 마련하며 읽는 능력을 기르도록 한다.

[10국02-04~05] 읽기 목적을 고려하여 자신의 읽기 방법을 점검하고 조정하며 읽는다. 그리고 자신의 진로나 관심사와 관련된 글을 자발적으로 찾아 읽는 태도를 지닌다.

> ▶ 자신의 진로나 관심사와 관련된 글을 자발적으로 찾아 읽는 태도를 지도할 때에는 토의 활동과 도서관 활동을 계획할 수 있다.

탐구주제

(1) 대멸종의 시작은 이산화 탄소로 인한 기온상승 때문이다. 그런데 문제는 현재 이산화 탄소 배출속도가 대멸종 시기보다 10배 이상 빠르다. 이산화 탄소 배출 속도가 빠른 원인을 조사하고, 이산화 탄소 배출에 따른 지구온난화 문제에 대해 토의해 보자.

관련학과

문화인류학과, 국어국문학과, 언어학과, 인문학부, 철학과, 글로벌학부, 고고학과, 중어중문학과, 영어영문학과, 일어일문학과, 노어노문학과, 서어서문학과, 불어불문학과

(2) 임대차보호 3법은 주택임차인이 주거생활을 안정적으로 영위할 수 있도록 하는 제도이다. 임대차보호 3법의 장단점을 조사해 보고, 이로 인해 나타나는 부작용과 해결 방안을 제시한 후, 관련 자료를 읽어보고 토의해 보자.

관련학과

국어국문학과, 언어학과, 인문학부, 문화인류학과, 철학과, 글로벌학부, 사학과

탐구주제

3 국제 공동 연구팀이 전 세계의 빛공해 실태를 조사한 결과, 우리나라는 빛공해에 많이 노출된 국가 2위로 나타났다. 인공조명 기술의 발전은 야간조명의 과용과 오용으로 이어져 빛공해라는 심각한 환경공해를 야기하게 되었다. 빛공해가 생태계에 미치는 영향에 대해 분석하고, 그에 대한 해결 방안을 창의적인 방법으로 제시한 후 관련 자료를 읽어보고 토의해 보자.

관련학과
글로벌학부, 문화콘텐츠학부, 국어국문학과, 언어학과, 문화인류학과, 철학과, 인문학부

4 은퇴를 해서 노후를 보내기 시작하는 베이비붐 세대의 20%가 아무런 노후 준비도 하지 못했다는 통계자료는 OECD 국가 중 노인 빈곤률 1위인 대한민국의 씁쓸한 자화상이다. 사회문제가 되고 있는 노인 빈곤문제의 원인을 조사해 보고, 해결 방안을 토의해 보자. 더불어 노후를 준비하기 위한 나의 인생 계획을 진로와 관련하여 설계해 보자.

관련학과
국어국문학과, 언어학과, 인문학부, 문화인류학과, 철학과, 글로벌학부, 사학과, 문화콘텐츠학과, 고고학과, 신학과, 중어중문학과, 영어영문학과, 일어일문학과, 노어노문학과, 서서서문학과, 불어불문학과

5 전국에 쌓여 있는 불법 폐기물 규모는 120만 3,000여 톤에 이른다. '불법 투기 폐기물' 야적장만 181곳이나 되며, 이런 불법 쓰레기 산으로 환경 문제가 심각하다. 현재 시행되고 있는 쓰레기 처리 방안을 조사하여 분석해 보고, 환경 문제를 줄일 수 있는 쓰레기 처리 방법과 폐기물 배출을 줄일 수 있는 해결 방안을 토의해 보자.

관련학과
국어국문학과, 언어학과, 인문학부, 문화인류학과, 철학과, 글로벌학부, 사학과, 문화콘텐츠학과, 신학과

6 유전자 편집기술은 빛의 속도로 빠르게 발전하고 있다. 크리스퍼-CAS9이라는 기술의 진보로 맞춤아기의 실현 가능성이 한층 높아졌다. 수년 안에 과학자들은 유전자 가위 기술로 유전자 변형 인간을 만들려고 할 것이다. 인간의 유전자 변형을 통해 생길 수 있는 문제점에 대해 분석하여 해결 방안을 토의해 보자.

관련학과
철학과, 신학과, 국어국문학과, 언어학과, 인문학부, 문화인류학과, 글로벌학부, 사학과, 고고학과

7 매체의 자료에는 필자의 의도가 담겨 있으므로 적절성과 타당성을 평가하며 읽어야 한다. 같은 정보를 다루고 있는 두 개의 신문기사를 선정하여 기사에 담긴 필자의 관점을 파악하고, 매체자료의 적절성 및 타당성을 분석하여 발표해 보자.

관련학과
문화콘텐츠학과, 국어국문학과, 언어학과, 인문학부, 문화인류학과, 글로벌학부, 사학과, 고고학과, 철학과

8 직업 이름에는 그 직업 특성과 그 직업을 대하는 사회적 인식이 녹아 있다. 다양한 직업을 나타내는 단어를 조사하여 그 이름이 붙은 이유를 찾아 보자. 그리고 그 직업을 바라보는 사회적 인식의 변화 과정(과거와 현재)을 분석하여 발표해 보자.

관련학과
국어국문학과, 언어학과, 인문학부, 문화콘텐츠학과, 문화인류학과, 글로벌학부, 사학과, 고고학과, 철학과, 영어영문학과, 중어중문학과, 일어일문학과, 독어독문학과, 노어노문학과, 서서서문학과, 불어불문학과

탐구주제

9 전 세계의 70억 인구 중 14억 명이 1,300원으로 하루를 살고 5억 명이 매일 배를 곯으며, 연간 2만 5천 명이 굶어 죽고 있다. 빈곤의 원인과 우리 사회의 부의 분배 기준은 공정한지 생각해 보자. 그리고 빈곤을 극복하기 위한 해결 방안을 찾아보고, 토의해 보자.

관련학과

국어국문학과, 언어학과, 인문학부, 문화인류학과, 철학과, 글로벌학부, 사학과

영역

쓰기

성취기준

[10국03-01] 쓰기는 의미를 구성하여 소통하는 사회적 상호 작용임을 이해하고 글을 쓴다.

▶ 필자는 쓰기 맥락을 고려하는 가운데 자신이 가지고 있는 배경지식과 다양한 자료에서 얻은 내용을 과정에 따라 종합하고 조직하고 표현하면서 의미를 구성한다.

[10국03-02~03] 주제, 독자에 대한 분석을 바탕으로 타당한 근거를 들어 설득하는 글을 쓰며, 자신의 경험과 성찰을 담아 정서를 표현하는 글을 쓴다.

▶ 글을 쓸 때 다른 학습자와 소통하며 내용을 생성·조직하고 표현하는 과정, 완성한 글을 다른 학습자와 공유하는 과정에서 쓰기의 가치와 본질을 자연스럽게 인식하게 한다.

[10국03-04~05] 쓰기 맥락을 고려하여 쓰기 과정을 점검·조정하며 글을 고쳐 쓰며, 글이 독자와 사회에 끼치는 영향을 고려하여 책임감 있게 글을 쓰는 태도를 지닌다.

▶ 소재가 같은 글이라도 주제, 목적, 독자, 매체에 따라 글의 내용이나 형식이 달라질 수 있음을 이해하도록 한다.

탐구주제

1 국토교통부는 스마트시티 정책 발전 방안 보고서를 통해 "도시 시스템 전체를 통합된 체제로 운영 관리할 수 있는 UOS(Urban Operating System)를 설계하고, 이를 통해 데이터 수집·분석을 위한 플랫폼을 구축할 필요가 있다."고 했다. 스마트 시티의 현재와 미래에 대해 분석을 해 보고, 스마트 기술을 이용하여 교통체증 및 환경오염 등 도시문제를 해결할 수 있는 창의적인 방안을 작성해 보자.

관련학과

국어국문학과, 언어학과, 인문학부, 문화콘텐츠학과, 문화인류학과, 글로벌학부, 사학과, 고고학과, 철학과

2
2020년 7월 정부가 발표한 그린뉴딜 정책은 기후 변화 대응·에너지 전환 등 환경에 대한 투자를 통해 경기부양과 고용촉진을 끌어내는 정책을 말한다. 그린뉴딜은 코로나 19 극복 이후 다가올 새로운 시대·상황, 이른바 '포스트 코로나'의 핵심 과제로 꼽히고 있다. 기존 경제·경제 산업 시스템에 대한 대변혁으로, 저탄소 경제구조로 전환하면서 기후위기와 환경문제에 대응하기 위한 것이다. 환경과 공존하는 인류의 삶에 대해 깊이 고민해 보고, 그린뉴딜 정책에 제안하는 글을 작성해 보자.

관련학과
글루벌학과, 인문학부, 국어국문학과, 문예창작학과, 문화인류학과

3
잊힐 권리(Right of be forgotten)는 개인이 온라인상에 올라가 있는 자신과 관련된 특정 기록의 삭제나 정정을 요구할 수 있는 권리를 말한다. 잊힐 권리와 그 반대편에 서 있는 알 권리 중 어떤 것이 우선하는지 각 주장에 대한 근거를 정리하여 사회에 끼치는 영향을 고려하면서 책임감 있게 글을 작성해 보자.

관련학과
문화인류학과, 글로벌학부, 국어국문학과, 언어학과, 인문학부, 문화콘텐츠학과, 사학과, 고고학과, 철학과, 영어영문학과

4
세계적인 IT 회사인 구글의 에릭 슈미트 회장은 디지털 디톡스(Digital Detox)의 필요성을 강조한다. 슈미트는 보스턴대 졸업식 축사를 통해 "인생은 모니터 속에서 이뤄질 수 없다."며 "하루 한 시간 만이라도 휴대폰과 컴퓨터를 끄고 사랑하는 이의 눈을 보며 대화하라."라고 강조했다. 디지털 위험을 해소하기 위해서 '디지털 디톡스 운동'이 절실하게 필요할 때다. 일상에서 실천할 수 있는 디지털 디톡스로 제안하는 글을 써보자.

관련학과
글로벌학부, 인문학부, 국어국문학과, 문예창작학과, 문화인류학과, 철학과, 중어중문학과, 영어영문학과, 일어일문학과, 노어노문학과, 서어서문학과, 불어불문학과

5
코로나19로 촉발된 경제침체로 기본소득이 이슈로 급부상한 가운데 최근 정치권에서도 기본소득이 화두로 떠올랐다. 기본소득제는 재산이나 소득, 고용 여부, 노동 의지 등과 무관하게 정부 재정으로 모든 국민에게 동일하게 최소 생활비를 지급하는 제도이다. 해외 국가들의 기본소득 실험 내용을 조사해 보고, 우리나라에서의 한국식 기본소득 제도 도입에 대한 자신의 견해를 논리적으로 작성해 보자.

관련학과
글로벌학부, 문화콘텐츠학과, 국어국문학과, 언어학과, 인문학부, 문화인류학과, 철학과

6
인지능력과 사고능력, 운동능력을 모두 갖춘 로봇은 아직 개발 전이지만 인간과 로봇의 공존을 위해 현재 개선되어야 할 문제점을 과학적으로 분석해 보자. 그리고 앞으로 개발되어야 할 로봇의 분야와 활용성 등에 대해 폭넓은 시각으로 바라보면서 자신의 생각을 담아 창의적으로 글을 써보자.

관련학과
문화콘텐츠학과, 문화인류학과, 글로벌학부, 국어국문학과, 언어학과, 인문학부, 사학과, 철학과, 중어중문학과, 영어영문학과, 일어일문학과, 노어노문학과, 서어서문학과, 불어불문학과, 독어독문학과

7
과제물을 제출하거나 인터넷 게시판에 글을 쓸 때 쓰기 윤리와 관련된 규칙을 정해 보고, '쓰기 윤리 서약서'를 작성해 보자. 이때 자신의 글쓰기 경험을 바탕으로, 글을 쓸 때 어떤 규칙을 지켜야 하는지 7개 이상 작성해 보자.

관련학과
철학과, 국어국문학과, 언어학과, 인문학부, 문화콘텐츠학과, 문화인류학과, 글로벌학부, 문예창작학과, 사학과, 숭어숭문학과, 생어생문학과, 녹어녹문학과, 노어노문학과, 서어서문학과, 불어불문학과

8 2020년 6월 23일 인권위가 공개한 국민인식조사 결과를 보면 응답자의 88.5%가 차별 금지를 법제화하는 데 찬성했다. 포괄적 차별금지법이란 성별 정체성(동성애)·종교·사상·정치적 의견 차별 금지를 말한다. 포괄적 차별금지법에 대해 헌법적 가치, 사회적 기능이 가능한지 자료를 분석하여 본인의 의견을 작성해 보자.

관련학과

철학과, 국어국문학과, 언어학과, 인문학부, 문화콘텐츠학과, 문화인류학과, 글로벌학부, 사학과, 중어중문학과, 영어영문학과, 고고학과, 문예창작학과

9 주민소환제는 지방자치단체장·지방의원 등 선거직 공무원에게 문제가 있을 때 임기 중 주민투표를 통해 해직시킬 수 있는 제도를 말한다. 그러나 단체장에 대한 주민소환 요구가 잇따르고 있지만 2007년 7월 주민소환법 도입 이래 단 한 명의 단체장도 파면되지 않아 해당 제도의 유명무실 논란이 거세게 일고 있다. 주민소환제의 장단점과 사례를 조사해 보고, 이 제도를 활성화하기 위한 방법을 작성해 보자.

관련학과

인문학부, 국어국문학과, 문화인류학과, 철학과, 글로벌학부, 사학과, 기독교학과

영역 **문법**

성취기준

[10국04-01] 국어가 변화하는 실체임을 이해하고 국어생활을 한다.

▶ 중세 국어와 현대 국어의 특징을 개략적으로 이해하되, 한글 창제 후의 중세 국어 자료와 현대 국어 자료를 비교하며 국어의 역사성을 이해하는 데 중점을 두도록 한다.

[10국04-02] 음운의 변동을 탐구하여 올바르게 발음하고 표기한다.

▶ 비음화, 유음화, 된소리되기(경음화), 구개음화, 두음 법칙, 모음 탈락, 반모음 첨가, 거센소리되기(유기음화) 중에서 선택하여 다루되, 음운 변동 규칙에 대한 학습보다는 실제 발음 생활이나 표기 생활에 적용되는 사례를 중점적으로 다루도록 한다.

[10국04-03] 문법 요소의 특성을 탐구하고 상황에 맞게 사용한다.

▶ 고등학교 수준에 맞는 높임 표현, 시간 표현, 피동 표현, 인용 표현을 다루되, 문법 요소들의 형식적인 특성을 아는 것이 아니라 많이 사용되는 높임 표현과 번역투로 잘못 사용되는 피동 표현 사례를 다루면서 실제 담화에서 활용하는 데 초점을 둔다.

[10국04-04] 한글 맞춤법의 기본 원리와 내용을 이해한다.

▶ 한글 맞춤법의 규정을 일일이 학습하기보다는 실제 언어생활과 관련이 깊은 것을 선택적으로 다루며, 한글 맞춤법 제1항 '한글 맞춤법은 표준어를 소리대로 적되 어법에 맞도록 한다.'와 같이 한글 맞춤법 전체를 꿰뚫는 원리를 알 수 있게 하는 조항을 활용하여 학습한다.

[10국04-05] 국어를 사랑하고 국어 발전에 참여하는 태도를 지닌다.

▶ 고유어와 외래어 사용 문제, 가상 공간에서의 언어 사용 문제, 세계 속 한국어의 위상을 아는 것 등을 통해 한국어의 발전 방향을 다루어 보도록 한다.

탐구주제

① 언어는 시간의 흐름에 따라 끊임없이 생성, 소멸, 변화하는 역사성을 지니고 있다. 한국어계통에 관한 학설에는 중국어 친족설, 인구어족설, 드라비다어족설, 알타이어족설, 일본어동계설 등이 있다. 각 학설에서 한국어계통임을 나타낼 수 있는 근거를 찾아 발표해 보자. 특히 한국어 알타이어족설의 특징에 대해 구체적인 사례를 조사하여 발표해 보자.

관련학과

한문학과, 중어중문학과, 국어국문학과, 인문학부, 문화콘텐츠학과, 문화인류학과, 글로벌학부, 사학과, 일본어학과, 문예창작학과

---

② 경음화는 청각의 인상을 좀 더 명료하게 하려고 자음(ㄱ,ㄷ,ㅂ,ㅅ,ㅈ)을 된소리(ㄲ,ㄸ,ㅃ,ㅆ,ㅉ)로 발음하는 현상이다. 실생활 속에서의 경음화 현상 중 신세대들에 의해 주도되는 경음화 현상과 '신문방송언어'에서의 경음화 현상 사례를 탐구하여 발표해 보자.

관련학과

국어국문학과, 언어학과, 인문학부, 문화콘텐츠학과, 문화인류학과, 글로벌학부, 문예창작학과

---

③ 컴퓨터 통신언어의 음운현상을 음운변동에 표현되는 예들(된소리현상, 격음화, 자음동화, 자음탈락 이중모음의 단모음화)과 구어적인 표현의 예들로 나누어 조사해 보자. 통신언어의 경우에는 발음할 때 나타나는 음운변동이 표기에 나타날 수 있으므로 구체적인 사례를 조사하여 보고서를 작성해 보자.

관련학과

언어학과, 국어국문학과, 인문학부, 문화콘텐츠학과, 문화인류학과, 글로벌학부, 문예창작학과

---

④ "국어와 국문을 업신 여기지 말고 힘써 그 문법과 이치를 탐구하며... 우리 온 나라 사람이 다 국어와 국문을 우리나라 근본의 주장 글로 숭상하고 사랑하여 쓰기를 바라노라." 올바른 국어 사용을 위해 주시경선생이 제안한 글의 일부분이다. 올바른 국어 사용의 필요성을 토의해 보자. 그리고 잘못된 언어 사용의 사례를 뉴스, 스포츠, 오락, 광고 등에서 조사하여 보고서를 작성해 보자.

관련학과

언어학과, 국어국문학과, 인문학부, 문화콘텐츠학과, 문화인류학과, 글로벌학부, 사학과, 철학과, 문예창작학과

---

⑤ 피동표현 '-하게 된다', '-되어진다', '-보여진다' 등의 표현들이 실생활에서 많이 사용되고 있다. 이 표현이 지닌 특징과 사용하게 된 이유를 조사해 보자. 그리고 어떤 계층에서 누드러지게 사용하고 있는지 조사하여 보고서를 작성해 보자.

관련학과

언어학과, 국어국문학과, 인문학부, 문화콘텐츠학과, 문화인류학과, 글로벌학부, 문예창작학과

---

⑥ 언어(한국어)와 문화는 국가의 역량을 지표로 할 때 대표적인 분야라고 할 수 있는데 한국어는 세계의 6,000여 개 언어 중에서 10위 이내에 드는 국제어가 되어있다. 한국어의 세계적 위상을 보여주는 사례를 조사 정리하여 보고서를 작성해 보자.

관련학과

언어학과, 국어국문학과, 인문학부, 문화콘텐츠학과, 문화인류학과, 글로벌학부, 중어중문학과, 영어영문학과, 일본어학과, 문예창작학과

---

⑦ 국립국어원은 2004년부터 웹 사이트 '우리말 다듬기'를 통해 순화대상어와 순화어를 알리고 있다. 자신이 알고 있는 '다듬은 말'을 소개해 보고, '새로 다듬은 말'에 대한 자신의 생각을 이유와 함께 정리해 보자.

관련학과

언어학과, 국어국문학과, 인문학부, 문화콘텐츠학과, 문화인류학과, 글로벌학부, 신학과, 사학과, 철학과, 문예창작학과

탐구주제

8 언어와 문화의 관계를 가장 잘 반영해 주는 요소는 어휘이다. 한국어 어휘에는 한국인의 문화가 반영되어 있다. 한국어에 반영되어 있는 한국문화의 특징을 조사하여 보고서를 작성해 보자.

관련학과

언어학과, 국어국문학과, 인문학부, 문화콘텐츠학과, 문화인류학과, 글로벌학부, 신학과, 사학과, 철학과, 문예창작학과

9 한국청소년정책연구원에 따르면 전국의 중고생 4,000명을 대상으로 '사이버 불링(cyber bulling) 실태조사'를 한 결과, 응답자 중 27.7%가 '사이버 불링 피해를 당한 경험이 있다'고 답했다. 청소년 언어폭력의 문제점과 원인을 조사하여 토의해 보자.

관련학과

국어국문학과, 인문학부, 문화콘텐츠학과, 문화인류학과, 글로벌학부, 신학과, 사학과, 철학과, 고고학과

영역 문학

성취기준

[10국05-01] 문학 작품은 구성 요소들과 전체가 유기적 관계를 맺고 있는 구조물임을 이해하고 문학 활동을 한다.

[10국05-02] 갈래의 특성에 따른 형상화 방법을 중심으로 작품을 감상한다.

[10국05-03] 문학사의 흐름을 고려하여 대표적인 한국 문학 작품을 감상한다.

[10국05-04] 문학의 수용과 생산 활동을 통해 다양한 사회·문화적 가치를 이해하고 평가한다.

▶ 작가의 생각을 그대로 받아들이기보다는 자신의 가치관에 따라 작품의 주제를 해석하고 평가하면서 수용하고, 자신이 상상하거나 경험한 것에 사회·문화적인 가치를 부여하여 자신의 관점이 잘 드러나게 작품을 생산하도록 한다.

[10국05-05] 주체적인 관점에서 작품을 해석하고 평가하며 문학을 생활화하는 태도를 지닌다.

▶ 자신이 해석하고 평가한 결과를 창의적으로 표현해 보도록 한다. 이를 통해 다양한 의견이나 가치를 존중하는 태도를 갖추고 자연스러운 소통의 문화를 형성해 가도록 한다.

탐구주제

1 문학의 갈래는 서정, 서사, 극, 교술의 4분법에 따라 분류하고 있다. 문학 갈래에 따른 특징을 조사해 보고, 문학의 갈래의 형상화 방법이 작품을 이해하는데 어떤 도움을 주는지 토의해 보자.

관련학과

언어학과, 국어국문학과, 인문학부, 문화콘텐츠학과, 문화인류학과, 글로벌학부, 문예창작학과

탐구주제

(2) 「주봉설」은 술취한 벌 이야기라는 뜻으로, 조선 중기의 학자 강유선의 문집에 실린 설(設)이다. 이 글에서 인간의 욕심을 경계하기 위해 어떤 방식으로 깨달음을 전달하고 있는지 살펴보고, 이를 바탕으로 주변에서 흔히 볼 수 있는 소재를 찾아 자신의 경험과 깨달음을 담을 수 있는 수필을 창작해 보자.

관련학과

언어학과, 국어국문학과, 인문학부, 문화콘텐츠학과, 문예창작학과, 문화인류학과, 글로벌학부, 영어영문학과, 중어중문학과, 일어일문학과, 독어독문학과, 서어서문학과, 불어불문학과

---

(3) 김현의 「문학은 무엇을 할 수 있는가」를 읽고, 문학의 의미와 문학의 효용에 대해 토의해 보자. 그리고 글쓴이의 견해에 공감할 수 있는지 생각해 보고, 자신의 견해를 발표해 보자.

(한국문학의 위상, 문학과지성사, 김현)

관련학과

언어학과, 국어국문학과, 인문학부, 사학과, 문화콘텐츠학과, 철학과, 문화인류학과, 문예창작학과

---

(4) 「문학이란 무엇인가」는 20세기 대표 지성으로 손꼽히는 사르트르의 문학론을 담고 있는 책으로, 사르트르의 놀라운 통찰력으로 문학의 본질에 대해 명쾌하게 서술하고 있다. 이 책을 읽으며 사르트르가 던진 질문에 응답해 보자. 그리고 문학의 기능과 역할에 대해 토의해 보자. *(문학이란 무엇인가, 민음사, 장 폴 사르트르)*

관련학과

문예창작학과, 언어학과, 국어국문학과, 인문학부, 사학과, 문화콘텐츠학과, 철학과, 문화인류학과, 중어중문학과, 영어영문학과, 일어일문학과, 노어노문학과, 서어서문학과, 불어불문학과, 독어독문학과

---

(5) 서정 갈래의 특성과 시의 구성 요소인 주제, 심상, 운율 및 표현방법 등이 두드러지게 나타난 작품을 선정하여 읽어보자. 그리고 리듬을 형성하는 원리를 파악하여 랩 가사를 작성한 후 서로 작품을 공유하면서 품평회를 해 보자.

관련학과

언어학과, 국어국문학과, 인문학부, 문예창작학과, 문화콘텐츠학과, 문화인류학과

---

(6) 서사갈래의 특성과 소설의 구성요소인 '인물, 사건, 배경'이 두드러지게 나타난 작품을 선정하여 감상해 보자. 그리고 자신이 아끼는 물건을 중심소재로 삼아 짧은 단편소설을 써서, 서로 작품을 공유하면서 품평회를 해 보자.

관련학과

언어학과, 국어국문학과, 인문학부, 사학과, 문예창작학과, 철학과, 문화인류학과

활용 자료의 유의점

- ⓘ 여러 대안 가운데 서로에게 이익이 되는 가장 좋은 대안을 선택하기
- ⓘ 신문의 경우는 표제나 기사 본문, 광고의 경우는 배경, 이미지, 문구 등에서 필자의 특정 관점이나 의도가 드러나는 글
- ⓘ 다양한 매체에서 찾은 정보를 활용하여 개인적 관심사를 설명한 글
- ⓘ 지역 사회 문제나 시사적인 쟁점에 대한 토론, 논설문, 인터넷 게시판이나 사회 관계망 서비스의 글
- ⓘ 단편적인 지식 학습에 머물지 말고 연속성 있게 작품을 감상하며 한국 문학 고유의 특성 이해
- ⓘ 서로 다른 가치를 가진 인물, 집단, 세계 등과 관련된 작품을 활용하여 다양한 삶에 대한 이해

화법과 작문

핵심키워드

☐ 인포데믹 ☐ 사회적 의사소통 ☐ 블랙페이스 ☐ 미러링 대화법 ☐ 거리유지의 원리 ☐ SQ(사회성지수) ☐ 게티즈버그 연설
☐ 군복무기간 ☐ 탈원전 정책 ☐ 인공지능 로봇 ☐ 독거노인 ☐ 모병제 ☐ 원격의료 ☐ 성전환 군인 ☐ 공적개발원조
☐ 로봇과 삶의 패러다임 ☐ 탄소발자국 ☐ 재생가능에너지 ☐ 데이터 3법 ☐ 디지털세

영역 | 화법과 작문의 본질

성취기준

[12화작01-01] 사회적 의사소통 행위로서 화법과 작문의 특성을 이해한다.

[12화작01-02] 화법과 작문 활동이 자아 성장과 공동체 발전에 기여함을 이해한다.

▶ 자신이 무엇을 인식하고 중요하게 여기는지를 사고하고, 개인 간 관계 형성, 유지, 발전이 가능함을 인식
하는 데 중점을 둔다.

[12화작01-03] 화법과 작문 활동에서 맥락을 고려하는 일이 중요함을 이해한다.

탐구주제
2.화법과 작문 — 화법과 작문의 본질

① 최근에는 코로나19와 관련된 잘못된 정보가 확산되며 인포데믹(Infodemic, 정보전염병)이 문제가 되고 있다. 인포데
믹이 우리 사회에 어떤 영향을 끼쳤는지 조사·분석하여 보고서를 작성해 보자.

관련학과
언어학과, 국어국문학과, 인문학부, 사학과, 문화콘텐츠학과, 철학과, 문화인류학과, 문예창작학과, 고고학과, 글로벌학부

② 공동체이 문제에 대한 자신의 생각과 정서를 누리 소통망(SNS)을 통해 다른 사람과 공유하는 사람들이 증가하고 있
다. 사회적 의사소통을 했던 경험과 그 경험이 공동체에게 어떤 영향을 끼쳤는지 정리하여 발표해 보자.

관련학과
언어학과, 국어국문학과, 인문학부, 사학과, 문화콘텐츠학과, 철학과, 문화인류학과, 문예창작학과, 글로벌학부, 중어중문학과, 영어영문학과,
일어일문학과, 노어노문학과, 서어서문학과, 불어불문학과, 독어독문학과

3 자신이 닮고 싶은 소통의 달인을 조사해 보고, 바람직한 의사소통 방법과 태도에 대해 토의해 보자. 그리고 선택한 소통의 달인에게서 바람직한 의사소통을 위해 본받을 점을 골라 언어문화 수칙을 7가지 만들어 발표해 보자.

관련학과
국어국문학과, 인문학부, 사학과, 문화콘텐츠학과, 철학과, 문화인류학과, 문예창작학과

4 인간이 다른 사람들과 좋은 관계를 형성하고 이를 즐기는 것은, 타고난 성품이나 성향 때문이 아니라 습득할 수 있는 기술을 소유했을 때 가능한 것이라고 한다. 건강하고 친밀한 대인관계 형성을 위한 실천 기술에 대해 조사해 보고, 사회의 일원으로서 관계형성 기술을 갖추기 위해 어떤 노력을 해야 할지 토의해 보자.

관련학과
언어학과, 국어국문학과, 인문학부, 문화콘텐츠학과, 문화인류학과, 문예창작학과, 철학과, 글로벌학부, 영어영문학과, 중어중문학과, 일어일문학과, 독어독문학과, 서어서문학과, 불어불문학과

5 최근 의정부고 학생들이 얼굴을 검게 칠하는 흑인 분장을 하고 가나의 장례 문화를 흉내낸 '관짝소년단'을 패러디한 졸업사진이, 일각에서는 일종의 '블랙페이스'라면서 인종차별이 아니냐는 문제가 제기되었다. 반면 화제의 콘텐츠를 단순히 재현하려는 의도며 문제 삼는 것은 표현의 자유를 억압한다는 의견 충돌이 있었다. 블랙페이스가 갖는 의미를 조사해 보고, 인종차별과 표현의 자유 중 자신의 입장을 정하고 토론해 보자.

관련학과
글로벌학부, 신학과, 인문학부, 국어국문학과, 문예창작학과, 문화인류학과, 철학과

영역 **화법의 원리**

성취기준

[12화작02-01] 대화 방식에 영향을 미치는 자아를 인식하고 관계 형성에 적절한 방법으로 자기를 표현한다.

▶ 타인과 교류하는 일상적 소통 방식으로서 대화의 가치를 이해하여 자신의 대화 습관을 반성해 보는 것과 자아 개념·자기표현이 대화와 대인 관계에 미치는 영향을 생각하여 개선을 모색해 보는 것에 중점을 둔다.

[12화작02-02] 갈등 상황에서 자신의 생각, 감정이나 바라는 바를 진솔하게 표현한다.

▶ 나-전달법으로 갈등 상황에서 자신의 감정을 진솔하게 표현하며 상호 협력적으로 갈등 상황을 관리하는 경험을 쌓는 데 주안점을 둔다.

[12화작02-03] 상대측 입론과 반론의 논리적 타당성에 대해 반대 신문하며 토론한다.

▶ 상대측 논증의 신뢰성, 타당성, 공정성을 비판적으로 검토하는 질의·응답으로 반대 신문 단계를 운영하면, 논제를 깊이 이해할 수 있고, 토론이 역동적으로 전개되고, 토론자 간 생각의 교환이 적극적으로 이루어져 논제에 대한 이해가 심화될 수 있다.

[12화작02-04]	협상 절차에 따라 상황에 맞는 전략을 사용하여 문제를 해결한다.
[12화작02-05]	면접에서의 답변 전략을 이해하고 질문의 의도를 파악하여 효과적으로 답변한다.
[12화작02-06]	청자의 특성에 맞게 내용을 구성하여 발표한다.
[12화작02-07]	화자의 공신력을 이해하고 적절한 설득 전략을 사용하여 연설한다.

▶ 성공적으로 연설하기 위해서는 연설자가 청중에게 신뢰를 주는 공신력 있는 화자가 되어야 한다. 설득 전략에는 이성적·감성적·인성적 설득 전략이 있음을 알고, 다양한 설득 전략을 활용할 수 있도록 지도한다.

[12화작02-08~09] 부탁, 요청, 거절, 사과, 감사의 말을 상황에 맞게 효과적으로 한다. 그리고 상황에 맞는 언어적·준언어적·비언어적 표현 전략을 사용하여 말한다.

탐구주제

2.화법과 작문 ― 화법의 원리

① 1969년에 발표된 조하리의 창 이론은 타인에 대한 자신의 정보공개정도에 초점을 맞추어서 인간관계의 상호과정을 묘사한 모델이다. 조하리 창에서 보여지는 자아의 네 가지 영역을 살펴보고, 영화 '빌리 엘리어트'속에서의 주인공의 자아인지 과정을 조하리 창을 통해 분석해 보자.

관련학과

문예창작학과, 언어학과, 국어국문학과, 인문학부, 문화콘텐츠학과, 철학과, 문화인류학과, 영어영문학과, 중어중문학과, 일어일문학과, 독어독문학과, 서어서문학과, 불어불문학과

② 미러링 대화법은 대화를 하고 있는 상대방의 말을 마치 거울을 보는 것과 같이 반복하여 따라해 주면서 대화를 이끌어 나가는 대화의 기술이다. 미러링 대화법으로 생각이나 감정을 진솔하게 표현해 본 경험이나 주변의 사례를 조사하여 발표해 보자.

관련학과

언어학과, 국어국문학과, 인문학부, 문화콘텐츠학과, 철학과, 문화인류학과, 문예창작학과, 글로벌학부, 중어중문학과, 영어영문학과, 일어일문학과, 노어노문학과, 서어서문학과, 불어불문학과, 독어독문학과

③ 효율적인 대인관계 의사소통으로 '나–전달법'이 있다. 대화에 있어서 긍정적인 '나–전달법'의 정의, 종류 및 3요소를 표현할 때 주의점을 조사하여 발표해 보자. 그리고 '나–전달법'으로 말하는 것이 '너–전달법'으로 말하는 것보다 갈등 관리나 상대방과의 관계유지에 도움이 되는 이유를 사례로 들어 발표해 보자.

관련학과

언어학과, 국어국문학과, 인문학부, 문화콘텐츠학과, 철학과, 문화인류학과, 문예창작학과, 글로벌학부, 신학과, 중어중문학과, 영어영문학과, 일어일문학과, 노어노문학과, 서어서문학과, 불어불문학과, 독어독문학과

④ 미국의 언어학자 로빈 레이코프(Robin Rakoff)는 의사소통과정에서 연관성의 욕구와 독립성의 욕구 사이에서 균형을 유지하려는 '거리 유지의 원리'를 제시했다. 의사소통에서의 적절한 거리 유지 원리를 조사해 보고, 사례를 들어 발표해 보자.

관련학과

언어학과, 국어국문학과, 인문학부, 문화콘텐츠학과, 철학과, 문화인류학과, 문예창작학과, 영어영문학과, 중어중문학과, 독어독문학과, 글로벌학부

5 SQ(Social Quotient, 사회성지수)지수는 복잡한 사회에서 타인의 감정과 생각을 정확히 인식하여 보다 좋은 관계를 맺고 유지해 나가는 능력을 나타내는 지수이다. SQ지수를 높이는 효과적인 방법을 제시해 보자.

관련학과
언어학과, 국어국문학과, 인문학부, 문화콘텐츠학과,문화인류학과, 문예창작학과, 글로벌학부, 영어영문학과, 중어중문학과, 일어일문학과, 독어독문학과, 서어서문학과, 불어불문학과

---

6 1963년 8월 28일 노예 해방 100주년을 기념하여 워싱턴에서 열린 평화 대행진에서, 미국의 흑인 해방 운동 지도지 마틴 루터 킹 목사가 '나에게는 꿈이 있습니다(I Have a Dream)'라는 제목으로 했던 연설문은 어떤 설득 전략을 활용했는지 분석해 보자.

관련학과
철학과, 언어학과, 국어국문학과, 인문학부, 문화콘텐츠학과, 문화인류학과, 문예창작학과 영어영문학과, 글로벌학부, 사학과

---

7 대통령 에이브러햄 링컨은 행사에 참석하여 전몰한 병사들의 영혼을 위로하며 명연설을 남겼다. 링컨의 게티즈버그 연설 상황과 내용을 파악하여 정리해 보고, 화자가 사용한 설득 전략과 그 효과는 무엇인지 제시해 보자.

관련학과
문화인류학과, 언어학과, 국어국문학과, 인문학부, 문화콘텐츠학과, 문예창작학과, 철학과, 영어영문학과, 글로벌학부, 사학과, 신학과

---

8 2020년 6월 15일 입대자부터 21개월에서 18개월로 3개월 단축하여 군에서 복무하게 되었다. '군복무기간 단축은 한국군의 선진화에 도움이 되는가'라는 주제로 찬성측과 반대측 입론을 모두 작성해 보고, 상대측 입론을 예측하여 예상 질문을 만들어 보자.

관련학과
문화인류학과, 언어학과, 국어국문학과, 인문학부, 문화콘텐츠학과, 문예창작학과, 철학과, 영어영문학과, 글로벌학부

---

9 탈원전 정책은 노후화된 원전을 폐쇄하고, 신규로 원전을 설립하지 않아 점차 원자력 발전의 비중을 축소하는 정책을 의미한다. 탈원전 정책에 대해 찬성 또는 반대측에서 자기 측의 주장에 대한 근거를 논리적으로 입증하여 말하고 반대 신문하며 토론해 보자.

관련학과
글로벌학부, 문화인류학과, 언어학과, 국어국문학과, 인문학부, 문화콘텐츠학과, 문예창작학과, 철학과, 신학과

---

10 미래학자들은 대한민국의 광복 100주년이 되는 2045년을 인간지능과 인공지능이 비슷해지는 과학기술 발전의 대전환점이 될 특이점(singularity)으로 보고 있다. '인공지능을 가진 로봇의 보편화는 인간 일자리의 대부분을 앗아갈 것이다'라는 논제로 찬성 또는 반대측에서 자기측의 주장에 대한 근거를 논리적으로 입증하여 말하고 반대 신문하며 토론해 보자.

관련학과
글로벌학부, 문화인류학과, 언어학과, 국어국문학과, 인문학부, 문화콘텐츠학과, 문예창작학과, 중어중문학과, 영어영문학과, 일어일문학과, 철학과, 신학과

---

11 우리나라 노인 4명 중 1명이 만65세이상으로 홀로 사는 독거노인이다. 고령화 사회가 이어짐에 따라 독거노인의 고독사나 노인학대는 사회문제로 대두되고 있다. 독거노인의 고독사 예방대책을 위한 건의문을 작성해 보자

관련학과
철학과, 글로벌학부, 문화인류학과, 언어학과, 국어국문학과, 인문학부, 문화콘텐츠학과, 문예창작학과, 신학과

12 최근 자신이 일상생활에서 경험한 협상을 떠올려 보고, 그중 타협과 조정을 통해 서로에게 이익이 되는 결과를 이끌어낸 협상 사례를 발표해 보자. 그리고 성공적인 협상을 할 수 있었던 협상 전략과 협상 과정을 정리하여 발표해 보자.

관련학과

언어학과, 국어국문학과, 인문학부, 문화콘텐츠학과, 문예창작학과, 철학과, 신학과

---

13 삼국지 적벽대전에서 공명과 온건파들의 협상 목표를 조사하여 비교해 보고, 협상에서의 주요변수 요인들은 무엇이며 공명의 협상내용 및 협상과정을 분석해 보자.

관련학과

중어중문학과, 한문학과, 언어학과, 국어국문학과, 인문학부, 문화콘텐츠학과, 문예창작학과, 철학과, 신학과, 글로벌학부, 문화인류학과

---

14 협상은 협상 당사자의 입장에서 보면 상대방과의 결합적 의사결정행위(jointly decided action)를 통한 자신의 본질적 이해를 증진시킬 수 있다. 협상을 원하는 방향으로 이끄는 최고의 방법은, 역설적으로 협상이 안 돼도 좋을 만한 대안이 있을 때다. 배트나(BATNA)를 활용한 협상 사례를 조사하여 발표해 보자.

관련학과

글로벌학부, 문화인류학과, 언어학과, 국어국문학과, 인문학부, 문화콘텐츠학과, 문예창작학과, 철학과, 신학과

---

15 정부가 저출산에 대비해 상비병력 감축 등을 골자로 한 '인구구조 변화 대응 방안' 대책을 내놓았다. 이에 단계적인 모병제 전환이 필요하다는 보고서가 발표되면서 모병제가 쟁점으로 부상했다. 모병제와 징병제의 장단점을 파악해 보고, 모병제 도입을 주제로 찬성과 반대측 입장 중 자신의 입장을 선택하여 타당한 근거를 토대로 토론해 보자.

관련학과

신학과, 인문학부, 국어국문학과, 문예창작학과, 문화인류학과, 철학과, 기독교학과

---

16 지난 10년간 팽팽한 찬반 논란 속에서 결론을 내지 못하던 원격의료 논쟁이 코로나19 사태를 계기로 다시 쟁점화되고 있다. 국내에서는 현행 의료법상 환자와 의사가 직접 만나지 않고 진료 상담 및 처방하는 원격의료를 원칙적으로 금지하고 있다. '원격의료 도입해야 한다'라는 주제로 찬성 또는 반대 측에서 자기측의 주장이 타당함을 논리적으로 입증하면서 토론해 보자.

관련학과

기독교학과, 철학과, 인문학부, 국어국문학과, 문화인류학과, 중어중문학과, 영어영문학과, 일어일문학과, 노어노문학과, 서어서문학과, 불어불문학과, 독어독문학과

---

17 우리나라는 2020년 올해부터 15~64세 생산가능 인구가 급감할 예정이다. 고령인구는 연평균 48만 명씩 늘 것으로 예상되어, 고령화 사회의 대안으로 정년연장이 주목받고 있다. 그러나 정년연장은 청년실업과 연결되어 있어 사회적으로 민감한 이슈다. 정년연장을 찬성하는지 반대하는지 근거를 들어 토론해 보자.

관련학과

기독교학과, 인문학부, 국어국문학과, 문예창작학과, 문화인류학과, 철학과

작문의 원리

성취기준

[12화작03-01] 가치 있는 정보를 선별하고 조직하여 정보를 전달하는 글을 쓴다.

> ▶ 정보의 가치를 판단하는 기준을 정하여 가치 있는 정보를 선별하고 이를 범주화하여 내용을 조직하면 독자가 글의 내용을 이해하고 기억하는 데 도움이 된다는 점을 이해하도록 한다.

[12화작03-02] 작문 맥락을 고려하여 자기를 소개하는 글을 쓴다.

[12화작03-03] 탐구 과제를 조사하여 절차와 결과가 잘 드러나게 보고하는 글을 쓴다.

[12화작03-04] 타당한 논거를 수집하고 적절한 설득 전략을 활용하여 설득하는 글을 쓴다.

> ▶ 수집한 논거의 타당성, 신뢰성, 공정성 여부를 판단하고, 주제, 목적, 독자를 고려하여 적절한 설득 전략을 활용하도록 한다.

[12화작03-05] 시사적인 현안이나 쟁점에 대해 자신의 관점을 수립하여 비평하는 글을 쓴다.

> ▶ 시사 현안이나 쟁점을 다양한 관점에서 충분히 분석한 후 자신의 관점을 정하고, 그 관점에 따라 의견이나 주장, 견해가 명료하게 드러나도록 글을 쓰게 한다.

[12화작03-06] 현안을 분석하여 쟁점을 파악하고 해결 방안을 담은 건의하는 글을 쓴다.

[12화작03-07] 작문 맥락을 고려하여 친교의 내용을 표현하는 글을 쓴다.

> ▶ 글을 쓸 때에는 작문 맥락의 개념과 중요성에 대한 이해를 바탕으로 독자를 존중하고 배려하는 일이 중요하다.

[12화작03-08] 대상에 대한 생각이나 느낌을 바탕으로 하여 정서를 진솔하게 표현하는 글을 쓴다.

> ▶ 경험에서 얻은 정서를 과장이나 왜곡 없이 진정성 있게 표현할 때 독자의 공감을 얻을 수 있음을 알도록 하고 이를 실제로 반영하여 글을 쓰는 데 중점을 둔다.

[12화작03-09] 일상의 체험을 기록하는 습관을 바탕으로 자신의 삶을 성찰하는 글을 쓴다.

탐구주제

① 국제결제은행(BIS)은 최근 '그린스완2 : 기후 변화와 코로나19' 보고서에서 "코로나19로 전 세계가 전례 없는 손실을 보는 현 상황뿐만 아니라 기후 변화 문제도 국제 공조를 통해 선제 대응하지 않으면 안 된다 " 라고 했다. 그린스완의 원인은 무엇이며 사회·경제적으로 어떤 영향을 미치는지 그리고 대처방안은 무엇인지 보고서를 작성해 보자.

관련학과

글로벌학부, 문화인류학과, 언어학과, 국어국문학과, 인문학부, 문화콘텐츠학과, 철학과, 고고학과

탐구주제

2 로하스(LOHAS)족이란 자신의 건강만을 중요시하는 생활 습관에서 한 걸음 더 나아가 지구의 환경과 사회정의, 자기 계발, 지속 가능한 삶에 대해 관심이 많은 사람들이다. 로하스 라이프 스타일을 가진 소비자라고 생각하고 우리가 일상생활에서 실천할 수 있는 윤리적 소비는 무엇이 있는지 작성하여 발표해 보자.

관련학과

언어학과, 국어국문학과, 인문학부, 문화콘텐츠학과, 문예창작학과, 중어중문학과, 영어영문학과, 일어일문학과, 철학과, 신학과, 글로벌학부, 문화인류학과

---

3 군복무 중 성전환수술을 하고 복귀해 여군으로 복무를 이어가고 싶다고 밝힌 육군 부사관 하사에게 육군본부는 전역 결정을 내렸다. 변하사는 '성소수자 군인들이 차별받지 않는 환경에서 복무했으면 한다. 성 정체성을 떠나 이 나라를 지키는 군인이 될 수 있는 기회를 달라'고 입장을 밝혔다. 변하사 입장에서 입장문을 작성해 보자.

관련학과

기독교학과, 신학과, 인문학부, 국어국문학과, 문예창작학과, 문화인류학과

---

4 우리나라의 공적개발원조(ODA) 규모는 25억 2,000만달러(한화 약 3조 900억원)로 세계 '공여국 클럽' 29개국 가운데 15위를 차지한 것으로 집계 됐다. 공적개발원조(ODA)와 기후 변화의 상관관계를 생각해 보고, 공적개발원조로 인한 환경문제를 비판적으로 분석한 후 자신의 관점을 수립하여 비평하는 글을 써보자.

관련학과

글로벌학부, 언어학과, 국어국문학과, 인문학부, 문화콘텐츠학과, 문예창작학과, 중어중문학과, 영어영문학과, 일어일문학과, 철학과, 신학과, 문화인류학과

---

5 한국로봇학회에서는 일반인들의 관심을 유도하고 정책 입안자들에게 R&D 정책 방향을 제시하며 로봇 연구자들에게 영감을 제공하기 위해 특별사업으로 "우리 삶을 바꿀 2045년 미래 로봇"을 예측해 발표를 했다. 가까운 미래에 로봇이 우리 삶의 한가운데로 들어와 우리 인간 삶의 패러다임을 어떻게 변화시킬지 조사하여 정보 제공하는 글을 써보자.

관련학과

철학과, 신학과, 언어학과, 국어국문학과, 인문학부, 문화콘텐츠학과, 문예창작학과, 중어중문학과, 영어영문학과, 일어일문학과, 글로벌학부, 문화인류학과

---

6 지구온난화로 평균 바다 수온이 상승하면서 물속 산소가 부족하여 플로리다주 마이애미해안에 물고기 수천 마리가 떼죽음을 당하는가 하면 폭우 등 기후이상 징후들이 보인다. 지구온난화의 원인 중 탄소 배출의 원인은 무엇이며, 탄소 배출량을 줄이기 위한 탄소발자국을 어떻게 하면 줄일 수 있는지 해결 방안을 보고서로 작성해 보자.

관련학과

문화인류학과, 언어학과, 국어국문학과, 인문학부, 문화콘텐츠학과, 문예창작학과, 철학과, 신학과, 글로벌학부

---

7 데이비드 앳킨슨은 기업의 생산성 향상, 사회전반의 수요진작의 수단으로써 최저임금 인상의 중요성은 물론 영국과 한국의 사례를 비교하며 장기적이고 지속적인 최저임금 인상 방법의 중요성을 강조한다.'과연 최저임금 인상은 생산성을 향상시키는데 바람직한 걸까?'라는 주제에 대해 자신의 관점을 정하고 비평하는 글을 작성해 보자.

(위험한 일본 경제의 미래, 더난출판, 데이비드 앳킨슨)

관련학과

언어학과, 국어국문학과, 인문학부, 문화콘텐츠학과, 문예창작학과, 중어중문학과, 영어영문학과, 일어일문학과, 철학과, 신학과, 글로벌학부, 문화인류학과

8 2019년 12월 통계에 따르면 대한민국 내 총인구의 4.9%가 다문화가정을 이루고 있다. 인구 전체에서 비율이 5%가 넘으면 다문화사회로 분류하는 통상 학계에 비춰볼 때 한국은 2020년부터 다문화사회로 진입할 가능성이 매우 높다. 다문화가정에 대한 한국인의 인식을 개선하기 위한 국가 정책을 조사하여 정보를 제공하는 글을 작성하여 발표해 보자.

관련학과

언어학과, 국어국문학과, 인문학부, 문화콘텐츠학과, 문예창작학과, 철학과, 신학과, 글로벌학부, 문화인류학과, 중어중문학과, 영어영문학과, 일어일문학과, 노어노문학과, 서어서문학과, 불어불문학과, 독어독문학과

9 석탄과 석유가 고갈될 미래 사회에 '에너지의 위기를 대비하기 위해 재생 가능 에너지로 전환해야 한다'는 주제로 글을 쓰고자 한다. 타당한 논거를 수집하고 설득 전략을 활용한 글을 작성하여 발표해 보자.

관련학과

문화인류학과, 언어학과, 국어국문학과, 인문학부, 문화콘텐츠학과, 문예창작학과, 철학과, 신학과, 글로벌학부, 고고학과

10 개인정보보호법, 정보통신망법, 신용정보법 개정안을 일컫는 일명 데이터 3법이 2020년 1월 9일 열린 국회 본회의에서 통과되었다. 데이터 3법의 핵심 주요내용을 조사하여 사회에 미칠 영향을 긍정적인 면과 부정적인 면으로 나누어 정보전달의 글을 써보자.

관련학과

언어학과, 국어국문학과, 인문학부, 문화콘텐츠학과, 문예창작학과, 철학과, 글로벌학부, 문화인류학과, 중어중문학과, 영어영문학과, 일어일문학과, 노어노문학과, 서어서문학과, 불어불문학과, 독어독문학과

11 디지털세(Digital Tax)는 구글, 아마존, 페이스북 등 정보기술(IT)기업의 자국내 디지털 서비스와 거래에 따른 매출에 대해 법인세와 별도로 부과하는 세금을 말한다. 디지털세 기본 방향과 적용 및 제외 업종에 대해 조사해 보고, 디지털세 도입에 대한 자신의 견해를 작성해 보자.

관련학과

문화콘텐츠학과, 언어학과, 국어국문학과, 인문학부, 문예창작학과, 중어중문학과, 영어영문학과, 일어일문학과, 철학과, 신학과, 글로벌학부, 문화인류학과

💬 **MEMO**

화법과 작문의 태도

성취기준

[12화작04-01~02] 화법과 작문의 사회적 책임을 인식하고 의사소통 윤리를 준수하는 태도를 지닌다. 그리고 화법과 작문의 가치를 이해하고 진심을 담아 의사소통하는 태도를 지닌다.

▶ 인용과 표절의 의미를 구분하고, 적절한 방법으로 다른 사람의 말이나 글을 인용하도록 하며 다른 사람의 지적 재산을 훼손하지 않도록 한다.

[12화작04-03] 언어 공동체의 담화 및 작문 관습을 이해하고, 건전한 화법과 작문의 문화 발전에 기여하는 태도를 지닌다.

▶ 언어 공동체의 담화 관습과 작문 관습은 변화하는 것으로, 언어 사용을 통해 삶을 공유한다는 점에서 언어 사용자에게는 바람직한 언어문화를 가꿔야 할 책무가 있음을 이해하고 실천하도록 한다.

탐구주제

2.화법과 작문 ─ 화법과 작문의 태도

1 의사소통 문화와 관련하여 최근 젊은 세대에서 자주 사용하는 줄임말이 어떻게 형성되었으며, 이와 같이 형성된 의사소통 문화가 집단이나 사회의 언어생활에 어떤 영향을 미치는지 구체적인 사례를 들어 보고서를 작성해 보자.

관련학과

언어학과, 국어국문학과, 인문학부, 문화콘텐츠학과, 문예창작학과, 고고학과, 철학과, 신학과, 글로벌학부, 문화인류학과, 중어중문학과, 영어영문학과, 일어일문학과, 노어노문학과, 서어서문학과, 불어불문학과, 독어독문학과

2 언어공동체 구성원들의 사회 문화적 배경 등으로 인하여 고착화된 의사소통 방식을 담화 관습이라 한다. 연극, 드라마, 영화 대본 속에서 오늘날 담화 관습의 변화를 찾아보고, 사례를 조사하여 발표해 보자.

관련학과

철학과, 문화인류학과, 언어학과, 국어국문학과, 인문학부, 문화콘텐츠학과, 문예창작학과, 신학과, 글로벌학부, 중어중문학과, 영어영문학과, 일어일문학과, 노어노문학과, 서어서문학과, 불어불문학과, 독어독문학과

활용 자료의 유의점

! 삶의 맥락이 반영된 드라마나 영화, 토론 대회 등 영상 자료와 신문, 도서, 인터넷 글 등 문서 자료 활용

! 의사소통 윤리의 필요성에 대한 인식을 갖는 것뿐 아니라, 삶 속에서 실제로 실천하는 데 주안점을 둠

! 자기 자신과 타인, 사회·문화에 대해 바람직한 가치관과 태도 함양

! 다양하고 실제적인 삶의 맥락에서 학습자 간 상호 협력을 통해 문제 해결

! 언어 공동체의 담화 관습과 작문 관습을 고려하여 의사소통하는 일의 중요성을 이해하는 데 중점

독서

핵심키워드

☐ 독서의 기술 ☐ SQ3R 모형 ☐ 독서분류의 원리 ☐ Rosenblatt의 반응 이론 ☐ 리비히의 법칙 ☐ 상소문
☐ 수용미학 ☐ 비판적 읽기 ☐ 소통의 글쓰기 ☐ 빅브라더 ☐ 인문학 ☐ 기후 변화 ☐ 에너지 절약
☐ 코즈 마케팅 ☐ 베스트셀러 ☐ 감성로봇 ☐ 가짜 뉴스 ☐ 전자매체 읽기 ☐ 독서이력 ☐ 독서활동

영역
독서의 본질

성취기준

[12독서01-01] 독서의 목적이나 글의 가치 등을 고려하여 좋은 글을 선택하여 읽는다.

[12독서01-02] 동일한 화제의 글이라도 서로 다른 관점과 형식으로 표현됨을 이해하고 다양한 글을 주제 통합적으로 읽는다.

탐구주제

3.독서 — 독서의 본질

① "책은 오직 삶으로 이끌어주고 삶에 이바지하고 소용이 될 때에만 가치가 있다"는 헤르만 헤세의 「독서의 기술」에 수록된 글이다. 이 책을 읽고 난 후 '나에게 독서는...'이라는 문두로 하여 자신이 생각하는 독서의 목적과 가치를 글로 작성해 보자. *(헤르만 헤세의 독서의 기술, 뜨인 돌, 헤르만 헤세)*

관련학과
문예창작학과, 언어학과, 국어국문학과, 인문학부, 문화콘텐츠학과, 철학과, 글로벌학부, 문화인류학과, 중어중문학과, 영어영문학과, 일어일문학과,
노어노문학과, 서어서문학과, 불어불문학과, 독어독문학과

② 로빈슨(Robinson)에 의해 처음 제안된 전통적이고도 대표적인 읽기 학습 체계이자 전략인 SQ3R 모형은 추후 수정을 통해 여러 모형으로 변형되면서 학습자의 능동적인 읽기학습을 돕는 방법으로 오래도록 활용되었다. 읽기학습 전략인 SQ3R 모형에 대해 조사하여 발표해 보자.

관련학과
문화콘텐츠학과, 문예창작학과, 언어학과, 국어국문학과, 인문학부, 글로벌학부, 문화인류학과, 중어중문학과, 영어영문학과, 일어일문학과,
노어노문학과, 서어서문학과, 불어불문학과, 독어독문학과

탐구주제

3 독서의 목적과 글의 가치를 생각하며 좋은 책을 도서관에서 찾아보자. 도서관에 있는 책은 옆면에 각각의 이름표를 달고 있는데 도서 분류의 원리를 이해하면 도서관에서 좀 더 쉽고 빠르게 원하는 책을 찾을 수 있다. 도서분류의 원리에 대해 조사하여 정리해 보자.

관련학과

언어학과, 국어국문학과, 인문학부, 문화콘텐츠학과, 문예창작학과, 글로벌학부, 문화인류학과, 중어중문학과, 영어영문학과, 일어일문학과, 노어노문학과, 서어서문학과, 불어불문학과, 독어독문학과

영역 독서의 방법

성취기준

[12독서02-01] 글에 드러난 정보를 바탕으로 중심 내용, 주제, 글의 구조와 전개 방식 등 사실적 내용을 파악하며 읽는다.

[12독서02-02] 글에 드러나지 않은 정보를 예측하여 필자의 의도나 글의 목적, 숨겨진 주제, 생략된 내용을 추론하며 읽는다.

[12독서02-03] 글에 드러난 관점이나 내용, 글에 쓰인 표현 방법, 필자의 숨겨진 의도나 사회·문화적 이념을 비판하며 읽는다.

[12독서02-04] 글에서 공감하거나 감동적인 부분을 찾고 이를 바탕으로 글이 주는 즐거움과 깨달음을 수용하며 감상적으로 읽는다.

> ▶ 다양한 감동과 교훈을 얻는 것은 감정이 정화되는 과정이자, 삶을 성숙하게 하는 특별한 경험임을 이해하도록 지도한다. 다만, 동일한 글을 읽고도 정서적 반응이 사람마다 다를 수 있음을 이해하도록 하고, 학습자가 읽기를 통해 얻게 되는 다양한 반응을 격려함으로써 독서를 통해 얻게 된 즐거움과 깨달음을 내면화하도록 지도한다.

[12독서02-05] 글에서 자신과 사회의 문제를 해결하는 방법이나 필자의 생각에 대한 대안을 찾으며 창의적으로 읽는다.

> ▶ 글에서는 필자나 독자 개인에 관한 문제뿐 아니라 사회적인 문제도 다루어지며, 이에 대한 필자의 관점이나 해결 방안이 제시되어 있음을 이해하도록 한다.

탐구주제

1 Rosenblatt의 독자반응 이론은 문학 작품과의 교류를 통해서 형성된 반응을 강조하고 있고 독자의 중요성을 인식하고 고려했다는 점에서 문학 읽기 교육에의 의의가 크다. 독자반응중심 문학교육의 이론적 배경, 원리 그리고 단계별 방법에 대해 조사하여 발표해 보자.

관련학과

언어학과, 국어국문학과, 인문학부, 문화콘텐츠학과, 문예창작학과, 글로벌학부, 문화인류학과, 영어영문학과, 중어중문학과, 일어일문학과, 노어노문학과, 서어서문학과, 불어불문학과, 독어독문학과

---

2 독일의 화학자 유스투스 리비히가 주장한 '리비히의 법칙'이 적용된 도시의 되살리기 사례가 담긴 글을 찾아 읽어보고, 바람직한 도시재생의 방향에 대한 글쓴이의 의도를 파악해 보자. 또한 글쓴이의 도시 개발이라는 사회적 문제를 해결하는 대안에 대해 정리한 후 관련 자료를 읽어보고, 토의해 보자.

관련학과

철학과, 문예창작학과, 문화인류학과, 언어학과, 국어국문학과, 인문학부, 문화콘텐츠학과, 영어영문학과, 중어중문학과, 일어일문학과, 신학과, 글로벌학부

---

3 세종대왕의 한글 창제를 반대한 최만리의 「상소문(최만리등 언문창제 반대상소문:1444.2세종실록 권일백삼 십구장)」을 찾아서 읽어보자. 그리고 당시 역사적 배경을 바탕으로 상소문을 비판적으로 읽어보고, 필자의 의도와 자신의 생각을 작성해 보자.

관련학과

한문학과, 언어학과, 국어국문학과, 인문학부, 문화콘텐츠학과, 문예창작학과, 중어중문학과, 철학과, 신학과, 글로벌학부, 문화인류학과

---

4 야우스는 문학 작품의 역사성은 수용자의 능동적인 참여 없이는 생각조차 할 수 없으며, 문학사는 작품과 독자 간의 대화의 역사로 씌어져야 한다고 주장한다. 현대문학사 '새로쓰기' 방법론인 야우스의 수용이론으로 수용미학의 발단과 특징은 무엇인지 조사해 보고, 문학연구방법론에 어떤 영향을 끼쳤는지 정리해 보자.

관련학과

국어국문학과, 언어학과, 국어교육과, 문예창작학과, 문헌정보학과

---

5 「비판적 읽기와 소통의 글쓰기」는 다양한 분야의 글을 논리적·비판적으로 읽는 방법을 익히고, 이를 글쓰기에 활용하는 방법을 학습하도록 구성한 책이다. 책을 읽고, 논리적 구성에 대한 이해를 바탕으로 적합성과 타당성을 종합적으로 검토하며 비판적으로 읽는 방법을 정리하여 발표해 보자. *(비판적 읽기와 소통의 글쓰기, 박이정, 유광수 공저)*

관련학과

언어학과, 국어국문학과, 인문학부, 문화콘텐츠학과, 문예창작학과, 글로벌학부, 문화인류학과, 영어영문학과, 중어중문학과, 일어일문학과, 노어노문학과, 서어서문학과, 불어불문학과, 독어독문학과

---

6 빅브라더란 정보를 독점해 사회를 통제하는 거대 권력자 또는 그러한 체계를 일컫는다. 빅브라더와 관련된 정보제공의 글을 찾아 글의 내용과 형식이 유기적으로 결합되어 있는지 파악하며 읽어보자. 그리고 빅브라더의 등장배경과 사회에 미치는 영향을 조사하여 발표해 보자.

관련학과

글로벌학부, 문화인류학과, 언어학과, 국어국문학과, 인문학부, 문화콘텐츠학과, 문예창작학과, 철학과, 신학과

독서의 분야

성취기준

[12독서03-01] 인문·예술 분야의 글을 읽으며 제재에 담긴 인문학적 세계관, 예술과 삶의 문제를 대하는 인간의 태도, 인간에 대한 성찰 등을 비판적으로 이해한다.

[12독서03-02] 사회·문화 분야의 글을 읽으며 제재에 담긴 사회적 요구와 신념, 사회적 현상의 특성, 역사적 인물과 사건의 사회·문화적 맥락 등을 비판적으로 이해한다.

[12독서03-03] 과학·기술 분야의 글을 읽으며 제재에 담긴 지식과 정보의 객관성, 논거의 입증 과정과 타당성, 과학적 원리의 응용과 한계 등을 비판적으로 이해한다.

[12독서03-04] 시대의 사회·문화적 특성이 글쓰기의 관습이나 독서 문화에 반영되어 있음을 이해하고 다양한 시대에서 생산된 가치 있는 글을 읽는다.

▶ 가급적 현재와 다른 글쓰기 관습이나 독서 문화가 반영된 글을 선정하여 당대의 글쓰기 관습이나 독서 문화에 대해 이해하고 그러한 부분이 글에 어떻게 반영되어 나타나는지 살피면서 읽도록 지도한다.

[12독서03-05] 지역의 사회·문화적 특성이 다양한 형식과 내용으로 글에 반영되어 있음을 이해하고 다양한 지역에서 생산된 가치 있는 글을 읽는다.

[12독서03-06] 매체의 유형과 특성을 고려하여 글의 수용과 생산 과정을 이해하고 다양한 매체 자료를 주체적이고 비판적으로 읽는다.

▶ 매체의 특성에 따라 독서 방법이 달라짐을 알고, 다양한 정보가 빠르게 생산되고 유통되는 현대 사회의 특성을 고려하여 글이나 정보를 인터넷이나 신문, 잡지 등 매체를 통해 능동적으로 수집·활용하는 능력을 기르도록 한다.

탐구주제

3. 독서 — 독서의 분야

① 「10대에게 권하는 인문학」은 인문학과 처음 만나는 청소년 독자들을 위한 책이다. 인문학이란 무엇인지, 청소년 시기에 왜 인문학을 공부해야 하는지, 인문학은 어떻게 공부하면 좋은지, 어떤 방법으로 인문학에 접근해야 하는지에 대해 정리하여 발표해 보자. *(10대에게 권하는 인문학, 글담출판사, 연세대 인문학연구원 저)*

관련학과

언어학과, 국어국문학과, 인문학부, 문화콘텐츠학과, 문예창작학과, 철학과, 글로벌학부, 문화인류학과, 영어영문학과, 중어중문학과, 일어일문학과, 노어노문학과, 서어서문학과, 불어불문학과, 독어독문학과

② 「함께 모여 기후 변화를 말하다」는 기후 변화에 대응하기 위해 우리 사회가 어떻게 발을 맞추어야 하는지 알려주는 책이다. 우리보다 앞서 경제성장과 개발, 그로 인한 생태계의 파괴를 거쳐 이제 보존과 절약 등의 실천을 이룬 일본의 사례를 소개하고 있다. 책을 읽고, 가정과 학교에서 에너지를 절약할 수 있는 방안을 건의문으로 작성하여 발표해 보자. *(함께 모여 기후 변화를 말하다, 자연의 벗 연구소, 와다 다케시 공저)*

관련학과

문화인류학과, 언어학과, 국어국문학과, 인문학부, 문화콘텐츠학과, 문예창작학과, 중어중문학과, 영어영문학과, 일어일문학과, 철학과, 신학과, 글로벌학부

3 코즈 마케팅(Cause Marketing)은 윤리적 소비를 통해 공익 실현에 참여하고자 하는 소비자의 심리를 적극 활용한 마케팅 기법이다. 의식있고 착한 소비자가 되고 싶다는 대중의 심리, 그리고 이를 높이 평가하는 사회·문화적인 분위기가 담겨 있다. 코즈 마케팅 사례를 조사하여 이런 광고가 왜 나타났는지, 공익추구에 얼마나 기여했는지 정리하여 발표해 보자.

관련학과

문화콘텐츠학과, 언어학과, 국어국문학과, 인문학부, 문예창작학과, 철학과, 신학과, 글로벌학부, 문화인류학과

4 2010년과 2020년 베스트셀러 책들이 어떤 분야의 책인지 확인하고 그 변화 양상을 조사해 보자. 그리고 이런 변화가 나타난 이유를 정리하여 발표해 보자.

관련학과

언어학과, 국어국문학과, 인문학부, 문화콘텐츠학과, 문예창작학과, 글로벌학부, 문화인류학과, 사학과, 영어영문학과, 중어중문학과, 일어일문학과, 노어노문학과, 서어서문학과, 불어불문학과, 독어독문학과

5 최근 신문이나 인터넷을 통해 부각되고 있는 '감성로봇' 관련 글을 찾아 읽고 감성로봇의 출현 배경과 다양한 로봇(페퍼, 나오, 미로, 소여 등) 사례를 조사해 보자. 그리고 로봇을 바라보는 긍정적인 관점과 부정적인 관점을 분석하여 발표해 보자.

관련학과

철학과, 신학과, 언어학과, 국어국문학과, 인문학부, 문화콘텐츠학과, 문예창작학과, 중어중문학과, 영어영문학과, 일어일문학과, 글로벌학부, 문화인류학과

6 가짜 뉴스가 생산되는 가장 중요한 원인이 무엇이며, 가짜 뉴스의 확산이 사회적 폐해로 이어진 사례를 조사하여 발표해 보자. 그리고 가짜 뉴스의 폐해를 줄이기 위해서 뉴스를 수용할 때 지녀야 할 태도를 조사하여 발표해 보자.

관련학과

글로벌학부, 철학과, 언어학과, 국어국문학과, 인문학부, 문화콘텐츠학과, 문예창작학과, 신학과, 문화인류학과

7 지금 이 시대를 시계 이전의 시간 개념을 가진 상태로 되돌릴 수 없는 것처럼, 우리는 전자매체 없는 글 읽기의 시대로 되돌아갈 수 없다. 전자매체 읽기를 어떻게 받아들여야 할지 생각해 보고, 전자매체의 특징을 고려하여 전자매체 글을 읽는 바람직한 방법을 조사하여 발표해 보자.

관련학과

문화콘텐츠학과, 언어학과, 국어국문학과, 인문학부, 문예창작학과, 철학과, 글로벌학부, 문화인류학과, 사학과, 영어영문학과, 중어중문학과, 일어일문학과, 노어노문학과, 서어서문학과, 불어불문학과, 독어독문학과

독서의 태도

성취기준

[12독서04-01] 장기적인 독서 계획을 세워 자발적으로 독서를 실천함으로써 건전한 독서 문화를 형성한다.

> ▶ 독서의 계획과 실천을 기록할 수 있는 자신만의 독서 기록장을 마련하고 이를 활용하여 자신의 독서 이력을 기록하는 습관을 기르며, 이를 통해 독서에 대한 효능감과 독자로서의 정체성을 형성하도록 지도한다.

[12독서04-02] 의미 있는 독서 활동에 참여함으로써 타인과 교류하고 다양한 삶의 방식과 세계관을 이해하는 태도를 지닌다.

> ▶ 독서는 개인적인 성장을 이끄는 기제일 뿐 아니라 사회 구성원들을 통합하고 문명과 문화를 유지·발전시키는 원동력임을 이해하도록 한다.

탐구주제

3.독서 — 독서의 태도

① '과학자 최재천에게 독서에 관해 묻다' 인터뷰 글을 읽어보자. 독서를 통해 자신의 삶을 변화시키고 큰 성취를 이룰 수 있었던 최재천의 독서 이력과 독서 방법을 살펴보고, 자신의 독서 이력을 점검해 보자.

관련학과

언어학과, 국어국문학과, 인문학부, 문화콘텐츠학과, 문예창작학과, 문화인류학과, 철학과, 영어영문학과, 중어중문학과, 일어일문학과, 노어노문학과, 서어서문학과, 불어불문학과, 독어독문학과

② 매체의 발달에 따라 독서 공동체에 접근할 수 있는 길이 다양하다. 방송매체, 신문이나 책 서평란, 팟캐스트, 인터넷 블로그 등 각 매체에 따른 독서 활동의 특성과 우수사례를 조사하여 소개하는 글을 써보자.

관련학과

문예창작학과, 문화콘텐츠학과, 언어학과, 국어국문학과, 인문학부, 철학과, 신학과, 글로벌학부, 문화인류학과, 영어영문학과, 중어중문학과, 일어일문학과, 노어노문학과, 서어서문학과, 불어불문학과, 독어독문학과

활용 자료의 유의점

ⓘ 인문·예술, 사회·문화, 과학·기술 등 다양한 분야의 내용을 다룬 글을 제재로 하되, 글에 포함된 시각 자료도 활용

ⓘ 독서를 통해 자신의 삶을 변화시켜 성취를 이룬 사람들의 자서전, 저명인사들의 독서 경험을 다룬 글을 독서 재료로 활용

ⓘ 독서 서평 자료, 독서 토론에 관한 텔레비전 및 라디오 프로, 인터넷 독서 토론 웹사이트 등 다양한 자료 활용

ⓘ 글을 읽으면서 내용을 파악하고, 추론하고, 비판하고, 창의적인 대안을 떠올리는 능력에 중점

국어과
4

언어와 매체

핵심키워드

☐ 인지발달이론 ☐ 디지털 리터러시 ☐ 언어순화운동 ☐ 세종학당 ☐ 뉴미디어 ☐ 코로나19 신조어
☐ 품사분류 체계 ☐ 동음이의어 ☐ 연결 어미 ☐ 신어의 조어방법 ☐ 품사변경 ☐ 표의주의 ☐ 사이시옷
☐ 소리의 길이 ☐ 프로슈머 ☐ 통신언어 어휘집 ☐ 인터넷 통신언어 ☐ 매체수용 ☐ 앱티즌 ☐ 멘탈데믹

영역 ## 언어와 매체의 본질

성취기준

[12언매01-01] 인간의 삶과 관련하여 언어의 특성을 이해한다.

▶ 언어와 사고의 상호 영향 관계, 사회·문화와 언어의 표상 관계를 탐구하고 이해하는 데 중점을 두도록 한다.

[12언매01-02] 국어의 특성과 세계 속에서의 국어의 위상을 이해한다.

[12언매01-03] 의사소통의 매개체로서 매체의 유형과 특성을 이해한다.

▶ 책, 신문, 전화, 라디오, 사진, 광고, 영화, 텔레비전, 컴퓨터, 인터넷, 이동 통신 기기 등 다양한 매체들의 유형을 알고, 그 유형별 특성을 이해하도록 한다. 정보통신기술과 결합한 뉴미디어의 특성에 대해서도 이해하도록 한다.

[12언매01-04] 현대 사회의 소통 현상과 관련하여 매체 언어의 특성을 이해한다.

▶ 의사소통 매개체로 활용되는 다양한 매체들은 소리, 음성, 이미지, 문자, 동영상 등이 복합적으로 이뤄진 양식임을 이해하도록 한다.

탐구주제

1 언어와 사고의 관계에서 피아제는 인지발달이 언어발달보다 선행하는 것으로 보았고, 비고츠키는 언어가 사고와 인지 발달에 핵심적인 역할을 하며 학습과 발달을 매개하는 중요한 요인으로 보았다. 피아제의 인지발달이론과 비고츠키의 인지발달이론의 이론적 배경, 기본개념, 교육적 평가와 활용 등을 비교 분석하여 탐구해 보자.

관련학과
언어학과, 국어국문학과, 인문학부, 문화콘텐츠학과, 문예창작학과, 중어중문학과, 영어영문학과, 일어일문학과, 독어독문학과, 글로벌학부, 문화인류학과

2 디지털 리터러시(digital literacy)는 디지털을 '잘' 활용하는 능력과 올바른 디지털 시민 의식을 갖춘 디지털 역량을 의미한다. 현재 디지털 리터러시 교육목표와 교육의 올바른 방향은 무엇인지 파악해 보자. 그리고 디지털 리터러시 교육이 주는 긍정적인 변화는 무엇인지 조사해 보고, 디지털 리터러시 핵심능력을 분석하여 발표해 보자.

관련학과
언어학과, 국어국문학과, 인문학부, 문화콘텐츠학과, 문예창작학과, 글로벌학부, 문화인류학과, 영어영문학과, 중어중문학과, 일어일문학과,
노어노문학과, 서어서문학과, 불어불문학과, 독어독문학과

3 2019년 11월 공공기관 언어순화 운동으로 문화재청이 문화재 안내판을 이해하기 쉽고 재미있게 바꾼 사례를 국가문화유산포털 누리집(heritage.go.kr)을 통해 공개했다. 이와 관련된 사례를 조사하여 발표해 보자.

관련학과
언어학과, 국어국문학과, 인문학부, 문화콘텐츠학과, 문예창작학과, 글로벌학부, 문화인류학과

4 세계 속에서 국어의 위상을 파악하고 국어의 발전 방향을 탐색해 보자. 세종학당의 설립 취지, 설립 현황, 운영 방식, 세계적으로 생겨나는 이유 등을 조사하여 발표해 보자.

관련학과
언어학과, 국어국문학과, 인문학부, 문화콘텐츠학과, 문예창작학과, 글로벌학부, 문화인류학과

5 인터넷 1인 방송의 형식을 텔레비전 방송과 결합한 프로그램을 보고, 이 프로그램에 사용된 매체 자료를 찾아 분석해 보자. 그리고 뉴미디어의 특성과 복합양식성에 해당하는 내용을 찾아 정리해서 발표해 보자.

관련학과
언어학과, 국어국문학과, 인문학부, 문화콘텐츠학과, 문예창작학과, 중어중문학과, 영어영문학과, 일어일문학과, 철학과, 글로벌학부, 문화인류학과,
사학과

6 뉴욕의 디자이너 사라 헨드랜은 장애인 마크에 문제를 느끼고 새로운 모습의 장애인 마크를 고안하게 된다. 장애인 픽토그램(pictogram)이 변하게 된 사례를 조사해 보고, 픽토그램이 사회와 문화의 영향을 받아 변화하게 된 양상들을 탐구해 보자.

관련학과
문화콘텐츠학과, 언어학과, 국어국문학과, 인문학부, 문예창작학과, 철학과, 신학과, 글로벌학부, 문화인류학과, 사학과, 영어영문학과, 중어중문학과,
일어일문학과, 노어노문학과, 서어서문학과, 불어불문학과, 독어독문학과

영역 국어의 탐구와 활용

성취기준

[12언매02-01~02] 실제 국어생활을 바탕으로 음운의 체계와 변동에 대해 탐구하고 품사에 따른 개별 단어의 특성을 탐구한다.

> ▶ 품사 분류의 기준을 적용하여 품사를 분류해 보고, 동사와 형용사의 차이와 같이 품사의 차이에 따라 문장에서의 쓰임이 달라짐을 아는 데에도 주목한다.

[12언매02-03~04] 단어의 짜임과 새말의 형성 과정을 탐구하고 이를 국어생활에 활용한다. 그리고 단어의 의미 관계를 탐구하고 적절한 어휘 사용에 활용한다.

[12언매02-05] 문장의 짜임에 대해 탐구하고 정확하면서도 상황에 맞는 문장을 사용한다.

> ▶ 비슷한 단어를 사용하여 문장을 만들더라도 홑문장이나 겹문장, 이어진문장이나 안은문장이 문맥에 따라 정확성이나 적절성에서 차이가 있음을 이해하며, 이를 구별해서 담화 특성에 맞게 사용할 수 있는 능력을 기르는 데 중점을 두도록 한다.

[12언매02-06~07] 문법 요소들의 개념과 표현 효과를 탐구하고 실제 국어생활에 활용한다. 그리고 담화의 개념과 특성을 탐구하고 적절하고 효과적인 국어생활을 한다.

> ▶ 담화의 개념, 담화의 구성 요소, 담화의 맥락을 이해하고 담화 생산 및 수용에 활용하는 데 중점을 둔다.

[12언매02-08] 시대 변화에 따른 국어 자료의 차이에 대해 살피고 각각의 자료에 나타나는 언어적 특성을 이해한다.

> ▶ 차자 표기 자료로 남아 있는 고대 국어, 한글 창제 이후의 중세 국어의 모습을 보여 주는 자료 중에서 내용이나 표현이 쉽고, 짧으며, 학습자가 공감할 수 있는 자료를 활용하되, 상세한 국어사 지식의 학습보다는 개략적인 어휘의 변화를 살피는 데 중점을 둔다.

[12언매02-09] 다양한 사회에서의 국어 자료의 차이를 이해하고 상황에 맞게 국어 자료를 생산한다.

> ▶ 다양한 방언 자료, 해외에서 생산된 국어 자료, 국어로 번역된 외국 자료 등에 나타나는 언어적인 특성에 주목하도록 한다.

[12언매02-10] 다양한 갈래에 따른 국어 자료의 특성을 이해하고 적절하게 국어 자료를 생산한다.

> ▶ 글의 갈래에 따른 언어적 특성으로는 기사문에서는 인용 표현이나 피동 표현이 많이 나타난다는 점, 공고문에서는 명사형 종결 표현이 많이 나타난다는 점 등이 있으며, 광고에서는 음성, 문자, 음향, 이미지, 동영상 등이 복합적으로 드러난다는 점을 이해하도록 한다.

[12언매02-11] 다양한 국어 자료를 통해 국어 규범을 이해하고 정확성, 적절성, 창의성을 갖춘 국어생활을 한다.

> ▶ 규범에 대한 심화된 이해를 통해 언어의 정확성뿐 아니라 적절성과 창의성에 주목하도록 한다.

탐구주제

1 언어의 사회성이라는 측면에서 볼 때 신조어는 그 시대의 생활상을 그대로 반영하고 있으며, 어느 시대에나 존재해 왔다. 2020년에는 전 세계적으로 확산된 코로나19로 인한 신조어들이 급증하면서 우리의 변화된 일상을 그대로 반영하고 있다. 코로나19 관련 신조어들을 분석하여 보고서를 작성해 보자.

관련학과

언어학과, 국어국문학과, 인문학부, 문화콘텐츠학과, 문예창작학과, 글로벌학부, 문화인류학과, 한문학과, 중어중문학과, 일어일문학과, 영어영문학과, 독어독문학과, 불어불문학과, 서어서문학과

2 국립국어원 누리집, 자신의 경험, 뉴스기사 등 다양한 자료를 찾아보고, 순화를 통해 만들어진 새말을 조사해 보자. 그리고 각 순화어가 어떤 말들로 구성되어 있는지를 분석해 보고, 본래 의미를 잘 드러내고 있는지 조사해 보자.

관련학과

언어학과, 국어국문학과, 인문학부, 철학과, 문화콘텐츠학과, 문예창작학과, 문화인류학과

3 문화체육관광부와 국립국어원이 '새말모임'을 꾸려 외국어 신조어를 쉬운 우리말로 바꾸고 있다. 누리 소통망(SNS)에서 많이 쓰이는 새말을 찾아 조사해 보고, 새말의 형성 과정과 유의, 반의, 상하 관계와 같은 단어 간 의미 관계를 탐구해 보자.

관련학과

언어학과, 국어국문학과, 인문학부, 문화콘텐츠학과, 문예창작학과, 문화인류학과

4 조선어학회 사건은 1942년 10월 일제가 조선어학회 회원 및 관련 인물들에게 '치안유지법'의 내란죄를 적용해 검거·투옥한 사건이다. 조선어학회의 유래 및 설립목적, 한글운동 내용 및 역사적 의의는 무엇인지 조사하여 발표해 보자.

관련학과

언어학과, 국어국문학과, 인문학부, 문화콘텐츠학과, 문예창작학과, 철학과, 신학과, 글로벌학부, 문화인류학과, 한문학과

5 국어에는 몇 개의 품사가 있을까? 이 문제를 둘러싸고 역대 문법가들은 서로 다른 품사분류론을 펼쳐왔다. 국어학자 최현배선생과 이숭녕선생의 품사분류 체계를 각각 살펴보고, 그 차이점을 조사하여 탐구해 보자.

관련학과

언어학과, 국어국문학과, 인문학부, 문예창작학과, 한문학과

6 다의어와 동음이의어의 특징을 파악해 보고, 우리 주변에서 다의어와 동음이의어를 활용한 사례를 조사해 보자. 특히 동음이의어를 잘못 이해하여 당황했거나 곤란을 겪었던 경험을 정리하여 발표해 보자.

관련학과

언어학과, 국어국문학과, 인문학부, 문화콘텐츠학과, 문예창작학과

7 종속적으로 이어진문장의 의미 관계에 따른 연결 어미의 종류를 조사해 보자. 그리고 이어진문장으로 이루어진 속담이나 격언을 찾아서 연결 어미의 사용에 따른 앞뒤 문장의 의미관계를 분석하여 발표해 보자.

관련학과

언어학과, 국어국문학과, 인문학부, 문예창작학과

8 신어(새말)가 형성되는 조어 과정은 주로 기존의 언어재를 이용한다는 특징이 있다. 신어의 조어방법으로 합성(compounding), 파생(derivation), 혼성(blending)이 있다. 각각의 특징적인 현상을 사례로 조사하여 분석해 보자.

관련학과
언어학과, 국어국문학과, 인문학부, 문화콘텐츠학과, 문예창작학과, 글로벌학부, 문화인류학과

9 2017년 12월 국립국어원이 <'잘생기다' 등 형용사의 품사 변경에 대한 안내>로 표준국어대사전 수정 내용을 공개했다. 하지만 '잘생기다가 형용사일까 동사일까'에 대한 논란은 끊이지 않고 있다. 국립국어원이 '잘생기다'와 '못생기다' '낡다', '잘나다', '못나다' 등 5개 어휘를 형용사에서 동사로 품사를 변경한 이유를 조사하여 발표해 보자.

관련학과
언어학과, 국어국문학과, 인문학부, 문화콘텐츠학과, 문예창작학과

10 1936년에 나온 표준말 모음집에서는 표준어를 '서울의 중류 계층에서 사용하는 말'이라고 규정하였다. '서울의 중류 계층에서 사용하는 말'이 표준어가 된 이유는 무엇인지 조사하여 정리해 보자.

관련학과
언어학과, 국어국문학과, 인문학부, 문예창작학과, 글로벌학부, 문화인류학과

11 '표의주의 표기'라는 것은 하나의 문자가 하나의 뜻을 표현하는 것을 말하고, '표음주의 표기'라는 것은 하나의 문자가 하나의 소리를 표현한다. 표의주의와 표음주의 원칙의 장단점을 조사해 보고, 이러한 원칙이 적용된 한글 맞춤법 조항에 제시된 사례를 찾아 정리해 보자.

관련학과
언어학과, 국어국문학과, 인문학부, 문화콘텐츠학과, 문예창작학과

12 '사이시옷'이 쓰인 단어들의 발음상 특징을 다른 단어들과 비교하여 조사해 보고, 어떤 경우에 사이시옷을 적어주는지 분석해 보자. 그리고 한글 맞춤법에서 사이시옷 표기에 관한 원칙을 조사하여 발표해 보자.

관련학과
언어학과, 국어국문학과, 인문학부, 문화콘텐츠학과, 문예창작학과

13 발음할 때 소리의 길이에 따라 의미가 달라지는 단어들이 있다. 한 편의 문학 작품을 선정하여, 소리의 길이에 따라 의미가 달라지는 단어를 조사하여 보고서를 작성해 보자.

관련학과
언어학과, 국어국문학과, 인문학부, 문예창작학과, 글로벌학부, 문화인류학과

매체 언어의 탐구와 활용

성취기준

[12언매03-01] 매체의 특성에 따라 정보가 구성되고 유통되는 방식을 알고 이를 의사소통에 활용한다.

▶ 각각의 매체는 정보를 제시하는 언어의 측면, 정보의 양과 질, 정보 제공의 속도와 보존 방법, 정보 제공자 범위의 폐쇄성과 개방성 등에서 차이가 있다.

[12언매03-02] 다양한 관점과 가치를 고려하여 매체 자료를 수용한다.

[12언매03-03] 목적, 수용자, 매체의 특성을 고려하여 다양한 매체 자료를 생산한다.

▶ 매체 자료를 생산할 때에는 정보 전달과 설득, 심미적 정서 표현, 사회적 상호 작용 등 소통하려는 목적을 고려하여 적절한 방법을 사용해야 한다.

[12언매03-04] 매체 언어의 창의적 표현 방법과 심미적 가치를 이해하고 향유한다.

[12언매03-05] 매체 언어가 인간관계와 사회생활에 미치는 영향을 탐구한다.

▶ 인터넷이나 휴대전화가 개인적·사회적 의사소통과 인간관계에 미치는 영향을 알고 다른 사람과의 의사소통에서 존중과 배려의 태도를 기르도록 한다.

[12언매03-06] 매체를 바탕으로 하여 형성되는 문화에 대해 비판적으로 이해하고 주체적으로 향유한다.

▶ 대중문화가 지닐 수 있는 대량 전달력, 큰 영향력 등의 장점과 상업성, 통속성, 지배층의 이데올로기 제약 등 단점에 대해 정확히 인식하고 부정적인 측면을 최소화함으로써 주체적으로 향유하도록 한다.

탐구주제

4.언어와 매체 — 매체 언어의 탐구와 활용

(1) 미디어 환경은 인터넷 언론을 비롯한 뉴미디어, 1인 미디어라 할 '블로그' 등장 등의 흐름 속에 언론 소비자가 생산자 역할까지 겸하는 '프로슈머'라는 신조어까지 생겨날 정도로 다변화하고 있다. 미디어 프로슈머들은 이렇게 참여문화를 통해 더욱 강력해지고 있다. 미디어 프로슈머의 사례를 탐색해 보고, 사회·문화적으로 어떤 영향을 끼쳤는지 평가해 보자.

관련학과

언어학과, 국어국문학과, 인문학부, 문화콘텐츠학과, 문예창작학과, 글로벌학부, 문화인류학과, 영어영문학과, 중어중문학과, 일어일문학과, 노어노문학과, 서어서문학과, 불어불문학과, 독어독문학과

(2) 사람들의 생활모습을 급속도로 변화시킨 대표적인 의사소통 수단인 휴대폰은 누가 최초로 사용하였을까? 휴대폰의 발전과정, 휴대폰 기기의 역사 및 휴대폰 통신방식 변천사를 조사하여 발표해 보자.

관련학과

언어학과, 국어국문학과, 인문학부, 문화콘텐츠학과, 문예창작학과, 철학과, 글로벌학부, 문화인류학과, 영어영문학과, 중어중문학과, 일어일문학과, 노어노문학과, 서어서문학과, 불어불문학과, 독어독문학과

탐구주제

3 한글 맞춤법과 띄어쓰기를 완전히 무시한 채로 인터넷 안에서 사용되는 통신용어가 세대 간 계층 간에 의사소통 문제를 크게 부각시키고 있다. 이에 문화관광부의 요청으로 한말 연구학회에서는 총 2,352개의 통신용어를 수집해 분석한 "통신언어 어휘집"을 발간했다. 통신언어 어휘집의 주요내용을 분석하여 정리해 보자.

관련학과
언어학과, 국어국문학과, 인문학부, 문화콘텐츠학과, 문예창작학과, 글로벌학부

---

4 요즘 청소년들의 채팅 용어가 개인 일기장은 물론이고 학교에 제출하는 보고서에까지 공공연히 사용될 정도로 심각한 수준이다. 인터넷 통신언어 사용 실태와 세대 간 의사소통 문제를 사례로 조사하여 발표해 보자.

관련학과
언어학과, 국어국문학과, 인문학부, 문화콘텐츠학과, 문예창작학과, 글로벌학부, 영어영문학과, 중어중문학과, 일어일문학과, 노어노문학과, 서어서문학과, 불어불문학과, 독어독문학과

---

5 텔레비전, 인터넷 방송, 유튜브, 팟캐스트 등에서 '육아'를 소재로 한 프로그램을 선정하여, 매체를 수용하는 입장에서 프로그램을 평가하기 위한 기준안을 만들어보자. 그리고 이 기준안을 바탕으로 프로그램을 비판적으로 평가하는 글을 작성해 보자.

관련학과
언어학과, 국어국문학과, 인문학부, 문화콘텐츠학과, 문예창작학과, 중어중문학과, 영어영문학과, 일어일문학과, 철학과, 신학과, 글로벌학부, 문화인류학과

---

6 매체의 파급력이 점점 커지고 있는 오늘날, '네티즌'과 구별되는 '앱티즌(Apptizen)'의 개념을 조사해 보자. 그리고 소통을 목적으로 매체 자료를 생산할 때 고려해야 할 점을 조사하여 발표해 보자.

관련학과
문화콘텐츠학과, 언어학과, 국어국문학과, 인문학부, 문예창작학과, 중어중문학과, 영어영문학과, 일어일문학과, 글로벌학부, 문화인류학과

---

7 신종 코로나바이러스 감염증이 유행하면서 스마트폰 등 디지털 매체에 의존하는 사람들이 늘어난 것으로 나타났다. 전문가들은 언택트 사회로의 전환이 우울·불안감을 강화하고 그것이 다시 디지털 중독으로 이어질 수 있다며 각별한 주의를 요구한 뒤, '멘탈데믹(Mentaldemic)'에도 대비해야 한다고 강조한다. 멘탈데믹을 대비하는 건강한 디지털 미디어 활동 방안을 제시해 보자.

관련학과
인문학부, 국어국문학과, 문예창작학과, 문화인류학과, 기독교학과, 영어영문학과, 중어중문학과, 일어일문학과, 노어노문학과, 서어서문학과, 불어불문학과, 독어독문학과

언어와 매체에 관한 태도

성취기준

[12언매04-01~03] 자신의 국어생활에 대해 성찰하고 문제점을 개선하려는 태도를 지니며, 자신의 매체 언어생활에 대해 성찰하고 문제점을 개선하려는 태도를 지닌다. 그리고 현대 사회에서 언어와 매체 언어의 가치를 이해하고 언어문화와 매체 문화의 발전에 참여하는 태도를 지닌다.

▶ 현대 사회의 문제로 부각되는 언어 규범 및 윤리 파괴의 문제를 극복하고 건전하고 유익한 언어문화와 매체 문화 창달에 이바지하려는 태도를 갖추도록 한다.

탐구주제

4.언어와 매체 ─ 언어와 매체에 관한 태도

① MZ세대란 1980년대 초~2000년대 초 출생한 밀레니얼 세대와 1990년대 중반~2000년대 초반 출생한 Z세대를 통칭하는 말이다. 디지털 환경 속에서 성장하는 MZ세대들의 특징을 파악해 보고, 디지털 미디어 시대에 MZ세대가 갖추어야 할 소통윤리는 무엇인지 조사하여 분석해 보자.

관련학과

문화콘텐츠학과, 문예창작학과, 언어학과, 국어국문학과, 인문학부, 철학과, 신학과, 글로벌학부, 문화인류학과, 영어영문학과, 중어중문학과, 일어일문학과, 노어노문학과, 서어서문학과, 불어불문학과, 독어독문학과

활용 자료의 유의점

ⓘ 언어와 사고, 언어와 문화의 관계를 학습자 자신의 삶과 관련하여 이해할 수 있도록 구체적인 사례를 활용

ⓘ 매체의 기술적 측면보다는 의사소통적 측면에서 매체의 언어적 속성에 대해 이해할 수 있도록 범위와 수준을 적정화

ⓘ 일상생활에서 많이 접하는 다양한 매체 자료를 활용하여 매체의 언어적 특성과 의미 생산 및 전달 방식상의 특성을 탐구

ⓘ 자기 자신과 타인, 사회·문화에 대해 바람직한 가치관과 태도를 기르도록 하는 데 중점

💬 MEMO

국어과

5

문학

핵심키워드

☐ 문학의 기능 ☐ 문학의 관점 ☐ 디지털 스토리텔링 ☐ 문학과 현실 ☐ 소설창작 ☐ 개화의식 ☐ 패러디 기법
☐ 매체의 변화 ☐ 원작과 웹툰 ☐ 신소설 ☐ 판소리 사설 ☐ 설화 ☐ 한국 문학의 전통계승 ☐ 변신담
☐ 외국 문학 ☐ 지역문화 문학작품 ☐ 사설시조 ☐ 경제소재 소설 ☐ 군담소설 ☐ 공동체

영역 **문학의 본질**

성취기준

[12문학01-01] 문학이 인간과 세계에 대한 이해를 돕고, 삶의 의미를 깨닫게 하며, 정서적·미적으로 삶을 고양함을
이해한다.

▶ 문학의 기능과 가치에 대한 이해를 통해 자발적으로 문학을 향유할 수 있는 기반을 마련하도록 지도한다.

탐구주제

5. 문학 ― 문학의 본질

① 문학은 인식적 기능과 윤리적 기능, 미적 기능이 있다. 각 기능의 의미와 특징을 조사해 보고, '문학이란 무엇인가'에 대한
자신의 생각을 발표해 보자. 그리고 문학이 사회적 윤리에 어떠한 영향을 주는지 조사하여 보고서를 작성해 보자.

관련학과
언어학과, 국어국문학과, 인문학부, 문화콘텐츠학과, 문예창작학과, 중어중문학과, 영어영문학과, 일어일문학과, 철학과, 신학과, 글로벌학부,
문화인류학과

성취기준

[12문학02-01] 문학 작품은 내용과 형식이 긴밀하게 연관되어 이루어짐을 이해하고 작품을 감상한다.

▶ 작품의 내용은 인간의 삶과 관련된 주제 의식으로 구현되며 이러한 주제 의식은 문화적, 관습적으로 형성된 문학 고유의 언어 형식으로 표현된다.

[12문학02-02] 작품을 작가, 사회·문화적 배경, 상호 텍스트성 등 다양한 맥락에서 이해하고 감상한다.

[12문학02-03] 문학과 인접 분야의 관계를 바탕으로 작품을 이해하고 감상하며 평가한다.

▶ 문학은 언어 예술이라는 점에서 음악, 미술, 연극, 영화, 무용 등 다양한 예술 분야와 밀접한 관계가 있다.

[12문학02-04] 작품을 공감적, 비판적, 창의적으로 수용하고 그 결과를 바탕으로 상호 소통한다.

[12문학02-05] 작품을 읽고 다양한 시각에서 재구성하거나 주체적인 관점에서 창작한다.

[12문학02-06] 다양한 매체로 구현된 작품의 창의적 표현 방법과 심미적 가치를 문학적 관점에서 수용하고 소통한다.

▶ 전달 매체의 특성이 작품의 창의적 표현 방법과 심미적 가치에 어떻게 반영되었는지를 살펴봄으로써 다양한 매체로 구현된 작품을 문학적 관점에서 수용하고 소통하도록 지도한다.

탐구주제

5.문학 — 문학의 수용과 생산

① 문학의 4가지 관점에는 표현론적 관점(작가와 작품의 관계), 반영론적 관점(현실과 작품의 관계), 존재론적 관점(작품 자체의 연구), 효용론적 관점(독자와 작품의 관계)이 있다. 각 관점에 대해 작품을 사례로 들어 보고서를 작성하여 발표해 보자.

관련학과

언어학과, 국어국문학과, 인문학부, 문예창작학과

② U.C. 버클리 대학의 디지털 스토리텔링 센터의 공동창립자인 Joe Lambert는 디지털 스토리텔링을 "오래된 이야기 기술을 새로운 미디어에 끌어들여 변화하고 있는 현재 삶에 맞게 가치있는 이야기들로 맞춰가는 것"이라고 정의했다. 고전문학을 디지털 스토리텔링으로 활용한 사례를 분석해 보자.

관련학과

문화콘텐츠학과, 언어학과, 국어국문학과, 인문학부, 문예창작학과, 철학과, 신학과, 글로벌학부, 문화인류학과, 영어영문학과, 중어중문학과, 일어일문학과, 노어노문학과, 서어서문학과, 불어불문학과, 독어독문학과

③ M.H.Abrams의 저서 「Mirror&Lamp」에서 알 수 있는 것처럼, 문학과 현실(시대상황과 유사함)과의 관계에 대한 근본적인 질문이 "문학은 거울이냐, 램프냐"이다. 시대적 상황이 문학작품에 미치는 영향을 작품을 통해 조사해 보자.

관련학과

언어학과, 국어국문학과, 인문학부, 문화콘텐츠학과, 문예창작학과, 철학과, 신학과, 글로벌학부, 문화인류학과, 영어영문학과, 중어중문학과, 일어일문학과, 노어노문학과, 서어서문학과, 불어불문학과, 독어독문학과

(4) 소설을 창작한다고 생각하고 소설의 제목을 정하고 줄거리를 간략하게 적어보자. 그리고 소설의 서사구조, 서술방식, 상징적인 소재, 소설을 통해 전달하고자 하는 내용, 내용과 형식을 긴밀하게 연결하는 방안 등 계획을 자세하게 작성하여 발표해 보자.

관련학과
언어학과, 국어국문학과, 인문학부, 문화콘텐츠학과, 문예창작학과, 중어중문학과, 영어영문학과, 일어일문학과, 글로벌학부, 문화인류학과

---

(5) 100여 년 전 개화파 지식인들이 쓴 신소설은 작품 도입부의 참신성, 근대적 사상과 문물의 도입, 풍속의 개량 등 내용과 형식면에서 고대소설과는 다른 특징을 보인다. 신소설의 효시로 한글 전용을 실천한 이인직의 「혈의 누」, 「귀의 성」, 「치악산」, 「은세계」 작품과 신소설의 기초를 세운 이해조의 「자유종」, 「빈상설」, 「구마검」 작품내용에 나타난 작가의 개화 의식에 대해 비교·분석해 보자.

관련학과
한문학과, 언어학과, 국어국문학과, 인문학부, 문화콘텐츠학과, 문예창작학과

---

(6) 오규원의 「꽃의 패러디」, 장정일의 「라디오와 같이 사랑을 끄고 켤 수 있다면」의 시는 김춘수의 「꽃」을 패러디한 시다. 문학작품을 재구성하는 창작과정은 '창작적 기분 → 창작 구상 → 내적 정련 → 외적 완성'의 단계를 거친다. 이 과정을 참고하여 애송하는 시 한 편을 선정한 뒤, 패러디 기법을 활용하여 시를 창작하고 발표해 보자.

관련학과
언어학과, 국어국문학과, 인문학부, 문화콘텐츠학과, 문예창작학과

---

(7) <원작소설을 애니메이션한 작품>, <원작소설을 만화한 작품>, <원작소설을 영화한 작품>을 예로 기존작품과 다른 매체로 재생산된 작품의 차이점을 조사해 보고, 매체의 변화가 문학작품의 창작과 감상에 어떤 변화를 주는지 탐구해 보자.

관련학과
언어학과, 국어국문학과, 인문학부, 문화콘텐츠학과, 문예창작학과, 문화인류학과

---

(8) 웹툰과 원작의 주요 사건을 중심으로 이야기의 흐름을 정리하여 웹툰과 원작에 등장하는 인물의 차이점을 파악하고, 원작과 웹툰에서 내용이 다른 부분을 찾아 그 이유를 추론해 보자. 또한 원작과 웹툰을 비교하며 전달 매체의 특성에 따른 표현 방식이 어떻게 다른지 파악하고, 웹툰에 새로운 내용이 추가된 이유를 현대적 관점에서 추론해 보자.

관련학과
언어학과, 국어국문학과, 인문학부, 문화콘텐츠학과, 문예창작학과, 글로벌학부, 문화인류학과, 영어영문학과, 중어중문학과, 일어일문학과, 노어노문학과, 서어서문학과, 불어불문학과, 독어독문학과

한국 문학의 성격과 역사

성취기준

[12문학03-01] 한국 문학의 개념과 범위를 이해한다.

[12문학03-02] 대표적인 문학 작품을 통해 한국 문학의 전통과 특질을 파악하고 감상한다.

[12문학03-03] 주요 작품을 중심으로 한국 문학의 갈래별 전개와 구현 양상을 탐구하고 감상한다.

▶ 구체적인 한국 문학 작품을 통해 문학의 기본 갈래가 언어의 성격에 따라 구비 문학, 한문학, 국문 문학의 세 영역 아래 다양한 역사적 갈래로 구현된 양상을 탐구하도록 한다.

[12문학03-04] 한국 문학 작품에 반영된 시대 상황을 이해하고 문학과 역사의 상호 영향 관계를 탐구한다.

[12문학03-05] 한국 문학과 외국 문학을 비교해서 읽고 한국 문학의 보편성과 특수성을 파악한다.

[12문학03-06] 지역 문학과 한민족 문학, 전통적 문학과 현대적 문학 등 다양한 양태를 중심으로 한국 문학의 발전상을 탐구한다.

▶ 문자로 기록된 전통적인 문학과 디지털화된 새로운 문학의 관계 및 변화 양상 등을 다양하게 살펴보고, 미래의 한국 문학이 나아갈 바를 탐색해 보도록 지도한다.

탐구주제

5.문학 — 한국 문학의 성격과 역사

(1) 신소설은 문학 갑오개혁 이후부터 현대 소설이 창작되기 전까지 이루어진 소설로 봉건 질서의 타파, 개화, 계몽, 자주 독립 사상 고취 따위를 주제로 다루었으며, 신소설의 효시인 「혈의 누」가 여기에 속한다. 1900~1910년대 한국 문학사적 특징과 이인직의 작품경향 및 문학사적 의의에 대해 분석해 보자.

관련학과
한문학과, 언어학과, 국어국문학과, 인문학부, 문화콘텐츠학과, 문예창작학과

(2) 판소리가 음악을 통하여 표현되는 극적 양식이라면, 판소리 사설은 가사(歌詞)로 씌어지는 희곡적 양식이다. 판소리 사설은 구성·주제·문체 등 여러 측면에서 기록 서사물과는 다른 독특한 특징들을 드러낸다. 판소리 사설의 특징과 형성 과정을 조사하여 발표해 보자.

관련학과
한문학과, 언어학과, 국어국문학과, 인문학부, 문화콘텐츠학과, 문예창작학과

(3) 우리민족의 전통과 생활양식이 담겨 있는 설화를 차용하여 우리 민족 고유의 정서를 민요적인 율격으로 노래하는 시를 찾아 선정하여 조사해 보자. 선정한 시에서 한국문학의 특질이 어떻게 반영되었는지 살펴보고, 한국문학의 전통이 계승되는 양상을 파악해 보자.

관련학과
한문학과, 사학과, 언어학과, 국어국문학과, 인문학부, 문화콘텐츠학과, 문예창작학과

④ 우리나라와 외국문학에서 공통적으로 나타나는 서사적 특성 가운데 '변신담'이 있다. 인물이 어떤 이유로 본래 모습을 잃고 태어나거나 중간에 모습이 변하는 것인데, 이 이야기들은 각 지역의 고유한 문화적 배경을 지니면서도 서로 유사한 서사구조, 즉 보편성을 띠고 있다. 이런 변신담의 서사적 특징을 가진 우리나라와 외국 문학 사례를 조사하여 발표해 보자.

관련학과
언어학과, 국어국문학과, 인문학부, 문화콘텐츠학과, 문예창작학과, 철학과, 신학과, 글로벌학부, 문화인류학과

⑤ 자신이 사는 지역과 연관이 있는 작가나 지역의 문화와 역사가 담긴 문학작품을 조사하고 이를 소개하는 글을 써서 발표해 보자.

관련학과
언어학과, 국어국문학과, 인문학부, 문화콘텐츠학과, 문예창작학과, 글로벌학부, 문화인류학과, 영어영문학과, 중어중문학과, 일어일문학과,
노어노문학과, 서어서문학과, 불어불문학과, 독어독문학과

⑥ 조선 후기에 평민 의식이 성장하면서 시조의 창작층이 중인과 평민 계층으로 확대되었다. 이 시기에 평민 의식의 성장과 함께 정형성을 탈피한 사설시조가 등장하였고, 시조의 주제도 민중들의 진솔한 삶의 모습이나 지배계층의 횡포에 대한 풍자 등으로 다양해졌다. 한 작품을 선정한 후 사설시조에 나타난 시적 화자의 유형과 특성을 분석하여 보고서를 작성해 보자.

관련학과
사학과, 한문학과, 언어학과, 국어국문학과, 인문학부, 문예창작학과, 문화인류학과

⑦ 조선 후기에는 상업이 발달하고 부농이 등장하는 등 근대적인 경제 요소가 많이 등장하고 화폐가 유통되는 일도 예전보다 훨씬 많아졌다. 이러한 사회상을 잘 보여주는 조선 후기 경제 이야기가 담긴 소설을 분석해서 발표해 보자.

관련학과
사학과, 한문학과, 언어학과, 국어국문학과, 인문학부, 문예창작학과

⑧ 조선 후기에는 군담소설, 가정소설, 애정소설, 풍자소설 등 다양한 소설이 창작되고 향유되면서 소설의 융성기를 맞는다 이 중 군담소설의 유행 배경과 특징, 종류, 대표 작품을 분석해 보자.

관련학과
사학과, 한문학과, 언어학과, 국어국문학과, 인문학부, 문예창작학과

💬 **MEMO**

문학에 관한 태도

성취기준

[12문학04-01] 문학을 통하여 자아를 성찰하고 타자를 이해하며 상호 소통하는 태도를 지닌다.

[12문학04-02] 문학 활동을 생활화하여 인간다운 삶을 가꾸고 공동체의 문화 발전에 기여하는 태도를 지닌다.

▶ 문학 활동을 통해 자신을 성찰하고, 삶의 본질을 이해하며, 자아와 세계의 관계 속에서 인생의 가치를 파악할 수 있다. 또한 공동체 구성원과 정서적으로 교류하며 상호 존중감과 유대감을 높일 수 있다.

탐구주제

5.문학 — 문학에 관한 태도

(1) 문학작품 속 인물들의 삶을 간접적으로 체험함으로써 작품 속 인물들의 삶에 담겨 있는 생각을 알아가며 자신을 성찰할 뿐만 아니라 자신과 다른 사람들의 삶을 폭넓게 이해할 수 있다. 공동체의 의미를 생각해 보게 하는 내용을 담은 생존한 작가의 문학작품을 읽고, 작가가 그려낸 주제의식이나 작가의 세계관을 분석해 보자.

관련학과

언어학과, 국어국문학과, 인문학부, 문예창작학과, 문화콘텐츠학과, 글로벌학부, 문화인류학과, 영어영문학과, 중어중문학과, 일어일문학과, 노어노문학과, 서어서문학과, 불어불문학과, 독어독문학과

활용 자료의 유의점

(!) 감상 결과를 타인과 공유할 때에는 타당한 근거를 함께 제시하고 타자에 대해 개방적이고 포용적인 자세를 유지

(!) 이론적인 배경보다는 문학사에서 중요하게 평가되어 온 작품을 중심으로 한국 문학의 성격과 역사를 이해

(!) 작품에 반영된 작가의 가치관이나 작품 속 인물의 성격, 태도 등을 파악

(!) 표현 능력과 이해 능력, 인지적·행동적·정의적 요소가 균형을 이루도록 유지

💬 **MEMO**

국어과
6
실용 국어

핵심키워드

☐ 근로기준법 ☐ 연소근로자 표준 근로계약서 ☐ 전문어 ☐ 국가직무능력표준 ☐ 홍콩보안법 ☐ 여행상품 개발 ☐ 디지털 콘텐츠 ☐ 카피라이트 ☐ 카피레프트 ☐ 서희 협상 ☐ 인구동향 ☐ 출산 장려 정책 ☐ 키케로의 설득규범 ☐ 코로나19 ☐ 학습권 침해 ☐ 등록금 반환 협상 ☐ 의대 정원 ☐ 공감적 듣기 ☐ 인간관계 ☐ 의사소통

영역 ## 직무 어휘와 어법

성취기준

[12실국01-01] 의사소통 맥락에 적합한 어휘를 사용한다.

▶ 실제 직무를 수행하는 의사소통 장면이나 문서 서식 등을 활용하여 실제적인 학습이 이루어지도록 한다.

[12실국01-01~02] 의사소통 맥락에 적합한 어휘를 사용하며, 국어의 어법에 맞고 의미가 정확한 문장을 사용한다.

▶ 문장을 구성하는 성분들 사이의 관계를 이해하고 그들 사이의 호응 관계를 고려하면서 문장을 구성하는 연습을 하고, 문장의 짜임을 표현 의도와 연관 지어 탐구하며 의미가 명확하지 않은 문장을 찾아 그 이유를 분석하는 활동을 한다.

탐구주제
6.실용 국어 — 직무 어휘와 어법

① 근로기준법에는 근로계약을 맺을 때 사용자가 노동자에게 반드시 알려 주어야 할 노동 조건을 정해 두고 있다. '연소근로자 표준 근로계약서'를 읽어보고, 잘 모르는 단어는 국어사전에서 그 의미를 찾아 정리해 보자. 그리고 내가 지켜야 할 것과 보장받아야 할 것은 무엇인지 근로계약서의 내용을 분석해 보자.

관련학과
언어학과, 국어국문학과, 인문학부, 문화콘텐츠학과, 문예창작학과, 글로벌학부, 문화인류학과, 영어영문학과, 중어중문학과, 일어일문학과, 노어노문학과, 서어서문학과, 불어불문학과, 독어독문학과

탐구주제

② 전문어는 전문 분야의 일을 효과적으로 수행하기 위하여 도구처럼 사용하는 어휘이다. 전문인의 역할을 위한 소통 도구 즉 전문어의 종류와 특징 그리고 전문용어를 쉬운 우리말로 바꾼 사례를 조사하여 정리해 보자.

관련학과

언어학과, 국어국문학과, 인문학부, 문화콘텐츠학과, 문예창작학과, 글로벌학부, 문화인류학과, 영어영문학과, 중어중문학과, 일이일문학과,
노어노문학과, 서어서문학과, 불어불문학과, 독어독문학과

③ 국가직무능력표준(NCS, National Competency Standards)은 산업현장에서 직무를 수행하기 위해 요구되는 지식·기술·태도 등의 내용을 국가가 체계화한 것이다. NCS직업기초능력 평가 개념 및 10가지 영역을 조사하여 발표해 보자.

관련학과

언어학과, 국어국문학과, 인문학부, 문예창작학과, 중어중문학과, 영어영문학과, 일어일문학과

영역 **정보의 해석과 조직**

성취기준

[12실국02-01] 필요한 정보를 수집하여 핵심 내용을 이해한다.

[12실국02-02] 정보에 담긴 의도를 추론하고 내용을 비판적으로 평가한다.

▶ 말과 글에 명시적으로 드러나 있거나 숨어 있는 화자나 필자의 의도를 파악하는 것은 정보를 바르게 이해하는 데 매우 중요하다.

[12실국02-03] 정보를 체계적으로 조직하여 대상과 상황에 적합하게 표현한다.

▶ 보고서 작성, 발표 등 실제적인 언어 표현 활동을 중심으로 핵심적인 내용을 짜임새 있게 조직하는 방법에 중점을 둔다.

탐구주제

① 홍콩에 정보기관을 세워 반중국 행위를 막는 내용을 골자로 하는 '홍콩 국가보안법'이 시행에 들어갔다. 홍콩 민주화 운동을 이끄는 조슈아 웡이 홍콩 의회인 입법회 앞에서 '홍콩보안법' 저지에 유럽 지도자들이 나서줄 것을 촉구하는 플래카드를 들고 기자회견을 했다. 홍콩보안법 제정의 의미에 대해 정보를 수집하고, 조슈아 웡의 입장에서 기자회견에 발표할 글을 논리정연하게 작성해 보자.

관련학과

언어학과, 국어국문학과, 인문학부, 문예창작학과, 문화콘텐츠학과, 철학과, 신학과, 글로벌학부, 문화인류학과, 영어영문학과, 중어중문학과,
일어일문학과, 노어노문학과, 서어서문학과, 불어불문학과, 독어독문학과

2 '남해안 여행상품 개발'이라는 주제로 글을 작성하고자 한다. 정보수집 목적을 고려하여 핵심어를 설정하고 다양한 매체를 통해 정보를 수집해 보자. 그리고 수집한 정보를 주제와 목적에 따라 분류해서 발표해 보자.

관련학과

언어학과, 국어국문학과, 인문학부, 문예창작학과, 문화콘텐츠학과, 글로벌학부, 문화인류학과

3 디지털 콘텐츠의 공유방식(카피라이트: 저작권, 창작자에게 독점적 권리를 줘야 창작활동이 활발해진다 & 카피레프트: 저작권 공유운동, 지식·정보·저작물은 자유롭게 공유되어야 한다)에 대한 자신의 입장을 정하고 이에 대해 토론해 보자.

관련학과

언어학과, 국어국문학과, 인문학부, 문예창작학과, 문화콘텐츠학과, 글로벌학부, 문화인류학과, 영어영문학과, 중어중문학과, 일어일문학과, 노어노문학과, 서어서문학과, 불어불문학과, 독어독문학과

영역

설득과 협력적 문제 해결

성취기준

[12실국03-01]	타당한 근거를 들어 자신의 주장을 설득력 있게 표현한다.
[12실국03-02]	집단의 의사 결정 과정에 참여하여 합리적 방안을 탐색한다.
	▶ 열린 자세로 여러 사람의 의견을 비교하며 듣게 함으로써 수용적 이해 능력을 신장하고 적극적 경청을 통하여 공동체의 문제 해결 과정에 능동적으로 참여하는 자세를 갖게 한다.
[12실국03-03]	대화와 타협으로 갈등을 조정하여 문제를 협력적으로 해결한다.
	▶ 자신의 의견을 분명히 표현하고, 상대의 입장과 주장을 이해한 후 상호 존중과 양보를 통하여 참여자 모두가 이익을 얻는 전략을 활용하도록 한다.

탐구주제

1 고려 건국 75년만인 993년 거란군의 대규모 침입이 있었고 적장 소손녕은 평안북도 봉산국까지 함락했다. 패닉상태에 빠진 고려! 이때 외교관 서희는 자청해 적진으로 들어가 협상했다. '서희는 협상을 어떻게 했을까?' 라는 주제로 조사하여 발표해 보자.

관련학과

사학과, 사학고, 언어학과, 국어국문학과, 인문학부, 문예창작학과, 문화콘텐츠학과, 중어중문학과, 철학과, 신학과, 글로벌학부, 문화인류학과

2 통계청이 발표한 '2020년 6월 인구동향'에 따르면 올해 1~6월 전국 출생아 수는 14만 2천 663명으로 집계됐다. 이는 지난해 같은 기간(15만 8천 425명) 대비 9.9% 감소한 수치로, 1981년 관련 통계를 수집한 이래 최소 기록이다. 지방자치단체에 출산 장려 정책을 제안하는 글을 써보자.

관련학과

언어학과, 국어국문학과, 인문학부, 문화콘텐츠학과, 문예창작학과, 글로벌학부, 문화인류학과, 철학과, 고고학과, 영어영문학과, 중어중문학과, 일어일문학과, 노어노문학과, 서어서문학과, 불어불문학과, 독어독문학과

3 고대 그리스의 소피스트(궤변가)들에 의해서 개발되고 플라톤에 의해 멸시를 받던 수사학(rhetoric:말하는 기술을 가르치는 학문)은 아리스토텔레스에 이르러 학문적으로 정립했다. 키케로(cicero, 106BC~43BC)로 대변되는 고대 로마의 수사학은 설득력 있는 담론을 디자인하기 위한 전통적인 과정을 다섯 가지의 단계로 나누었다. 키케로의 다섯 가지 설득규범을 조사하여 정리해 보자.

관련학과

언어학과, 국어국문학과, 인문학부, 문화콘텐츠학과, 문예창작학과, 철학과, 신학과, 글로벌학부, 문화인류학과, 고고학과, 영어영문학과, 중어중문학과, 일어일문학과, 노어노문학과, 서어서문학과, 불어불문학과, 독어독문학과

4 코로나19 여파로 온라인 수업을 들은 수많은 대학생들이 첫 온라인 수업으로 수업의 질이 떨어지고 도서관 등 학교 시설을 잘 이용하지 못해 '학습권이 침해되었다'며 등록금 반환을 요구했다. 대학생 입장에서 대학측과 원만한 해결을 위해 협상할 수 있는 대안을 제시해 보자.

관련학과

철학과, 신학과, 언어학과, 국어국문학과, 인문학부, 문화콘텐츠학과, 문예창작학과, 글로벌학부, 문화인류학과, 고고학과

5 한 전공의가 최근 서울 대학로 서울대병원 정문 앞에서 의대 정원 확대 등에 반대하는 내용의 피켓(지방의사 부족이유 무엇일까 공공의대 숫자놀음 하지말고 원인분석 바로 잡자)을 들고 시위하고 있다. 의대 정원 확대 반대 및 공공의대 설립 취소와 관련하여 대화와 타협으로 문제를 협력적으로 해결할 수 있도록 전공의 입장과 정부 입장에서 각각의 주장하는 글을 작성해 보자.

관련학과

언어학과, 국어국문학과, 인문학부, 문화콘텐츠학과, 문예창작학과, 철학과, 신학과, 글로벌학부, 문화인류학과, 영어영문학과, 중어중문학과, 일어일문학과, 노어노문학과, 서어서문학과, 불어불문학과, 독어독문학과

💬 MEMO

대인 관계와 의사소통

성취기준

[12실국04-01~02] 상대를 배려하는 태도로 언어 예절을 갖추어 대화한다. 그리고 상대의 감정을 공감적으로 수용하며 자신의 감정을 적절하게 표현한다.

▶ 사회생활을 염두에 두고 기본적으로 상대를 배려하는 대화의 원리를 익히고, 경청하는 태도와 방법, 상황에 맞는 호칭어와 지칭어의 사용, 인사 예절, 전화 예절 등도 익히도록 한다.

탐구주제

6.실용 국어 — 대인 관계와 의사소통

① 공감적 듣기는 다른 사람의 경험 세계에 관심을 갖고 전달하고자 하는 메시지에서 감정과 내용을 인식하며 행동적 피드백과 함께 반응을 하는 것이다. 공감적 듣기가 필요한 상황과 공감적 듣기 3단계를 조사해 보고, 단계별로 <우리 아이가 달라졌어요>라는 TV프로그램을 사례로 들어 분석해 보자.

관련학과

철학과, 언어학과, 국어국문학과, 인문학부, 문화콘텐츠학과, 문예창작학과, 신학과, 글로벌학부, 문화인류학과, 고고학과, 영어영문학과, 중어중문학과, 일어일문학과, 노어노문학과, 서어서문학과, 불어불문학과, 독어독문학과

② 인간관계의 의미와 필요성, 건강한 인간관계를 위하여 필요한 의사소통의 요인 및 효과적인 의사소통의 원칙을 조사해 보자. 그리고 인간관계 안에서 효과적으로 의사소통을 하기 위해 노력했던 경험을 보고서로 작성하여 발표해 보자.

관련학과

언어학과, 국어국문학과, 인문학부, 문화콘텐츠학과, 문예창작학과, 철학과, 신학과, 글로벌학부, 문화인류학과, 고고학과

활용 자료의 유의점

(!) 진로와 관련된 분야에서 실제로 사용되는 담화와 글 자료를 활용하여 화자나 필자의 관점, 의도, 전제 등을 추론

(!) 비판적 이해를 바탕으로 하여 말과 글에 숨겨진 정보를 면밀히 고려하여 질문하고 논박하는 토론 활동에 중점

(!) 음악, 영상, 영화, 광고, 이야기 등을 활용하여 매체 자료 생산자의 의도나 표현 전략을 추론하고 비판하는 활동에 중점

(!) 주제에 따라 자신의 생각으로 주요 논점을 설정하는 활동을 통한 사고력 배양

(!) 학습자의 수준, 관심과 흥미, 적성과 진로, 언어와 문화 배경 등 개인차 고려

국어과
7

심화 국어

핵심키워드

☐ 정보 수집과정 ☐ 정보조직 방법 ☐ 정보표현 방법 ☐ 정보전달 ☐ 양자 인터넷 ☐ 스마트 팜
☐ 비둘기 도시문제 ☐ 비트코인 ☐ 디지털 화폐 전쟁 ☐ 입시제도 ☐ 유전자 조작 농산물 재배 ☐ 문학의 정의
☐ 언어 예술 ☐ 공동체 언어문화 ☐ 언어 공동체 의식 ☐ 신조어 ☐ 인터넷 악플 ☐ 네티켓 ☐ 쓰기 윤리

영역
논리적 사고와 의사소통

성취기준

[12심국01-01~02] 학업에 필요한 정보를 수집하여 분석하고, 대상과 목적을 고려하여 정보를 체계적으로 조직한다.

▶ 정보를 전달하는 담화나 글의 구조와 내용 조직 원리를 이해하도록 한다.

[12심국01-03] 　 정보를 정확하고 논리적으로 전달한다.

▶ 표현의 객관성, 간명성, 논리성에 유의하며 정보 전달에 적합한 언어 표현 방법을 익히도록 한다.

탐구주제

7.심화 국어 ― 논리적 사고와 의사소통

1 '정보의 수집과정'은 세부 주제결정-세부 주제의 개념파악-정보 획득 개체 선택-정보의 검색 및 수집-검색된 자료의 정리 및 재탐색-평가 및 결과 제시로 이루어진다. '해킹이 불가능한 양자 인터넷(Unhackable internet)'이라는 주제를 정보의 수집과정에 따라 탐구해 보고, 발표해 보자.

관련학과

언어학과, 국어국문학과, 인문학부, 문화콘텐츠학과, 문예창작학과, 글로벌학부, 문화인류학과, 철학과, 사학과, 영어영문학과, 중어중문학과, 일어일문학과, 노어노문학과, 서어서문학과, 불어불문학과, 독어독문학과

2 'ICT 기반으로 스마트 팜 운영'이라는 주제로 연구 목적 및 필요성, 연구방향, 문제점, 기대효과를 제시하고, 자료수집 계획 시 정보조직 방법과 정보표현 방법을 고려하여 보고서를 작성해 보자.

관련학과

언어학과, 국어국문학과, 인문학부, 문화콘텐츠학과, 문예창작학과, 철학과, 신학과, 글로벌학부, 문화인류학과, 고고학과

③ '어쩌다 비둘기는 도시의 가장 흔한 새가 되었을까'라는 주제로 비둘기가 도시에 나타난 유래, 늘어난 비둘기가 도시 문제가 된 이유 등을 정보 전달에 적합한 언어 표현을 사용하여 보고서를 작성해 보자.

관련학과
언어학과, 국어국문학과, 인문학부, 문화콘텐츠학과, 문예창작학과, 철학과

영역 # 비판적 사고와 문제 해결

성취기준

[12심국02-01~02] 타인의 의견을 비판적으로 이해하고 자신의 생각으로 논점을 구성한다.

[12심국02-03] 문제 해결에 필요한 방안을 탐색하여 합리적으로 의사 결정한다.

　▶ 공동의 사고 과정은 해결해야 할 문제를 명확히 인식하고 가능한 방안을 도출한 후 판단 준거에 따라 방안의 장단점을 분석하여 최적의 방안을 선택하는 일련의 의사 결정 단계를 거친다.

탐구주제　　　　　　　　　　　　　　　　　　　7.심화 국어 — 비판적 사고와 문제 해결

① 2017~2018년 '비트코인'이 가상화폐 열풍을 일으킨 이후 사이버상에서 거래되는 디지털 화폐를 발행하려는 국가 및 기관이 늘어나고 있다. 일명 '디지털 화폐 전쟁'이라고 불리는 이 흐름은, 우리의 삶을 어떻게 바꿔 놓을지 자신의 생각을 논리적으로 정리해 보자.

관련학과
언어학과, 국어국문학과, 인문학부, 문화콘텐츠학과, 문예창작학과, 철학과, 신학과, 글로벌학부, 문화인류학과, 영어영문학과, 중어중문학과,
일어일문학과, 노어노문학과, 서어서문학과, 불어불문학과, 독어독문학과

---

② '현행 입시제도 바람직한가'라는 주제로 바람직한 입시제도의 모습은 어떠해야 하는지 독창적인 논점을 담아 자신의 입장을 구성해 보고, 공동의 사고과정을 거쳐 최선의 방안을 도출해 보자.

관련학과
글로벌학부, 언어학과, 국어국문학과, 인문학부, 문화콘텐츠학과, 문예창작학과, 중어중문학과, 영어영문학과, 일어일문학과, 철학과, 신학과

---

③ '유전자 조작 농산물 재배, 허용해야 한다'에 대해 자신의 주장을 논리적으로 구상해 보자. 그리고 유전자 조작 농산물 재배의 경제성과 위험성을 쟁점으로 자신의 주장을 입증하기 위하여 적절한 이유와 근거 자료를 제시해 보자.

관련학과
국어국문학과, 인문학부, 문화콘텐츠학과, 문예창작학과, 철학과, 신학과, 글로벌학부, 문화인류학과, 교교학과

창의적 사고와 문화 활동

성취기준

[12심국03-01] 언어 예술의 아름다움을 향유한다.

> ▶ 언어 예술에 대한 학습자의 고유하고 온전한 반응, 아름다움에 대한 향유, 미적 가치에 대한 인식에 중점을 둔다.

[12심국03-02~03] 자신의 생각과 느낌을 창의적이고 아름답게 표현한다. 그리고 공동체의 언어문화 발전에 능동적으로 참여하는 태도를 지닌다.

> ▶ 자신의 생각을 창의적이고 아름답게 표현하는 과정을 통해 타인의 문제의식과 세계관, 가치관을 이해하며 자신의 생각을 타인과 교류하는 효과적인 방법이 무엇인지를 생각하고 타인과 효과적으로 소통하는 가운데 창의적인 사고를 배양하도록 한다.

탐구주제

7.심화 국어 — 창의적 사고와 문화 활동

(1) 국립국어원 표준국어대사전에서의 문학의 사전적 정의는 '사상이나 감정을 언어로 표현한 예술. 또는 그런 작품'이다. 다시 말하면 문학은 언어 예술인 것이다. 그렇다면 어떤 언어적 특성이 문학을 예술로 만드는 것일까? 문학작품의 어떠한 부분에서 아름다움을 느낄 수 있는 것일까?를 한 작품을 선정하여 탐구해 보자.

관련학과

언어학과, 국어국문학과, 인문학부, 문화콘텐츠학과, 문예창작학과, 철학과, 신학과, 글로벌학부, 문화인류학과

(2) 체면을 중시하는 언어문화, 우리를 중시하는 언어문화, 서열의식이 드러나는 언어문화 등 우리의 언어생활 속에서 나타나는 언어문화를 찾아 분석해서 발표해 보자.

관련학과

언어학과, 국어국문학과, 인문학부, 문화콘텐츠학과, 문예창작학과, 철학과, 신학과, 글로벌학부, 영어영문학과, 중어중문학과, 일어일문학과, 노어노문학과, 서어서문학과, 불어불문학과, 독어독문학과

(3) '문송하다'는 취업의 어려움이 드러나 있고, '워라밸'은 일과 삶의 균형을 중시하는 의식이 반영되어 있다. 이처럼 언어 공동체 의식과 신조어의 관련성에 대해 사례를 들어 조사해 보고, 무분별하게 사용되는 외국어를 대체할 수 있는 신조어(다듬은 말)를 창조적으로 만들어 보자.

관련학과

언어학과, 국어국문학과, 인문학부, 문화콘텐츠학과, 문예창작학과, 철학과, 글로벌학부, 문화인류학과, 영어영문학과, 중어중문학과, 일어일문학과, 노어노문학과, 서어서문학과, 불어불문학과, 독어독문학과

성취기준

[12심국04-01] 쓰기 윤리의 중요성을 인식하고 책임감 있는 태도로 글을 쓴다.

> ▶ 다른 사람이 생산한 자료를 표절하지 않고 올바르게 인용하기, 연구 결과를 과장하거나 왜곡하지 않고 사실에 근거하여 기술하기 등에 중점을 두어 쓰기 윤리의 중요성을 인식시키고 이를 준수하는 태도 함양

[12심국04-02~03] 협력적이고 비판적인 태도로 문제를 탐구하고, 매체 이용과 표현의 윤리를 준수하는 태도를 지닌다.

> ▶ 다양한 매체 자료를 이용하여 조사·연구·관찰한 결과를 보고서로 작성하거나 발표하는 활동을 통해 매체 이용 윤리를 준수하는 태도를 기르도록 한다.

탐구주제

7.심화 국어 — 윤리적 사고와 학문 활동

(1) 노벨 생리의학상을 수상한 동물학자 콘라드 로렌츠(K.Lorenz)는 인터넷이라는 새로운 환경의 등장으로 인하여 인간의 공격성이 더 증폭되었다고 했다. 이는 익명성 때문이라고 볼 수 있다. 인터넷 악플에 대한 원인과 문제점을 분석하고 대처방안에 대해 조사해 보고, 인터넷 악플에 대한 자신의 생각을 정리하여 보고서를 작성해 보자.

관련학과
언어학과, 국어국문학과, 인문학부, 문화콘텐츠학과, 문예창작학과, 철학과, 신학과, 글로벌학부, 문화인류학과

(2) 네티켓이란 통신망(network)과 예의(etiquette)의 합성어로 통신망을 사용하는 네트워크 사용자(네티즌)들이 네트워크를 사용하면서 지키고 갖추어야 하는 예의 범절을 의미한다. 네티즌이 갖추어야 할 네티켓을 지키지 않아 힘들었던 사례를 찾아보고, 네티켓의 필요성과 핵심 규칙을 조사하여 발표해 보자.

관련학과
언어학과, 국어국문학과, 인문학부, 문화콘텐츠학과, 문예창작학과, 철학과, 신학과, 글로벌학부, 문화인류학과, 영어영문학과, 중어중문학과, 일어일문학과, 노어노문학과, 서어서문학과, 불어불문학과, 독어독문학과

활용 자료의 유의점

- ⓘ 매체 자료 편집 방법이나 컴퓨터 활용 기법에 편중되지 않도록 유의
- ⓘ 구체적인 산물로서의 문화보다 언어 공동체의 삶의 양식으로서의 의사소통 문화 자체에 대한 인식에 중점
- ⓘ 매체 자료를 이용할 때의 윤리적 자세를 갖추는 데 주안점을 둠
- ⓘ 다량의 정보를 단순히 배열하거나 타인의 의견을 비판하는 것을 넘어 자신의 생각으로 논점을 구성하는 능력 함양
- ⓘ 문서 자료, 인터넷 자료, 면담 자료, 조사 자료 등 다양한 학술 자료를 수집하여 활용

국어과

8

고전 읽기

핵심키워드

☐ 한국 고전의 가치 　☐ 침묵의 봄 　☐ 생태계 파괴 　☐ 환경문제 　☐ 월든 　☐ 무소유 　☐ 자유로부터 도피
☐ 나치즘(Nazism) 　☐ 동국이상국집 　☐ 고전의 재해석 　☐ 프랑스 인권선언문 　☐ 민주주의 　☐ 맹자의 4단
☐ 님비현상 　☐ 올바른 삶

영역 **고전의 가치**

성취기준

[12고전01-01]　　고전의 특성을 이해하고 고전 읽기의 중요성을 인식한다.

▶ 인간은 고전을 통해 자신의 삶을 돌아보고, 현재를 판단하며, 미래를 계획할 수 있다.

탐구주제

8.고전 읽기 ─ 고전의 가치

① 디지털 모바일 기술과 인터넷을 주축으로 하는 오늘날에 문화콘텐츠를 창조함에 있어서 우리의 고전 혹은 고전문학은 그 가치를 재조명 받고 있다. 한국의 고전이 현대 사회에서 문화콘텐츠 창작소재로서 어떻게 활용되었는지를 영화, 뮤지컬 등 사례를 통해 살펴보면서 한국 고전의 가치를 탐구해 보자.

관련학과
문화콘텐츠학과, 언어학과, 국어국문학과, 인문학부, 문예창작학과, 철학과, 신학과, 글로벌학부, 한문학과, 문화인류학과, 고고학과

고전의 수용

성취기준

[12고전02-01] 인문·예술, 사회·문화, 과학·기술, 문학 등 다양한 분야의 고전을 균형 있게 읽는다.

▶ 관심을 가지고 흥미를 느끼는 분야, 자신에게 중요하거나 필요하다고 판단되는 분야로부터 출발하여 점차 분야를 확대해 나가도록 지도한다.

[12고전02-02] 시대, 지역, 문화 요인을 고려하며 고전에 담긴 지혜와 통찰을 바탕으로 자아와 세계를 이해한다.

▶ 고전이 쓰인 당시의 시대적 특성이나 사회적 배경, 문화 요인 등을 고려하여 고전의 내용을 이해하도록 한다.

[12고전02-03] 현대 사회의 맥락을 고려하여 고전을 재해석하고 고전의 가치를 주체적으로 평가한다.

▶ 학습자가 고전을 수용하면서 자신이 처한 시대와 사회의 맥락 속에서 그 의미를 다시 해석하고 가치를 새롭게 인식하도록 지도한다.

[12고전02-04] 고전을 통해 알게 된 사실과 깨닫게 된 점을 바탕으로 삶의 다양한 문제에 대처할 수 있는 교양을 함양한다.

▶ 고전 읽기 계획서나 고전 읽기 이력철 등을 작성하게 하여 보다 계획성 있고 체계적인 고전 독서가 이루어지도록 할 수 있다.

탐구주제

8.고전 읽기 ― 고전의 수용

① 레이첼 카슨의 「침묵의 봄」은 생태계의 파괴와 환경 재앙에 대한 경종을 울려 준 고전이라고 할 수 있다. DDT(유기염소 계열의 살충제이자 농약)의 유해성을 제시한 방식이 어떠한지 살펴보고, 제시 방식에 따른 효과에는 무엇이 있는지 생각해 보자. 그리고 환경문제의 중요성을 파악하고, 작품이 이 시대에 어떠한 영향을 끼쳤는지 미래를 사는 우리가 앞으로 자연환경에 대해 어떠한 태도를 가져야 하는지 정리해 보자. *(침묵의 봄, 에코리브르, 레이첼 카슨)*

관련학과
언어학과, 국어국문학과, 인문학부, 문화콘텐츠학과, 문예창작학과, 영어영문학과, 철학과, 신학과, 글로벌학부, 문화인류학과, 사학과

② 소로의 「월든」은 21세기에 새롭게 고전의 반열에 오른 작품이다. 문명비판과 자연에 대한 인식은 산업화와 성장의 논리가 지배하던 19세기에는 크게 주목을 받지 못했다. 하지만 20세기 후반 문명사회에 대한 반성과 성찰이 이루어지고 환경 문제의 심각성에 대한 사람들의 인식이 향상되면서 작품의 가치가 새롭게 재평가될 수 있었다. 월든의 작품을 읽고, 출판사 입장에서 서평을 써보자. *(월든, 은행나무, 소로)*

관련학과
언어학과, 국어국문학과, 인문학부, 문화콘텐츠학과, 문예창작학과, 철학과, 신학과, 글로벌학부, 문화인류학과, 고고학과, 영어영문학과, 중어중문학과, 일어일문학과, 노어노문학과, 서어서문학과, 불어불문학과, 독어독문학과

③ 「무소유」는 법정 스님의 수필로, 무소유에 대한 깨달음의 편린을 일상적 사건을 통해 서술하고 있는 작품이다. 사회와 역사라는 넓은 곳까지 시선을 확대하여 문명에 대한 비판적 시선을 보여주고 있기도 하다. 사색적이면서도 담담한 필치로 일상의 사소한 경험에서 삶의 깊은 진리를 터득하는 모습을 잘 드러내고 있다. '무소유'라는 주제로 수필을 써보자.

관련학과

한문학과, 언어학과, 국어국문학과, 인문학부, 문화콘텐츠학과, 문예창작학과, 철학과, 신학과, 글로벌학부, 문화인류학과, 영어영문학과, 중어중문학과,
일어일문학과, 노어노문학과, 서어서문학과, 불어불문학과, 독어독문학과

④ 「자유로부터 도피」는 에리히프롬이 1941년에 쓴 사회 심리학 저서이다. 사회 심리학적 입장에서 나치즘(Nazism)이 부각된 원인을 분석하고, 또한 그의 기반이 된 현대 문명의 획일성과 인간 소외 현상을 비판하면서 자유와 인간의 존재 양상에 대한 반성을 촉구했다. 현대인들에게 이 책을 추천하는 글을 써보자.

(자유로부터 도피, 휴머니스트, 에리히프롬)

관련학과

언어학과, 국어국문학과, 인문학부, 문화콘텐츠학과, 문예창작학과, 영어영문학과, 독어독문학과, 철학과, 신학과, 글로벌학부, 문화인류학과

⑤ 「동국이상국집」을 읽고, 편견이나 선입견을 가지고 다른 사람을 대했을 때 어떠한 문제점이 있었는지 자신의 경험을 이야기해 보자. 그리고 관용과 겸손의 자세로 다른 사람을 대하는 것이 왜 중요한지 이야기해 보고, 내가 평소에 다른 사람을 어떻게 대하였는지 성찰해 보자.

관련학과

언어학과, 한문학과, 국어국문학과, 인문학부, 문화콘텐츠학과, 문예창작학과, 중어중문학과, 철학과, 신학과, 문화인류학과

⑥ 프랑스 인권선언문은 민주주의의 역사적 전개 과정 중, 특히 프랑스 혁명 당시에 국민 인권에 대해 선언한 글이다. 조항의 주요 내용을 파악해보며, 우리가 민주주의 안에서 누리는 권리의 소중함과 지금의 현실을 연결지어 정리해 보자. 우리 사회가 가진 갈등이나 사회문제에는 무엇이 있는지 찾아보고, 그 해결 방안을 모색해 보자. 그리고 그중에서 하나를 선택하여, 공정함과 정의를 실현하기 위한 선언문을 작성해 보자.

관련학과

사학과, 언어학과, 국어국문학과, 인문학부, 문화콘텐츠학과, 문예창작학과, 불어불문학과, 철학과, 신학과, 글로벌학부, 문화인류학과

💬 **MEMO**

고전과 국어 능력

성취기준

[12고전03-01] 국어 고전에 나타난 글쓰기 전략과 표현 방법을 분석하고 그 효과를 평가한다.

> ▶ 사고의 전개를 잘 보여 주는 글의 구성, 독자로 하여금 흥미와 기대를 더하게 하는 글쓰기 전략, 다루는 대상을 선명하게 강조하는 표현 등 고전으로 손꼽히는 글에 나타나는 다양한 글쓰기 전략을 파악하고, 그 효과와 가치에 대해 평가하도록 안내한다.

[12고전03-02] 고전을 읽고 공동의 관심사나 현대 사회에 유효한 문제를 중심으로 통합적인 국어 활동을 수행한다.

> ▶ 탐구한 결과를 바탕으로 발표, 토론, 서평, 논술 등 다양하고 통합적인 국어 활동을 수행하는 데 중점을 두되, 하위 영역의 구별에 따른 분절적 국어 교육의 폐해를 극복하고, 실제 언어생활에서 요구되는 통합적 국어 능력을 기르는 데 주안점을 둔다.

탐구주제

8.고전 읽기 — 고전과 국어 능력

(1) 맹자는 인간의 본성은 인간의 마음속에 있는 선의 단서, 즉 인·의·예·지와 사단<측은지심(惻隱之心), 수오지심(羞惡之心), 사양지심(辭讓之心), 시비지심(是非之心)>을 이끌어 내면 인륜을 회복하고 사회질서를 회복할 수 있다고 보아 성선설을 주장하고 있다. 인터넷 상에서 자주 발생하는 개인 사생활 침해, 개인 권리침해, 악성 댓글 달기 등 사회적인 문제를 맹자의 4단을 참고하여 지혜와 통찰을 통한 합리적인 해결 방안을 토의해 보자.

관련학과

한문학과, 언어학과, 국어국문학과, 인문학부, 문화콘텐츠학과, 문예창작학과, 중어중문학과, 철학과, 신학과, 글로벌학부, 문화인류학과, 고고학과

(2) 님비(NIMBY) 현상은 'Not in my backyard'를 줄인 말로, 그대로 뜻을 옮기자면 '내 뒷마당에서는 안 돼'라는 뜻이다. 장애인 시설이나 쓰레기 처리장, 화장장, 교도소와 같이 지역 주민들이 싫어할 시설이나 땅값이 떨어질 우려가 있는 시설들이 자신이 살고 있는 지역에 들어서는 것을 반대하는 현상이다. 이러한 사회적인 문제를 맹자와 공자의 지혜와 통찰을 통해 합리적인 해결 방안을 찾을 수 있도록 상대를 설득하는 글을 써보자.

관련학과

언어학과, 국어국문학과, 인문학부, 문화콘텐츠학과, 문예창작학과, 중어중문학과, 철학과, 신학과, 글로벌학부, 문화인류학과, 사학과

성취기준

[12고전04-01] 고전 읽기의 생활화를 통해 바람직한 삶에 대해 탐구하고 인성을 함양한다.

▶ 고전 읽기의 가치에 공감함으로써 고전 읽기에 대한 부담감을 덜고, 삶 속에서 자연스럽게 고전 읽기를 생활화하도록 지도한다.

탐구주제

① 동양의 대표적 고전인 「논어」, 「대학」, 「순자」 등을 읽고, 올바른 삶이란 무엇인지, 인간은 어떻게 살아야 하는지 고민해 보자. 오늘날에 요구되는 바람직한 인간의 모습을 고전에서 찾아보고, 자신의 삶을 성찰하며 이를 실천할 수 있는 방안에 대해 모색해 보자.

관련학과

한문학과, 언어학과, 국어국문학과, 인문학부, 문화콘텐츠학과, 문예창작학과, 철학과, 신학과, 글로벌학부, 문화인류학과, 고고학과

활용 자료의 유의점

① 관련되는 문제 상황이나 과제, 또는 특정한 주제 등을 매개로 발표와 토론, 그와 연계된 글쓰기 등 다양한 활동

① 과학·기술 분야와 같이 다른 분야의 고전도 찾아 읽음으로써 고전의 수용이 지나치게 한 분야에 치우지지 않도록 주의

① 고전 전집, 고전 속 인물이 등장하는 사극 드라마, 인터넷 인문 고전 웹사이트 등 풍부하고 다양한 자료를 활용

① 고전이 쓰인 당시의 시대적 특성이나 사회적 배경, 문화 요인 등을 고려하여 고전의 내용을 이해

① 현대 사회의 인류가 직면한 문제에서 학습자 자신이 안고 있는 문제에 이르기까지 여러 차원의 문제에 대해 성찰

💬 **MEMO**

💬 MEMO

사회과 교과과정

사회과

1

한국사

핵심키워드

☐ 고대 국가 ☐ 중앙 집권 체제 ☐ 북학 ☐ 성리학 ☐ 농민 봉기 ☐ 대동법 ☐ 도고 상업 ☐ 신분제 해체설
☐ 문화재 환수 ☐ 독도 ☐ 개항 이후 종교 ☐ 근대 사회 문화 변화 ☐ 제노사이드 ☐ 노블레스 오블리주
☐ 여성 참정권 ☐ 공동체주의적 연대 의식 ☐ 일본군 위안부 ☐ 수요 집회 ☐ 민주주의 ☐ 통일

영역 | # 전근대 한국사의 이해

성취기준

[10한사01-01] 고대 국가의 성립·발전 과정을 파악하고, 지배 체제의 성격을 이해한다.

> ▶ 연맹체적 성격의 초기 국가와 중앙 집권적 지배 체제를 갖춘 이후 영역 국가의 발전 단계 차이를 이해할 수 있게 한다.

[10한사01-02] 고대 사회의 종교와 사상을 시기별로 살펴보고, 정치·사회적 기능을 파악한다.

> ▶ 재래 신앙과 외래 종교 및 사상이 고대 사회에 미친 다양한 영향을 살펴보고, 신라 말기의 사회 변화 속에서 선종, 풍수지리설의 유행이 갖는 의미를 이해하도록 한다.

[10한사01-03] 고려 시대 통치 체제의 성립과 변화를 국제 질서의 변동과 연결지어 파악한다.

> ▶ 고려 시대 동아시아 국제 질서와 국내 정치의 변동에 따라 나타나는 통치 체제와 제도 운영의 양상을 시기별로 탐구하여 비교한다. 고려 말기 신진 사대부의 성장을 권문세족과의 정치적 대결보다 성리학 수용에 따른 개혁의 추진에 중심을 두고 이해하도록 한다.

[10한사01-04] 다원적인 사회 구조와 다양한 사상적 기반 위에 고려 사회가 운영되었음을 이해한다.

[10한사01-05] 조선 시대 세계관의 변화를 국내 정치 운영과 국제 질서의 변동 속에서 탐구한다.

[10한사01-06] 조선 시대 신분의 구성과 특성을 살펴보고, 양난 이후 상품 화폐 경제가 발달하면서 신분제에 변동이 나타났음을 이해한다.

탐구주제

(1) 초기 국가와 중앙 집권 국가에서 형벌을 결정하는 과정과 지방을 통치하는 방식을 비교하여 중앙 집권 국가의 정치적 특징을 파악하고, 관등제와 관복제 사료를 분석하여 국왕 중심의 일원적 지배 체제 확립, 족장 세력의 서열화가 갖는 정치적 의미에 대해 조사해 보자. 또한 한국, 중국, 일본, 유럽의 고대 국가 발전 단계를 도표화하고 각국 중앙 집권 체제의 공통점과 차이점에 대해 발표해 보자.

관련학과

사학과, 문화인류학과, 국어국문학과, 일어일문학과, 중어중문학과, 영어영문학과, 독어독문학과, 노어노문학과, 서어서문학과, 불어불문학과, 인문학부

(2) 고대 사회와 현대 민주주의 사회의 인재상은 시대 상황의 변화에 따른 차이가 존재하며, 교육 방식과 내용에는 시대가 요구하는 인재상이 반영되어 있다. 나라별 고대 국가와 현대 민주주의 국가에서 이루어지는 교육을 비교하여 조사해 보자.

관련학과

사학과, 문화인류학과, 국어국문학과, 일어일문학과, 중어중문학과, 영어영문학과, 독어독문학과, 노어노문학과, 서어서문학과, 불어불문학과, 인문학부

(3) 삼국 시대 불교가 왕권과 신분 질서 옹호, 호국적 경향 등을 보인 것은 불교 고유의 속성이 아니라 당시 지배층의 정치적 목적에 의해 나타난 현상임에 유의하여 삼국 시대 불교의 정치·사회적 기능을 파악하고, 이를 토대로 동서양의 고대 사회의 정치·사회적 특징을 조사해 보자.

관련학과

불교학과, 사학과, 문화인류학과, 인문학부, 국어국문학과, 일어일문학과, 중어중문학과, 영어영문학과, 독어독문학과, 노어노문학과, 서어서문학과, 불어불문학과, 한문학과

(4) 남북국 시대의 통일신라와 발해의 문화적 특징을 교류사적 관점에서 접근해 보도록 한다. 특히 발해가 다양한 민족과 문화를 융합하며 성장한 점에 주목하자. 다문화인으로서 모습을 보여준 발해인의 역사적 사례를 통해 현대 다문화사회에 주는 시사점을 발표해 보자.

관련학과

사학과, 철학과, 문화인류학과, 인문학부, 국어국문학과, 일어일문학과, 중어중문학과, 한문학과, 문화콘텐츠학과

(5) 조선 후기에 물질 경제를 풍요롭게 하고 삶의 질을 높일 것을 주장한 북학과 천주교가 전래되었다. 이후 서양 학문의 하나로 이해된 서학, 신흥 민족 종교사상으로 등장한 동학의 특징을 상호 비교 분석해 보자. 나아가 새로운 사상과 종교의 등장으로 어떤 사회 변동이 나타났는지에 대해 조사하여 발표해 보자.

관련학과

종교학과, 기독교학과, 신학과, 사학과, 철학과, 문화인류학과, 인문학부

(6) 고려 후기 기존의 지배 세력인 권문세족을 비판한 신진 사대부의 조선 건국에 관한 사료를 분석해 보자. 특히 고려 후기 사회의 모습, 성리학적 통치관, 정도전의 민본주의적 정치관에 대해 조사하여 성리학이 당시의 사회개혁 사상으로 적절했는지에 대해 토론해 보자.

관련학과

사학과, 한문학과, 국어국문학과, 중어중문학과, 인문학부

(7) 조선 중기 동아시아 국제 정세의 변동을 가져온 임진왜란과 병자호란의 발생 원인을 살펴보고, 전쟁으로 인해 민중들의 삶에 어떠한 영향을 미쳤는지 조사해 보자. 전쟁과 평화의 개념을 정의해 보고, 평화로운 삶을 살기 위해 우리에게 필요한 것은 무엇인지에 대해 발표해 보자.

관련학과

사학과, 문화인류학과, 종교학과, 인문학부, 한문학과, 국어국문학과, 중어중문학과

(8) 조신 후기 세도 정치로 삼정의 문란 등 부정부패가 극심히여 농민들은 봉기를 일으켰고 이는 백성들의 사회 참여 의식을 성장시켰다. 조선 후기 세도 정치와 농민 봉기에 대한 자신의 견해를 정리하고, 현대 사회 발전을 위해 우리가 할 수 있는 사회 참여 및 연대 방법에는 무엇이 있는지 조사해 보자.

관련학과

사학과, 한문학과, 인문학부, 국어국문학과

(9) 조선 제도개혁의 결정판이라고 할 수 있는 대동법은 조세 제도를 공평하고 효율적으로 만든 획기적인 개혁으로써 물품 화폐, 금속 화폐로 납부된 대동세로 공물을 조달하게 되면서 조선의 경제 체계를 바꿔 놨다. 대동법이 시행되기까지의 추진 과정과 제도적 의의는 무엇인지 조사하고 대동법과 같은 제도개혁에서 우리가 배울 점은 무엇인지에 대해 토의해 보자. *(대동법 조선 최고의 개혁, 역사비평사, 이정철)*

관련학과

사학과, 철학과, 인문학부, 글로벌학부

(10) 조선 후기 상품 화폐 경제의 발달 과정에서 나타난 도고 상업의 등장이 민생 불안으로 이어질 수 있었다. 「허생전」에 나타난 도고의 사례를 들어 양반 중심 신분 질서의 동요를 상품 화폐 경제의 발달과 연관하여 생각해 보고, 조선 후기 양반 중심의 신분제 해체설에 대한 자신의 의견을 발표해 보자. *(허생전, 푸른생각, 박지원)*

관련학과

사학과, 문화인류학과, 철학과, 한문학과, 인문학부, 국어국문학과, 문예창작학과

영역

근대 국민 국가 수립 운동

성취기준

[10한사02-01] 흥선대원군이 추진한 정책의 내용과 성격을 이해하고, 서구 열강의 침략적 접근에 대한 조선의 대응을 파악한다.

▶ 세도 정치에 대한 저항과 열강의 침략적 접근이 심화되는 상황에서 흥선대원군이 집권하였음을 이해한다. 프랑스와 미국의 침략적 접근에 조선이 어떻게 대응했고, 그것이 현재에 주는 시사점이 무엇인지 파악한나.

[10한사02-06] 개항 이후 근대 문물 수용으로 나타난 사회·문화적 변화를 살펴본다.

탐구주제

1 흥선대원군은 정치·경제·사회 각 부문에 걸쳐 개혁을 추진하였고, 이러한 개혁은 성과와 한계를 동시에 지니고 있다. 흥선대원군이 추진한 내정 개혁과 통상수교 거부 정책의 성과와 한계는 무엇인지 조사하고, '흥선대원군의 쇄국 정책은 옳았을까?'를 주제로 토론해 보자.

관련학과

사학과, 국어국문학과, 한문학과, 인문학부, 문예창작학과

---

2 병인양요 당시 프랑스군에 의해 약탈당했던 외규장각 의궤가 2011년 5월에 환수 완료되었다. 145년 만에 역사적인 귀환이 이루어진 외규장각 의궤의 반환 과정에 대해 조사해 보자. 최근 해외 유출 문화재에 관심을 갖고 잃어버린 문화재 환수를 위해 노력하고 있지만 문화재 환수는 여전히 어려운 숙제이다. 문화재 환수 활동의 어려움은 무엇이고 이를 해결하기 위한 방안은 무엇인지에 대해 토의해보자.

관련학과

사학과, 고고학과, 고고미술사학과

---

3 개항 이후 전개된 서구 문명의 충격은 근대 우리나라 사상과 종교에도 커다란 영향을 미쳤다. 유교 근본주의의 대두, 그리스도교의 활성화, 동학과 같은 민족 종교 운동의 대두 등 이 시기의 종교관 및 종교 담론에 대해 당대의 사회상과 연결지어 분석하여 발표해 보자.

관련학과

종교학과, 신학과, 기독교학과, 불교학과, 사학과, 철학과, 국어국문학과, 인문학부

---

4 19세기 후반에서 1910년까지의 문학은 근대화와 국권 수호의 요구가 절실했던 당시의 시대 정신을 반영해 새로운 근대 사상을 소개하거나 사회적 자각을 촉구하는 내용을 담고 있었다. 신체시와 신소설, 번역 문학 등 근대 문학의 특징을 역사적 관점에서 발표해 보자.

관련학과

인문학부, 국어국문학과, 문예창작학과

---

5 개항 이후 정부는 본격적으로 서양의 근대 문물을 받아들였다. 전신과 전화가 설치되고 전차와 기차가 운용되었으며, 서양식 병원이 설립되었다. 이러한 서양 문물의 수용으로 사람들의 의식이 변화하고 의식주 생활에도 변화가 생겼다. 근대 문물 수용으로 나타난 사회·문화적 변화의 구체적 모습들에 대해 발표해 보자.

관련학과

사학과, 종교학과, 인문학과, 문화인류학과, 문화콘텐츠학과, 국어국문학과, 일어일문학과, 중어중문학과, 영어영문학과, 독어독문학과, 노어노문학과, 서어서문학과, 불어불문학과

일제 식민지 지배와 민족 운동의 전개

성취기준

[10한사03-03] 　3·1 운동 이후 나타난 국내외 민족 운동의 흐름을 파악한다.

> ▶ 3·1 운동 이후 민족의 독립을 위해 다양한 방식의 민족 운동이 전개되었음을 독립운동 단체의 열거가 아닌 노선별 독립운동의 방법론과 구체적 사례를 통해 확인한다. 또한 사회주의가 민족운동의 한 흐름을 형성하는 과정을 이해하고 타협적 민족주의가 등장하면서 비타협적 민족주의 세력과 사회주의 세력 간 민족 유일당 운동이 전개되었음을 파악한다.

[10한사03-04] 　사회 모습의 변화를 살펴보고, 다양한 사회 운동을 근대 사상의 확산과 관련지어 이해한다.

> ▶ 교통과 도시의 발달, 식민지 경제의 변화가 도시와 농촌 및 개인 삶에 미친 영향을 파악한다. 사회 문제의 해결을 위해 자유주의, 사회주의, 페미니즘 등 근대 사상에 입각하여 청년·농민·노동·여성·소년·형평운동 등 다양한 대중 운동이 전개되었음을 인식한다.

탐구주제

1.한국사 — 일제 식민지 지배와 민족 운동의 전개

(1) 제노사이드는 민족, 종족, 인종을 뜻하는 그리스어 제노스(genos)와 살인을 의미하는 라틴어 사이드(cide)가 합쳐진 말이다. 즉 고의로 혹은 제도적으로 어떤 민족, 종족, 인종, 종교 집단의 전체나 일부를 파괴하는 집단 학살 범죄를 의미한다. 20세기 이전 세계 역사에서 나타난 집단 학살의 사례와 20세기 대량 살상 무기가 개발된 이후의 제노사이드 사례를 조사해 보고, '제노사이드는 왜 일어났을까?', '다시는 이런 상황을 반복하지 않으려면 어떻게 해야 할까?'와 같은 문제 제기와 해결 방안에 대하여 토론해 보자.

관련학과
사학과, 종교학과, 신학과, 문화인류학과, 인문학과, 국어국문학과, 일어일문학과, 중어중문학과, 영어영문학과, 독어독문학과, 노어노문학과,
서어서문학과, 불어불문학과

(2) 수많은 독립운동가들의 저항 정신이 우리 민족에게 독립 의지를 심어주었을 뿐 아니라, 민족 독립의 정당성을 국제 사회에 알리는 역할을 하였다. 1910년대 일제의 식민 지배 정책과 국내·외에서 전개된 민족 독립 운동을 조사하고, 노블레스 오블리주를 실천한 독립운동가의 사례를 찾아 발표해 보자.

관련학과
사학과, 철학과, 인문학부, 한문학과, 국어국문학과, 일어일문학과, 중어중문학과, 영어영문학과, 독어독문학과, 노어노문학과, 서어서문학과,
불어불문학과

(3) 개화기 근대 교육의 확산으로 여성의 사회의식이 향상되고 역사에서 주체적 자아로서 살아가고자 시대의 요구에 부응하는 여성들이 많아지게 되었다. 1920년대 전개된 다양한 민족 운동 중 여성운동의 전개 과정을 조사하고, 독립운동과 참정권 운동을 통해 여성 참정권의 발전 및 양성평등이 이루어져 가는 과정에 대해 발표해 보자.

관련학과
사학과, 철학과, 인문학부, 국어국문학과, 문예창작학과

탐구주제

④ 근대에는 기계적 연대에 의한 공동체주의를 강조하였다면 오늘날에는 독립적이고 고립된 자아관을 지양하고, 공동체의 일원으로서의 사회적 책무를 강조하는 공동체주의적 연대 의식이 필요하다. 일본군 '위안부' 관련 도서 「나비의 노래」를 읽고 여자로 살고 싶었으나 짓밟힌 인권으로 힘들게 살아온 할머니들의 삶을 헤아려 보자. 더불어 일본군 '위안부' 문제 해결을 요구하기 위해 개최하는 수요 집회에 대한 자신의 생각을 발표해 보자.

(나비의 노래, 형설라이프, 정기영)

관련학과

사학과, 철학과, 인문학부, 국어국문학과, 일어일문학과, 중어중문학과, 영어영문학과, 독어독문학과, 노어노문학과, 서어서문학과, 불어불문학과

영역

대한민국의 발전

성취기준

[10한사04-06] 6월 민주 항쟁 이후 평화적 정권 교체가 이루어지고, 시민 사회가 성장하면서 민주주의가 발전하는 과정에 대해 파악한다.

▶ 6월 민주 항쟁의 전개 과정과 시민의 참여 상황을 설명하고, 6월 민주 항쟁 이후 정치적·제도적 변화를 통해 자유민주주의적 기본질서가 정착하고, 자유·평등·인권·복지 등 다양한 가치를 포괄하는 민주주의가 발전하였음을 이해하게 한다. 또한 민주주의는 다양한 시민 사회의 성장과 참여를 통해 발전할 수 있다는 사실을 파악하게 한다.

[10한사04-08] 남북 화해의 과정을 살펴보고, 동아시아 평화를 위해 공헌할 수 있는 방안을 생각해본다.

탐구주제

① 오늘날 우리는 자유와 권리가 보장되는 민주주의 사회에 살고 있다. 우리나라에 민주주의가 뿌리를 내리기까지는 많은 시련과 많은 사람의 희생과 노력이 있었다. 우리나라 민주주의 발전에 영향을 준 사건을 시대순으로 조사하여 각 사건의 발생원인, 전개 과정, 의의를 정리해 보자. 또한 현대 민주주의 문제점은 무엇이며 바람직한 민주주의를 만들어 가는 방안은 무엇인지에 대해 토의해 보자.

관련학과

사학과, 철학과, 문화인류학과, 국어국문학과, 인문학부, 글로벌학부

② 6.25 전쟁으로 인한 남북 분단으로부터 현재 남북 화해의 과정까지를 살펴보고, 분단이 한반도에 미치는 영향이 무엇인지 경제·사회·문화적 측면에서 조사해 보자. 남북 분단으로 인한 문제를 해결하기 위한 민족통일의 필요성과 통일 국가의 모습 및 이를 위해 어떤 노력이 필요한지에 대해 토의해 보자.

관련학과

사학과, 철학과, 문화인류학과, 국어국문학과, 인문학부, 글로벌학부

탐구주제

1.한국사 — 대한민국의 발전

③ 우리나라는 반세기만에 이루어낸 경제 성장과 민주화의 역사적 경험을 바탕으로 선진국 반열에 합류하였다. 1997년 외환위기를 극복하고 현재 글로벌 팬데믹의 위기를 맞아 'K방역'으로 국가적 위상을 높이고 있다. 위기를 기회로 바꾸어 나가는 우리나라 힘의 근원은 무엇인지 생각해 보고, 세계로 나가는 우리 사회의 미래 모습에 대해 토의해 보자.

관련학과

사학과, 철학과, 문화인류학과, 문화콘텐츠학과, 인문학부, 글로벌학부

활용 자료의 유의점

- ① 역사적 사건이 발생한 사실을 기반으로 그 원인을 탐색하고, 이러한 사건이 미치는 영향을 분석하여 시사점 도출 필요
- ① 사건들의 인과 관계를 연도별로 재배치하여 각 사건별로 인과 관계를 규명하고 사건의 선후 관계 이해 필요
- ① 시계열적 사건 관계를 마인드맵 방식을 활용하여 도식화하여 정리
- ① 여러 민주화 운동 당시 발표된 자료를 바탕으로 사료를 찾아보고, 당시 제기된 민주화 요구 파악
- ① 역사적 사건이나 인물을 소재로 한 문학 작품, TV 드라마, 다큐멘터리, 영화 등을 활용

💬 MEMO

통합사회

핵심키워드

☐ 기후 변화　☐ 자연과 환경　☐ 행복의 기준　☐ 환경보호　☐ 인간과 자연　☐ 팬데믹　☐ 산업화
☐ 교통·통신의 발달　☐ 가상현실과 증강현실　☐ 인간의 존엄성　☐ 포괄적 차별금지법　☐ 착한 소비　☐ 기본소득제
☐ 청탁 금지법　☐ 역차별　☐ 문화 상대주의　☐ 다국적 기업　☐ 세계화　☐ 인구 정책　☐ 디지털 시민성

영역 ## 인간, 사회, 환경과 행복

성취기준

[10통사01-01] 시간적, 공간적, 사회적, 윤리적 관점의 특징을 이해하고, 이를 바탕으로 인간, 사회, 환경의 탐구에 통합적 관점이 요청되는 이유를 파악한다.

▶ 인간의 삶을 이해하기 위한 '통합적 관점'은 하나의 사회현상에 대한 시대적 배경과 맥락, 장소와 영역 및 네트워크 등 공간 정보, 사회 구조 및 제도의 영향력, 규범적 방향성과 가치 등을 고려하여 통합적으로 살펴보는 것을 의미한다.

[10통사01-02] 사례를 통해 시대와 지역에 따라 다르게 나타나는 행복의 기준을 비교하여 평가하고, 삶의 목적으로서 행복의 의미를 성찰한다.

▶ 행복의 기준이 시대적 상황과 지역적 여건 등에 따라 어떤 공통점과 차이점을 보이는지를 찾아내고, 이들을 비교·평가함으로써 행복의 진정한 의미를 성찰할 수 있도록 한다.

탐구주제

2.통합사회 — 인간, 사회, 환경과 행복

① 세계 인구의 20%에 불과한 선진국 사람들이 지구 전체 에너지와 자원 소비의 80%를 차지하고 있으며 선진국들은 주로 북아메리카와 유럽 등지에 몰려 있다. 반면에 기후 변화에 따른 피해가 가장 큰 곳은 동남아시아, 남아시아, 아프리카, 라틴아메리카 등에 집중돼 있다 지리적이고 공간적인 불평등이다. 기후 변하 문제가 환경 문제를 넘어 인류의 평화와 정의에 관한 문제가 되는 이유를 통합적 관점에서 살펴보고, 전 지구적 대처 방안에 대해 토의해 보자.
(환경에도 정의가 필요해, 플빛, 정성인)

관련학과
문화인류학과, 고고학과, 철학과, 국어국문학과, 일어일문학과, 중어중문학과, 영어영문학과, 독어독문학과, 노어노문학과, 서어서문학과, 불어불문학과

② 독일 프라이부르크의 보봉 생태 마을, 성미산마을의 자동차 두레, 녹색 도시 브라질 꾸리찌바 등 세계 생태도시(마을) 의 사례를 조사하고, 생태적 삶과 환경에 대해 우리 마을에 적용할 수 있는 생태 방안을 탐구해 보자.

관련학과

문화인류학과, 고고학과, 국어국문학과, 일어일문학과, 중어중문학과, 영어영문학과, 독어독문학과, 노어노문학과, 서어서문학과, 불어불문학과

③ 노자는 '소박함과 적은 욕심이 사람의 본래 모습이며, 이러한 무위자연의 삶에서 진정한 행복을 얻을 수 있다. 싸우지 않고, 겸손하며, 자연의 법칙을 거스르는 인위적인 일을 도모하지 않고 유유자적하며 사는 것이 행복이다'라고 말했 다. 동서양을 대표하는 철학자의 행복에 대한 정의를 살펴보고, 행복의 의미와 기준은 동서양의 문화권과 시대에 따 라 어떤 공통점과 차이점이 있는지 조사해 보자.

관련학과

철학과, 한문학과, 국어국문학과, 일어일문학과, 중어중문학과, 영어영문학과, 독어독문학과, 노어노문학과, 서어서문학과, 불어불문학과

④ 행복한 삶을 위한 조건은 개인적 측면과 사회적 측면에서 살펴보아야 한다. 행복의 속성상 개인적 노력이 필요하기도 하지만, 개인이 아무리 노력하더라도 사회적 지원 없이는 한계가 있기 때문이다. 한국통계개발원의 '국민의 삶의 질 지표'를 통해 한국의 행복 수준을 알아보고, 우리나라가 더 행복한 나라가 되기 위해 우리가 노력해야 할 점이 무엇인 지 토의해 보자.

관련학과

국어국문학과, 사학과, 철학과, 문화콘텐츠학과, 문화인류학과, 인문학부

영역 자연환경과 인간

성취기준

[10통사02-01] 자연환경이 인간의 생활에 미치는 영향에 관한 과거와 현재의 사례를 조사하여 분석하고, 안전하고 쾌적한 환경 속에서 살아갈 시민의 권리에 대해 파악한다.

> ▶ 기후와 지형 등 자연환경에 따른 생활양식의 차이를 다루고, 자연환경의 영향으로 인해 인간의 삶이 위 협받는 사례를 조사하고, 이와 관련하여 시민에게 보장된 권리를 파악한다.

[10통사02-03] 환경 문제 해결을 위한 정부, 시민사회, 기업 등의 다양한 노력을 조사하고, 개인적 차원의 실천 방안 을 모색한다.

> ▶ 국내외적으로 발생하는 환경 문제 해결을 위한 정부의 제도적 노력이나 시민단체들의 시민운동 및 캠 페인, 기업 차원에서의 시설 정비 및 기술 개발 등 다양한 실제 사례들을 조사하고, 개인적 차원에서 할 수 있는 분리수거, 에너지 절약 등 실천 방안을 탐색할 수 있도록 한다.

탐구주제

(1) 쓰레기 처리 문제에 대해서는 일상생활에서 많이 발생하는 플라스틱 쓰레기가 빅데이터 분석을 통해 주요 원인으로 나타났다. 이를 해결하기 위한 제로웨이스트 캠페인, 업사이클링 등 다양한 환경보호 활동에 대해 조사하고, 환경 문제를 해결하기 위해 필요한 개인의 노력과 정부의 노력에 대해 토의해 보자.

관련학과

문화인류학과, 인문학부, 글로벌학부

(2) 인간과 자연이 공존하면서 지속 가능한 발전을 위한 노력은 필수적이다. 과학기술 발달이 자연에 부정적 영향을 주는 사례는 무엇인지, 과학기술로 인간과 관련된 문제를 해결한 사례에는 어떤 것이 있는지 조사하고, 자연과 공존을 위한 미래사회의 키워드는 무엇인지 탐구해 보자. *(인간과 자연의 비밀 연대, 더숲, 패터 볼레벤)*

관련학과

문화인류학과, 고고학과, 철학과, 문화콘텐츠학과, 인문학부, 글로벌학부

(3) 자연 생태계와 인간의 삶은 유기적으로 연계되어 있으며 자연을 바라보는 인간의 관점에는 인간 중심주의와 생태 중심주의가 있다. 각 관점을 사례를 통해 설명하고 자신의 견해를 발표해 보자. 또한 세계 각지에서 인간이 파괴한 자연이 다시 인간에게 피해를 입히는 악순환이 발생하고 있다. 각 국가별 사례 조사를 바탕으로 해결 방안은 무엇인지, 인간과 자연의 바람직한 관계는 무엇인지 토의해 보자.

관련학과

철학과, 문화인류학과, 인문학부, 글로벌학부

(4) 2020년 세계 보건기구(WHO)는 공식적으로 코로나바이러스에 대해 세계적 대유행을 의미하는 팬데믹(pandemic)을 선언했다. 코로나바이러스에 대한 국가별 대응 방식을 비교 조사하고, 전염병에 대한 우리 미래의 과제에 대해 토의해 보자.

관련학과

국어국문학과, 일어일문학과, 중어중문학과, 영어영문학과, 독어독문학과, 노어노문학과, 서어서문학과, 불어불문학과, 문화인류학과

영역
생활공간과 사회

성취기준

[10통사03-01] 산업화, 도시화로 인해 나타난 생활공간과 생활양식의 변화 양상을 조사하고, 이에 따른 문제점을 해결하기 위한 방안을 제안한다.

[10통사03-02] 교통·통신의 발달과 정보화로 인해 나타난 생활공간과 생활양식의 변화 양상을 조사하고, 이에 따른 문제점을 해결하기 위한 방안을 제안한다.

▶ 교통·통신의 발달과 정보화로 인해 나타난 생활공간의 확대 및 격차, 생태 환경의 변화, 생활양식의 변화 등을 다루며, 이 과정에서 사생활 침해, 사이버범죄, 정보 격차 등 새로운 사회문제가 발생하고 있음을 다룬다. 더불어 새롭게 등장한 문제를 해결하기 위해 실제 우리 사회에서 시행하고 있는 제도적 방안을 평가하도록 한다.

① 각 국가의 수도를 중심으로 도시의 변천사를 알아보고, 산업화가 지역을 어떻게 변화시키는지에 대한 사례를 조사해 보자. 산업화와 도시화로 인한 문제는 무엇이며 이에 대한 해결 방안은 무엇인지 개인적 차원과 사회적 차원으로 나누어 제시해 보자.

관련학과

국어국문학과, 일어일문학과, 중어중문학과, 영어영문학과, 독어독문학과, 노어노문학과, 서어서문학과, 불어불문학과, 문화인류학과

② 교통·통신의 발달은 인류의 삶을 역동적으로 만들고 있지만 새로운 사회문제를 발생시키기도 한다. 교통의 발달로 인해 나타나는 사회적·환경적 문제점을 내가 사는 지역의 사례를 찾아 발표하고 해결 방안에 대해 토의해 보자. 또한 '얄팍한 교통인문학'을 읽고 우리나라 교통의 역사와 '교통'이라는 키워드로 다양한 문화 및 사회적 현상을 탐색해 보자.

(얄팍한 교통인문학, 크레파스북, 이상우)

관련학과

문화인류학과, 인문학부, 철학과

③ 정보화와 세계화는 현대 사회를 나타내는 함축적인 용어이다. 정보화와 세계화가 우리의 삶의 변화에 미친 긍정적인 영향과 부정적인 영향을 조사하고, 세계화로 인한 경제적·사회적·문화적 성공 사례를 각 나라별로 찾아 발표해 보자.

관련학과

국어국문학과, 일어일문학과, 중어중문학과, 영어영문학과, 독어독문학과, 노어노문학과, 서어서문학과, 불어불문학과, 철학과, 문화인류학과, 문예창작학과

④ 5G 시대가 시작되면서 가상현실(VR)과 증강현실(AR)은 첨단 기술과 문화콘텐츠의 융합, 게임 산업, 마케팅 전략, 교육 분야 등 다양한 분야에서 활용되고 있다. 가상현실과 증강현실의 개념 및 공통점과 차이점을 분석하고, 이러한 신기술이 자신의 진로에 어떤 영향을 미칠 것인가에 대해 발표해 보자.

(5G 더 빠른 연결의 시대, 2019 IT 트렌드를 읽다, 천그루숲, 이임복)

관련학과

문화콘텐츠학과, 문화인류학과, 국어국문학과, 일어일문학과, 중어중문학과, 영어영문학과, 독어독문학과, 노어노문학과, 서어서문학과, 불어불문학과, 고고미술사학과, 고고학과

영역

인권 보장과 헌법

성취기준

[10통사04-01] 근대 시민 혁명 등을 통해 확립되어 온 인권의 의미와 변화 양상을 이해하고, 현대 사회에서 주거, 안전, 환경 등 다양한 영역으로 인권이 확장되고 있는 사례를 조사한다.

▶ 인권의 의미가 역사 속에서 확장되어 온 과정과 그 결과로 변화된 것이 무엇인지 탐색한다. 현대 사회에서 인권이 확장되고 있는 사례로는 노시민들에게 모상되어야 할 권리를 나눌 수 있나.

탐구주제

1 서울 등 일부 지역의 주택가격 상승과 자산 불평등이 심화되면서 주택 시장을 뒤따라가는 정부 대책 발표에 성난 민심이 연일 보도되고 있다. 보편적 인권을 실현하는 방법, 주거권의 의미에 대해 알아보고, 취약한 이웃들을 거리로 내모는 사회 구조를 개선하고 인간 존엄성을 보호하기 위한 정책들이 무엇인지 토의해 보자.

관련학과

철학과, 인문학부, 국어국문학과, 문화콘텐츠학과, 문화인류학과

2 모든 사람이 각기 존엄한 존재로서 그 어떤 조건에 의해서든 차별받지 않고 평등한 삶을 누려야 한다. 차별과 불평등은 왜 일어나고, 어떻게 심화될까? 최근 발의된 '포괄적 차별금지법'의 제정을 둘러싸고 논쟁이 벌어지고 있다. '포괄적 차별금지법'에 대해 조사하고 자신의 견해를 발표해 보자. *(청소년을 위한 사회평등 에세이, 해냄, 구정화)*

관련학과

문화인류학과, 철학과, 인문학부, 국어국문학과, 문예창작학과

영역

시장경제와 금융

성취기준

[10통사05-01] 자본주의의 역사적 전개 과정과 그 특징을 조사하고, 시장경제에서 합리적 선택의 의미와 그 한계를 파악한다.

▶ '자본주의의 시간적·공간적 전개 과정과 그 특징'은 역사적 사건이나 사상가들의 주장을 통해 다루도록 한다. 그리고 합리적 선택이란 비용보다 편익을 크게 하는 것을 의미하며, 선택의 효율성만 추구할 경우 공공의 이익이나 규범 준수 등을 간과할 수 있으므로 합리적 선택과 더불어 그 한계에 대해서도 다루도록 한다.

탐구주제

1 '착한 소비'란 개인의 소비 행위가 이웃, 사회, 나아가 환경에까지 미치는 효과를 고려하고 배려하는 윤리적 소비를 말한다. 비윤리적 기업들에 대한 소비자의 불매운동 등 소비자들이 경험하는 착한 소비, 윤리적 소비의 내용과 양상도 다양해지고 있다. '착한 소비'의 사례를 조사하고 착한 소비의 의미와 가치에 대해 발표해 보자.

관련학과

문화인류학과, 문화콘텐츠학과, 철학과, 인문학부, 글로벌학부

2 최근 정치권에서는 '기본소득(universal basic income)' 논쟁이 뜨겁다. 기본소득제란 정부가 모든 국민에게 매달 일정액을 조건 없이 지급하는 제도다 기본소득제에 대한 나라별 정책 현황을 살펴보고, 기본소득제에 대해 심민 토론을 해 보자.

관련학과

글로벌학부, 인문학부, 국어국문학과, 일어일문학과, 중어중문학과, 영어영문학과, 독어독문학과, 노어노문학과, 서어서문학과, 불어불문학과

사회 정의와 불평등

성취기준

[10통사06-02] 다양한 정의관의 특징을 파악하고, 이를 구체적인 사례에 적용하여 평가한다.

▶ 자유주의적 정의관과 공동체주의적 정의관을 바탕으로 개인의 권리와 공동체에 대한 의무, 사익과 공익(공동선) 등의 문제를 중심으로 탐구하도록 한다.

[10통사06-03] 사회 및 공간 불평등 현상의 사례를 조사하고, 정의로운 사회를 만들기 위한 다양한 제도와 실천 방안을 탐색한다.

▶ 사회 계층의 양극화, 공간 불평등, 사회적 약자에 대한 차별 등의 사례를 조사하여 원인을 분석하고, 이를 해결하기 위한 사회 복지 제도, 지역 격차 완화 정책, 적극적인 우대 조치 등을 다루도록 한다.

탐구주제

2.통합사회 — 사회 정의와 불평등

① 자유주의와 공동체주의의 두 입장은 존재론, 인식론, 방법론 등 모든 측면에서 여전히 대립하고 있다. 자유주의와 공동체주의의 정의관이 무엇인지 비교하고 '자유'와 '공동선'에 대한 자신의 견해를 발표해 보자. 또한 자유주의와 공동체주의의 문제점을 조사하고, 공동체의 연대성을 바탕으로 개인의 자율성도 확보할 수 있는 방안은 무엇인지에 대해 토의해 보자.   *(정의란 무엇인가, 와이즈베리, 마이클 샌델)*

관련학과
철학과, 인문학부, 글로벌학부, 국어국문학과, 문예창작학과, 문화인류학과

② 2016년 청탁 금지법 시행 후 청렴 문화 확산 등 전 사회적으로 긍정적인 효과가 나타나기도 했지만, 여전히 정의보다는 의리를 중시하는 연고주의 문화 풍토를 바꿔 나가는 것이 근본적이라는 비판도 있다. 우리 사회가 부패의 악순환에서 벗어나기 위해서는 어떤 방법이 필요하며, 청렴도가 높은 국가에서 시행하고 있는 부패 방지 제도에는 어떤 것들이 있는지 조사해 보자.

관련학과
철학과, 글로벌학부, 인문학부, 국어국문학과, 일어일문학과, 중어중문학과, 영어영문학과, 독어독문학과, 노어노문학과, 서어서문학과, 불어불문학과

③ 사회학자 마이클 슈월비는 일상 속에서 재생산되고 있는 불평등 문제를 다양한 각도로 분석하고 있다. '야바위 게임'을 읽고 소득 및 자산 불평등이 극대화되고 중간계층이 사라지는 양극화가 진행되면서 나타나는 불평등의 사례와 원인을 알아보고, 우리 사회의 다양한 불평등 현상을 완화하기 위한 대안은 무엇인지에 대해 발표해 보자.

(야바위 게임, 문예출판사, 마이클 슈월비)

관련학과
철학과, 인문학부, 글로벌학부

탐구주제

(4) 우리 사회에는 다양한 역차별 논란이 있다. 적극적 우대조치 역차별, 소수자 우대 정책 역차별, 사회적 약자 역차별, 인종 역차별, 남성 역차별 등 각 역차별에 대한 사례를 조사하고, 이처럼 차별 해소를 위한 역차별은 정당한가에 대해 토론해 보자. *(차별 해소를 위한 역차별은 정당한가, 유레카 편집부, 디지털유레카)*

관련학과

철학과, 인문학부, 글로벌학부

영역 ## 문화와 다양성

성취기준

[10통사07-04] 다문화사회에서 나타날 수 있는 갈등을 해결하기 위한 방안을 모색하고, 문화적 다양성을 존중하는 태도를 갖는다.

▶ 다문화사회의 갈등 해결 방안을 다룰 때 다문화사회의 갈등만을 부각하기보다는 긍정적 측면도 함께 다루면서 다문화사회의 모습을 다룰 수 있도록 한다. 그리고 다문화사회의 갈등 해결 방안은 문화 다양성의 존중과 관련지어 모색하도록 한다.

탐구주제

(1) 우리나라가 다문화사회로 변화하면서 나타나는 긍정적인 현상과 부정적인 현상을 알아보고, 나라별 다문화 정책을 비교 조사해 보자. 다문화가 뚜렷한 지역인 이태원 이슬람마을, 광희동 몽골타운, 반포동 프랑스 서래마을, 안산 다문화 거리 등에서 문화 공존, 융합, 동화 등 다양한 문화 변동 사례를 찾아보고, 지역 원주민과의 관계에서 생겨난 갈등과 해결 방안에 대해 토의해 보자. *(다문화사회의 국가 정체성과 다문화정책, 북코리아, 최영은)*

관련학과

문화인류학과, 철학과, 인문학부, 국어국문학과, 일어일문학과, 중어중문학과, 영어영문학과, 독어독문학과, 노어노문학과, 서어서문학과, 불어불문학과, 문화콘텐츠학과

(2) 문화 상대주의란 무엇일까? 현재 지구촌에서 나타나는 '명예 살인', '식인 풍습' 등 관습과 전통이라는 이름으로 행해지고 있는 극단적 문화 상대주의는 어떻게 생각해야 할까? 극단적 문화 상대주의의 사례를 찾아 윤리적 측면에서 문제점을 제시해 보자.

관련학과

철학과, 인문학부, 국어국문학과, 일어일문학과, 중어중문학과, 영어영문학과, 독어독문학과, 노어노문학과, 서어서문학과, 불어불문학과, 문화인류학과

세계화와 평화

성취기준

[10통사08-01] 세계화 양상을 다양한 측면에서 파악하고, 세계화 시대에 나타나는 문제를 조사하여 이를 해결하기 위한 방안을 제안한다.

▶ 세계화와 지역화의 관계 파악, 세계도시의 형성과 다국적 기업의 등장에 따른 공간적·경제적 변화 등을 통해 세계화의 양상을 알아보고, 문화의 획일화와 소멸, 빈부 격차의 심화, 보편 윤리와 특수 윤리 간 갈등 등 세계화가 초래할 수 있는 문제점에 대한 해결 방안을 제안하도록 한다.

[10통사08-03] 남북 분단과 동아시아의 역사 갈등 상황을 분석하고, 우리나라가 국제사회의 평화에 기여할 수 있는 방안을 탐구한다.

▶ 남북 분단의 배경과 통일의 필요성, 동아시아의 역사 갈등 상황에 대한 분석과 그 해결 방안을 다룬다. 아울러 국제적 위상, 역사적 상황, 지정학적 위치 등을 고려하여 국제사회의 평화에 우리나라가 기여할 수 있는 방안을 제안하도록 한다.

탐구주제

2.통합사회 ─ 세계화와 평화

① 다국적 기업이 본사·공장·판매 등의 입지를 다른 국가에 두는 이유를 조사하고 이를 통해 나타날 수 있는 일자리 창출, 지역 경제 활성화 등의 긍정적인 측면과 환경오염, 노동 착취 등 부정적인 측면에 대해 사례 중심으로 발표해 보자.

관련학과
글로벌학부, 문화콘텐츠학과, 철학과, 인문학부

② 세계화로 인해 자본, 노동, 각종 재화, 문화 등 교류가 활발해지고 있다. 이러한 변화가 세계 각국 정치, 경제, 사회, 문화에 어떤 영향을 끼쳤는지 개발도상국과 선진국을 중심으로 비교 조사해 보자.

(세계화, 무엇이 문제일까? 동아엠앤비, 최배근)

관련학과
글로벌학부, 국어국문학과, 일어일문학과, 중어중문학과, 영어영문학과, 독어독문학과, 노어노문학과, 서어서문학과, 불어불문학과

③ 평화의 중요성에 대해 정당한 근거를 들어 설명하고, 동아시아의 역사 갈등 상황과 오늘날 남·북·미 3국의 정치적 이해관계와 현실 문제를 조사해 보자. 소극적 평화와 적극적 평화의 측면에서 남북한 간의 갈등 상황을 분석하고, 남북한 간 적극적 평화를 실현하기 위한 방안에 대해 토의해 보자.

관련학과
철학과, 인문학부, 글로벌학부, 국어국문학과, 영어영문학과

미래와 지속 가능한 삶

[10통사09-03] 미래 지구촌의 모습을 다양한 측면에서 예측하고, 이를 바탕으로 자신의 미래 삶의 방향을 설정한다.

▶ 정치적·경제적 문제에 따른 국가 간 협력과 갈등, 과학기술의 발전에 따른 공간과 삶의 변화, 생태 환경의 변화 등 다양한 측면에서 미래 지구촌의 변화 양상을 예측하도록 하고, 이를 바탕으로 자신의 미래 삶의 방향을 자신이 지구촌의 구성원이라는 점과 관련지어 설정할 수 있도록 한다.

탐구주제

2. 통합사회 — 미래와 지속 가능한 삶

① 지속 가능한 발전은 전 인류적인 협력이 필요한 문제이다. 지속 가능한 발전의 등장 배경 및 유래를 알아보고, UN이 만든 'SDGs(지속 가능 발전 목표)'에 대해 조사해 보자. 또한 지속 가능한 발전을 위하여 국제적 노력, 국가적 노력, 개인적 노력에는 각각 무엇이 있는지 발표해 보자.

관련학과

문화인류학과, 고고학과, 문화콘텐츠학과, 국어국문학과, 일어일문학과, 중어중문학과, 영어영문학과, 독어독문학과, 노어노문학과, 서어서문학과, 불어불문학과

② 우리나라의 2019 합계 출산율은 0.92명으로 세계 203개국 중 꼴찌 수준을 기록했다. 우리나라 시대별 정부의 인구 정책을 조사하고, 저출산, 고령화 등 인구 문제가 나타나게 된 배경과 문제점을 파악하고 해결 방안으로 잠재 성장률 유지를 위한 인구 정책의 필요성 및 대비책이 무엇인지 발표해 보자.

관련학과

문화인류학과, 국어국문학과

③ 제4차 산업혁명과 지능 정보화 사회의 특징은 무엇일까? 미래사회에 개인이 갖추어야 할 핵심역량 중에 새롭게 등장한 '디지털 시민성'의 개념과 중요성에 대해 조사하고, 전통적 시민과 디지털 시대 시민의 차이와 디지털 시민성을 향상 시키는 방법에 대해 발표해 보자. *(디지털 시민성 핸드북, 한국문화사, 추병완 외)*

관련학과

문화인류학과, 문화콘텐츠학과, 철학과, 국어국문학과

활용 자료의 유의점

- ① 행복 실현을 위한 다양한 조건을 동서양의 고전이나 문학 작품, 신문 자료, 통계 자료를 활용
- ① 세계지도에 각 국가별 인권지수를 표시하여 인권 실태 파악 필요
- ① 다른 나라의 화해 사례를 통해 남북 분단 및 동아시아의 역사 갈등 해결을 위한 시사점을 도출
- ① 델파이법, 시나리오법 등을 활용하여 미래 지구촌의 모습을 예측
- ① 일상생활과 관련한 적절한 문제 상황을 설정하고 사회현상을 통합적 관점에서 이해하고 종합할 수 있는 능력을 신장

사회과 3

동아시아사

핵심키워드

☐ 동아시아 지역의 기회 요인과 위협요인   ☐ 신석기 문화   ☐ 농경과 목축   ☐ 민족의 이동   ☐ 조공·책봉   ☐ 외교 관계
☐ 율령과 유교   ☐ 불교문화   ☐ 성리학   ☐ 왜란과 호란   ☐ 사회 변동   ☐ 서민 문화   ☐ 문학과 역사
☐ 근대화 운동   ☐ 제국주의   ☐ 민족 운동   ☐ 서양 문물의 수용   ☐ 국제 연대 활동   ☐ 중국의 정치 변화 과정   ☐ 영토 분쟁

영역 ## 동아시아 역사의 시작

성취기준

[12동사01-01]   동아시아 세계의 범위를 파악하고 각국 간의 관계와 교류의 역사를 이해해야 할 필요성을 인식한다.

▶ 동아시아의 범위를 동서로는 일본 열도에서 티베트 고원까지, 남북으로 베트남에서 몽골 고원으로 정한다. 동아시아사 학습의 의의에서는 동아시아가 당면한 역사 인식의 문제를 해결하기 위하여 각국의 관계와 교류의 역사를 이해할 필요성을 인식시킨다. 이를 통해 동아시아의 평화 공영을 위해 노력하는 태도를 갖도록 한다.

[12동사01-03]   구석기·신석기 시대의 유물을 중심으로 동아시아에서 다양한 문화가 발전하였음을 이해한다.

탐구주제

3. 동아시아사 — 동아시아 역사의 시작

(1) 동아시아 세계가 당면한 과제는 현재에 만연한 여러 갈등을 극복하고, 평화와 번영의 미래 공동체를 건설해 가는 것이다. 오늘날 동아시아 각국의 관계가 더욱 긴밀해지고 있음을 사례를 통해 조사하고, 공동 번영의 미래 비전 제시를 위한 동아시아 지역의 기회 요인과 위협 요인에는 어떤 것들이 있는지 탐구해 보자.

관련학과

사학과, 철학과, 문화인류학과, 국어국문학과, 중어중문학과, 일어일문학과, 글로벌학부

---

(2) 황허강 유역, 창장강 하류, 베트남 지역, 랴오허강 유역, 한반도 지역, 일본 열도 등 동아시아 각 지역에서 나타난 유물, 유적, 문화적 특징을 조사하고, 특히 각 문화권에서 제작된 토기를 중심으로 비교해 보자. 또한 우리나라 신석기 문화재의 발굴과 복원 과정을 사례를 들어 설명하고 문화재를 보존하는 방법에 대해 발표해 보자.

관련학과

사학과, 고고학과, 고고미술사학과, 문화인류학과

(3) 중국 중심주의나 농경문화 우위론에서 벗어나서, 동아시아 각 지역의 역사와 문화를 동등하게 존중하는 태도가 중요하다. 농경 민족과 유목 민족의 가치관 및 문화적 특징의 차이를 농경 지역과 유목 지역의 지리적·경제적 조건과 관련지어 발표해 보자.

관련학과

사학과, 고고학과, 문화인류학과, 국어국문학과, 일어일문학과, 중어중문학과

영역 # 동아시아 세계의 성립과 변화

성취기준

[12동사02-01] 인구 이동이 여러 국가와 정치 집단의 형성, 분열, 통합에 영향을 미쳤음을 설명한다.

[12동사02-02] 조공·책봉을 포함한 동아시아의 다양한 외교 형식이 끼친 영향과 의미를 상호적 관점에서 해석한다.

[12동사02-03] 율령 체제의 특징을 파악하고, 각 지역에서 유교·불교·성리학이 수용되는 과정과 영향을 비교한다.

탐구주제

(1) 대규모의 집단 인구 이동이 일어나게 되는 다양한 원인을 알아보고, 집단적 인구 이동이 동아시아 각지에 끼친 정치·사회·문화적 영향을 이동 방향별로 나누어 조사하여, 인구 이동이 여러 국가와 정치 집단의 형성, 분열, 통합에 미친 영향에 대해 발표해 보자.

관련학과

사학과, 고고학과, 문화인류학과, 인문학부, 글로벌학부, 종교학과

(2) 조공·책봉 관계가 동아시아 각국이 상호 필요에 따라 만든 관계임을 이해하며 다양한 실상을 사례를 들어 설명하고, 한 대부터 당 대까지 동아시아 국가들 사이에서 전개된 다양한 외교 관계의 사례를 조사해 보자.

관련학과

사학과, 고고학과, 문화인류학과, 인문학부, 국어국문학과, 중어중문학과, 일어일문학과

(3) 동아시아 문화권의 핵심 요소라 할 수 있는 율령과 유교가 한 대에 국가의 통치 이념으로 부상하게 된 배경을 알아보고, 율령과 유교 및 그에 기초한 통치 체제가 동아시아 사회 전반에 미친 영향과 동아시아에서 천년이 훨씬 더 넘는 긴 시간 동인 지속될 수 있었던 요인은 무엇인지에 대해 조사해 보자.

관련학과

사학과, 고고학과, 문화인류학과, 국어국문학과, 중어중문학과, 일어일문학과

(4) 파키스탄 라호르박물관의 '고행하는 석가모니'와 경주 석굴암의 석가모니의 공통점과 차이점은 무엇이며, 동일한 석가모니가 이처럼 다르게 묘사된 이유가 무엇인지 생각해 보자. 동아시아 각국의 불교 수용 과정 및 발전 양상을 당시의 정치·사회적 상황과 관계지어 조사하여, 각국을 대표하는 불교문화 유산과 함께 불교가 동아시아 사회에 끼친 영향을 문화, 예술, 사회 등 다양한 측면에서 탐구해 보자.

관련학과

고고학과, 고고미술사학과, 불교학과, 문화인류학과, 인문학부, 글로벌학부, 국어국문학과, 중어중문학과, 일어일문학과

(5) 동아시아 각 나라의 성리학 수용 시기와 나라별 대표적인 성리학자를 알아보고, 사회 규범으로 확대된 성리학의 사례를 조사하고 현재까지 남아 있는 각 나라의 문화 혹은 전통의 가치를 탐구해 보자.

관련학과

사학과, 철학과, 한문학과, 종교학과, 국어국문학과, 중어중문학과, 일어일문학과

영역

동아시아의 사회 변동과 문화 교류

성취기준

[12동사03-01] 17세기 전후 동아시아 전쟁의 배경, 전개 과정 및 그 결과로 나타난 각국의 변화를 파악한다.

▶ 17세기를 전후로 발발한 동아시아의 전쟁은 국제 관계의 변화뿐만 아니라 각국의 정치·사회·문화를 크게 변화시켰다. 여기에서는 중국의 왕조 변천과 조선의 정치·사회 체제의 변화, 일본의 막부 변천 및 문화 발달에 주목한다. 각국의 정치 변화 이후에 나타난 중화 의식의 변화를 비교의 관점에서 이해할 수 있도록 한다.

[12동사03-03] 인구 증가로 인해 도시와 상업이 발달하고 서민 문화가 융성하였음을 사례를 들어 설명한다.

탐구주제   3.동아시아사 ─ 동아시아의 사회 변동과 문화 교류

(1) 왜란과 호란의 전개 과정과 전쟁에 따른 피해 상황을 나라별로 알아보고, 전쟁 후 조선 중화주의를 비롯해 청, 일본에서 나타난 중화 의식의 변화를 바탕으로 동아시아 질서의 변화와 세계관의 변화에 대해 조사해 보자.

관련학과

사학과, 철학과, 문화인류학과, 국어국문학과, 일어일문학과, 중어중문학과

(2) 동아시아 여러 나라에서 서민 문화가 발달하게 된 배경과 서민 문화의 대표적인 사례를 찾아보자. 예로 짙은 분장과 특유의 연기 양식으로 유명한 일본의 전통 연극 가부키, 중국의 오페라로 불리는 경극, 우리나라 판소리 등 각 나라별 서민 문화를 찾아 각각의 특징을 비교·조사해 보자.

관련학과

사학과, 철학과, 문화인류학과, 문화콘텐츠학과, 한문학과, 국어국문학과, 일어일문학과, 중어중문학과

탐구주제

(3) 마오쩌둥은 "『홍루몽』을 읽지 않으면 중국의 봉건사회를 이해할 수 없다"라고 말했다. 이처럼 문학은 기록으로서의 역사를 바탕으로 한 2차 창작물이 되어 역사적 사료이자 또 하나의 역사가 된다. 고전문학 작품을 읽고 작품 속에서 나타나는 시대적·역사적 배경을 분석해 보고, 문학과 역사와의 상호 관계에 대해 사례 중심으로 발표해 보자.

관련학과

한문학과, 중어중문학과, 국어국문학과, 문예창작학과, 사학과

영역

동아시아의 근대화 운동과 반제국주의 민족 운동

성취기준

[12동사04-02] 제국주의 침략의 실상과 일본 군국주의로 인한 전쟁의 확대 과정을 살펴보고, 그에 대항한 각국의 민족 운동을 비교하여 설명한다.

[12동사04-03] 동아시아 각국에서 서양 문물의 수용으로 나타난 사회·문화·사상적 변화 사례를 비교한다.

▶ 문물 수용의 시기와 변동의 정도는 나라별로 차이를 보이는데, 여기서는 1800년대~1910년대를 대상으로 한다. 수용과 변화의 양상을 나라별로 나열해 서술하는 방식을 지양하고 만국 공법, 사회 진화론, 과학 기술, 신문과 학교, 시간과 교통, 도시, 여성, 청년 등 주제를 중심으로 다루고, 가능할 경우 각국 간의 연관성을 부각시켜 제시하도록 한다.

탐구주제

(1) 동아시아 각국이 추진한 근대화 정책과 그 배경 및 한계점을 알아보고, 청의 양무운동과 일본의 메이지 유신의 차이점을 비교해 보자. 또한 조선에서는 근대화 운동이 어떠한 형태로 추진되었는지 그 흐름을 조사하여 발표해 보자.

관련학과

사학과, 철학과, 문화인류학과, 국어국문학과, 일어일문학과, 중어중문학과

(2) 제국주의 국가의 침략과 전쟁, 식민 지배가 민중에게 많은 고통과 피해를 안겨 주었고, 이러한 침략과 지배에 저항하여 각국에서는 민족주의가 퍼져 나가고 민족 운동이 활발히 전개되었다. 동아시아에서 전개된 민족 운동을 사례 중심으로 조사하여 발표해 보자.

관련학과

사학과, 철학과, 문화인류학과, 국어국문학과, 일어일문학과, 중어중문학과, 종교학과

③ 근대적 생활 방식의 수용은 전근대 사회에 어떠한 영향을 주었는지 다양한 자료를 활용하여 알아본다. 특히 봉건 시대의 교육과 근대 교육이 어떤 차이점을 나타내는지 조사해 보자. 또한 철도와 항로, 전신 건설, 신문 발간 등 구체적 요인을 중심으로 동아시아 사회·문화 전반에 미친 영향에 대해 발표해 보자.

관련학과
사학과, 철학과, 문화인류학과, 국어국문학과, 일어일문학과, 중어중문학과, 종교학과

영역 오늘날의 동아시아

성취기준

[12동사05-02]   동아시아 각국에서 나타난 정치·경제·사회적 발전 모습을 비교하여 파악한다.

[12동사05-03]   오늘날 동아시아 국가 간의 갈등과 분쟁 사례를 살펴보고, 그 해결을 위해 노력하는 자세를 갖는다.

▶ 동아시아의 평화를 위협하고 긴장을 고조시키는 한·중·일 및 중국과 동남아시아 국가 간 '역사 현안'을 일본군 '위안부' 문제, 일본의 독도에 대한 부당한 영유권 주장, 중국의 고구려사 등 고대사 왜곡 문제, 중국과 동남아시아 국가 간 영토 분쟁 등을 사례로 각각의 구체적인 쟁점을 중심으로 이해할 수 있도록 한다. 또한 이러한 '역사 현안'의 해결을 위해 각국의 노력과 평화와 공동 번영을 모색하는 국제적 차원의 활동 등에 관한 사례를 조사하여 화해 추구를 위한 다양한 방법을 탐구하도록 한다.

탐구주제   3.동아시아사 — 오늘날의 동아시아

① 패권 각축의 동아시아는 오랜 시간 갈등과 긴장 관계를 이어오고 있다. 동아시아 나라들이 지속 가능한 미래를 위해 새로운 질서와 평화의 길을 만들 수 있을까? 갈등을 극복하고 미래를 지향하기 위한 국제 연대 활동 사례들을 살펴보고, 각각의 의의와 성과에 대해 조사해 보자. 또한 갈등 해결을 위해 필요한 노력을 국제적 차원, 국가적 차원으로 나누어 토의해 보자.

관련학과
사학과, 철학과, 문화인류학과, 일어일문학과, 중어중문학과, 노어노문학과

② 중국의 문화대혁명, 텐안먼 사건, 소수 민족과의 갈등, 중국 정부의 대응 등 중국의 정치 변화 과정을 조사하고, 사회주의권의 정치적 민주주의가 부진한 이유를 북한의 정치 개혁이 어려운 원인과 연관 지어 발표해 보자.

관련학과
사학과, 철학과, 문화인류학과, 국어국문학과, 중어중문학과

③ 동아시아 내에서 벌어지고 있는 영토 갈등의 사례인 쿠릴 열도 분쟁, 센카쿠 열도 분쟁, 시사 군도 분쟁, 난사 군도 분쟁, 독도 등 각각의 영토 분쟁에 대한 구체적인 쟁점을 조사하고 평화적인 해결 방안에 대해 도의해 보자.

(동아시아 해양영토문쟁과 역사 갈등의 연구, 우동예림, 윤명길)

관련학과
사학과, 철학과, 문화인류학과, 일어일문학과, 중어중문학과, 노어노문학과

활용 자료의 유의점

(!) 유학이 동아시아 사회에 끼친 영향에 대해 사례를 중심으로 조사·발표

(!) 동아시아 각국의 개항을 초래한 조약의 원문을 분석하여 불평등한 요소를 파악하며 사료 분석 능력을 키움

(!) 각국의 근대화 운동과 민족 운동의 전개 양상을 입체적으로 분석 필요

(!) 다양한 사료, 도표, 통계 자료, 각종 멀티미디어 자료 등 다양한 매체를 활용

💬 **MEMO**

사회과

4

세계사

핵심키워드

☐ 자연환경과 인류 　☐ 지구온난화 　☐ 포노 사피엔스 　☐ 중국 문명 　☐ 인도 문명 　☐ 메소포타미아 문명 　☐ 이집트 문명
☐ 카스트제도 　☐ 제자백가 　☐ 국풍문화 　☐ 교역 　☐ 브라만교와 불교 　☐ 힌두교 　☐ 아테네의 민주정치
☐ 종교 개혁 　☐ 대량 학살 　☐ 전쟁금지 법제화 프로젝트 　☐ 냉전과 탈냉전 　☐ 개혁과 개방 정책 　☐ 세계 난민 문제

영역 ## 인류의 출현과 문명의 발생

성취기준

[12세사01-02] 인류의 출현을 파악하고, 구석기와 신석기 시대 사람들의 생활 모습을 통해 인류 사회의 발전을 이해한다.

[12세사01-03] 여러 지역에서 탄생한 문명의 내용을 조사하여 공통점과 차이점을 설명한다.

> ▶ 청동기의 사용, 문자의 발명, 계급의 발생, 도시와 국가의 형성 등이 문명의 발생으로 이어졌음을 이해한다. 중국, 인도, 메소포타미아, 이집트 등지에서 발생한 문명이 다양하게 발전해 나가는 모습을 탐구하도록 한다.

탐구주제
4.세계사 — 인류의 출현과 문명의 발생

① 약 1만 년 전, 마지막 빙기가 끝나고 지구의 기온이 올라가면서 초래된 자연환경의 변화에 인류는 어떻게 적응하였는지 알아보자. 지구온난화로 인해 발생되는 생태계의 파괴, 해빙, 해수면 상승 등의 문제에 대한 세계 각국의 대응 방안을 조사하고 자연환경이 인류의 삶에 미치는 영향에 대해 발표해 보자.

관련학과
문화인류학과, 국어국문학과, 일어일문학과, 중어중문학과, 영어영문학과, 독어독문학과, 노어노문학과, 서어서문학과, 불어불문학과

사회화고

(2) 최초의 인류인 오스트랄로피테쿠스부터 인류가 진화한 과정과 특징을 알아본다. 4차 산업혁명 시대를 맞이한 인류의 특징적 모습을 그린 「포노 사피엔스」를 읽고 포노 사피엔스의 특징과 미래 사회에서 달라질 인간 삶의 양상에 대해 상상력을 발휘해 탐구해 보자.

(포노 사피엔스, 쌤앤파커스, 최재붕)

관련학과

사학과, 고고학과, 고고미술사학과, 문화인류학과, 한문학과, 국어국문학과, 일어일문학과, 중어중문학과, 영어영문학과, 독어독문학과, 노어노문학과, 서어서문학과, 불어불문학과, 언어학과, 문예창작학과, 문화콘텐츠학과, 기독교학과, 불교학과, 신학과, 철학과, 글로벌학부, 인문학부

(3) 문명이 발생한 배경과 그 특징을 파악하여 지리적인 공통점을 찾아보자. 이집트 문명에서 천문학, 측량술, 기하학이 발달한 이유와 메소포타미아와 이집트 문명의 내세관을 비교하고 지역에 따라 달리 나타난 세계관에 대해 비교 조사해 보자.

관련학과

사학과, 고고학과, 고고미술사학과, 문화인류학과, 국어국문학과, 일어일문학과, 중어중문학과, 영어영문학과, 독어독문학과, 노어노문학과, 서어서문학과, 불어불문학과, 철학과

(4) 고대 카스트제도의 형성 과정과 카스트제도가 인도에 끼친 영향에 대해 조사하고 신분 세습에 대한 자신의 견해를 발표해 보자. 또한 현재 인도 사회에 존재하는 카스트를 조사하고 카스트로 인한 불평등을 바로잡기 위한 정책적 노력에는 무엇이 있는지 조사해 보자.

관련학과

사학과, 철학과, 종교학과, 국어국문학과, 일어일문학과, 중어중문학과, 영어영문학과, 독어독문학과, 노어노문학과, 서어서문학과, 불어불문학과

영역

동아시아 지역의 역사

성취기준

[12세사02-01] 춘추·전국 시대부터 수·당까지 중국사의 전개 과정과 일본 고대 국가의 형성 과정을 살펴보고, 동아시아 문화권의 성격을 이해한다.

▶ 춘추·전국 시대에서 진·한·수·당에 이르는 시기의 내용을 학습하여 통일 제국이 이룩한 중앙 집권 체제를 파악하고, 이를 다양한 지방 세력 및 북방 민족이 활동한 지방 분권의 움직임과 함께 종합적인 맥락에서 이해한다. 일본 고대 국가의 모습에서 오늘날 일본 사회를 이해하는 단초를 찾는다. 중국 왕조와 주변 지역이 활발한 교류를 통해 동아시아 문화권을 형성해 가는 모습을 살펴본다.

[12세사02-02] 송의 정치·사회적 변화를 살펴보고, 몽골의 팽창이 아시아와 유럽에 미친 영향을 탐구한다.

탐구주제

(1) 춘추·전국 시대의 제후국들 간 대립이 치열해지면서 부국강병을 위해 경쟁적으로 노력하였고 이러한 분위기 속에 제자백가라 불리는 다양한 사상가들의 주장이 등장하였다. 유가, 법가, 도가, 묵가의 사상을 조사하여 각 학파의 주요 인물과 핵심 내용을 발표해 보자. 또한 제자백가가 중국 문화에 끼친 영향과 역사적 의의를 탐색해 보자.

관련학과

사학과, 철학과, 종교학과, 한문학과, 중어중문학과, 국어국문학과

---

(2) 일본은 4세기 초 백제 철기문화의 전파로 사회구조가 전면적으로 개편되면서 이른바 고분시대를 맞이하게 되었다. 이 시기 일본 속의 백제 문화가 지닌 의미는 무엇인지 조사해 보고, 백제가 일본 문화에 미친 영향을 사례 중심으로 탐구하여 발표해 보자.

관련학과

사학과, 언어학과, 일어일문학과, 중어중문학과, 국어국문학과

---

(3) 송 태조 조광윤이 절도사의 폐해를 제거하고자 시행한 황제 중심의 중앙 집권화 정책에 대해 알아보고, 중앙 집권 정책의 문제점과 송나라의 변화 모습을 조사해 보자. 이를 해결하기 위한 왕안석의 개혁 내용과 신법의 실시로 나타나게 된 결과를 장점과 단점으로 나누어 분석해 보자.

관련학과

사학과, 한문학과, 국어국문학과, 중어중문학과, 인문학부

---

(4) 중국과 유럽 상인과의 교역이 늘어나고 중국인들의 해외 상업 활동도 늘어나면서 동아시아의 경제가 세계 경제 변화와 연동되는 과정을 알아보고, 세계 화교의 증가와 더불어 은의 유통 과정을 사료를 통해 조사해 보자.

관련학과

사학과, 한문학과, 중어중문학과, 인문학부, 글로벌학부

영역 서아시아·인도 지역의 역사

성취기준

[12세사03-01] 서아시아 여러 제국의 성립과 발전을 살펴보고, 이슬람교를 중심으로 이슬람 세계의 형성과 확장을 탐구한다.

▶ 서아시아에 등장한 아시리아, 페르시아 등 여러 제국의 발전 과정을 살펴보고, 방대한 영토를 효율적으로 통치하기 위한 각종 제도와 정책의 특징을 이해한다. 다른 지역과의 경제·문화적 교류를 탐구하여 서아시아 사회가 지닌 다양성의 배경을 파악한다. 이슬람교의 등장으로 서아시아 지역의 정치 질서가 변화·성장하는 과정을 살펴본다. 이슬람교가 빠르게 확산되면서 형성된 이슬람 세계의 특징을 탐구하고, 이슬람과 각지의 교류가 동서 문명에 미친 영향을 알아본다.

탐구주제

1 브라만교의 한계와 불교 탄생의 배경을 조사하여 브라만교와 불교의 차이점과 공통점을 파악하고, 마우리아 왕조와 쿠샨 왕조의 성립·발전과 불교 전파에 대해 비교 조사해 보자. 그리스 조각상과 간다라 불상을 비교하여 간다라 불상이 만들어진 과정을 알아보고, 간다라 불상이 불교 미술의 발전에 미친 영향을 발표해 보자.

관련학과

불교학부, 철학과, 사학과, 고고학과, 고고미술사학과, 문화인류학과

2 인도는 풍부한 종교사상과 문화를 지닌 나라이다. 인도에서 다양한 종교들이 발전하게 된 배경은 무엇인지, 서구 종교문화와는 다른 특성을 지닌 인도 종교문화의 특성을 조사해 보자. 또한 '신들의 나라'라고 불리는 인도에서 힌두교가 민족 종교로 발전한 이유와 인도 사회에 미친 영향에 대해 발표해 보자.

(인도의 종교와 종교문화, 서울대학교출판부, 류경희)

관련학과

사학과, 종교학과, 철학과, 문화인류학과

영역

유럽·아메리카 지역의 역사

성취기준

[12세사04-01] 그리스·로마 문명의 특징을 이해하고, 고대 지중해 세계의 형성과 발전에 대해 탐구한다.

▶ 그리스·로마 문명을 통해 오늘날 유럽 사회가 형성된 근원에 접근해 본다. 서유럽 사회가 게르만족의 이동 이후 중세 봉건제 사회로 이행하는 과정을 살펴본다. 크리스트교의 성립과 발전이 서유럽 사회 및 비잔티움 제국에 미친 영향을 알아본다.

탐구주제

1 고대 그리스에서 시민이 정치에 참여하는 방법을 알아보고, 고대 그리스와 오늘날 민주 정치의 공통점과 차이점을 비교해 보자. 또한 아테네의 민주 정치가 오늘날의 민주 정치에 끼친 영향에 대해 조사해 보자.

관련학과

사학과, 철학과, 문화인류학과, 인문학부, 글로벌학부

2 르네상스와 함께 시작된 세계관의 변동을 유럽 사회의 점진적인 변화 과정이라는 맥락에서 정리하고, 종교 개혁의 원인과 과정을 조사하여 종교 개혁이 기독교 뿐만 아니라 유럽의 정치·경제·사회에 끼친 영향을 조사해 보자.

관련학과

철학과, 사학과, 종교학과, 기독교학과, 신학과, 문화인류학과, 영어영문학과, 독어독문학과, 노어노문학과, 서어서문학과, 불어불문학과, 인문학부, 글로벌학부

제국주의와 두 차례 세계 대전

성취기준

[12세사05-02] 제1, 2차 세계 대전의 원인과 결과를 알아보고, 세계 평화를 실현하기 위한 방법에 대해 토론한다.

▶ 제국주의의 세계 분할이 제1차 세계 대전으로 이어지는 과정을 살펴보고, 각국에서 전개된 민족 운동과 관련지어 파악한다. 대공황 이후 등장한 전체주의가 제2차 세계 대전으로 이어지는 모습을 살펴본다. 세계 대전을 경험한 국제 사회가 전쟁의 재발을 막고 평화를 유지하기 위해 다양한 노력을 전개하였음을 이해한다.

탐구주제

4.세계사 — 제국주의와 두 차례 세계 대전

① 나치의 유대인 학살-홀로코스트, 일본군의 중국 민간인 학살-난징 대학살, 제2차 세계 대전 시기 민간인에 대한 무차별 폭격, 나가사키와 히로시마에 투하된 원자 폭탄의 참상 등 20세기에 일어난 대량 학살의 핵심 내용을 조사해 보자. 이러한 국제 전쟁의 역사적 사례가 시사하는 바와 인류에게 남긴 과제는 무엇인지 토의해 보자.

관련학과

사학과, 철학과, 문화인류학과, 종교학과, 인문학부, 글로벌학부

② HWPL 국제법 제정 평화위원회가 2016년 '지구촌 전쟁종식 평화 선언문(DPCW)'을 공표한 이래, 이 선언문을 구속력 있는 국제법으로 만들자는 '전쟁금지 법제화 프로젝트'가 세계 각국을 달구고 있다. 전쟁 없는 지구촌을 만들기 위한 각국의 활동 사례를 조사하고 세계 평화를 위해 우리가 해야 할 일들에 대해 토의해 보자.

관련학과

사학과, 철학과, 문화인류학과, 국어국문학과, 일어일문학과, 중어중문학과, 영어영문학과, 독어독문학과, 노어노문학과, 서어서문학과, 불어불문학과

현대 세계의 변화

성취기준

[12세사06-01] 냉전 체제의 배경과 특징을 알아보고, 냉전 종식 이후 세계 질서의 재편에 대해 조사한다.

[12세사06-02] 세계화와 과학·기술 혁명이 가져온 현대 사회의 변화를 파악하고, 지구촌의 갈등과 분쟁을 해결하려는 태도를 기른다.

▶ 세계화·정보화·과학기술의 발달 등 현대 사회의 다양한 특성을 이해한다. 세계 각지에서 나타나고 있는 갈등과 분쟁을 세계사적 관점에서 접근함으로써 원인을 규명하고 해결 방안을 모색한다.

탐구주제

(1) '냉전(Cold War)'이라는 말은 1947년 무렵부터 사용되었고, 무력 수단이 동원되지 않은 가운데 전개되는 자본주의 체제와 사회주의 체제 간의 대립과 긴장을 일컫는다. 냉전 체제가 형성되는 과정과 냉전이 격화되면서 나타난 각각의 사건들을 조사하여 발표해 보자.

관련학과

사학과, 철학과, 문화인류학과, 국어국문학과, 일어일문학과, 중어중문학과, 영어영문학과, 독어독문학과, 노어노문학과, 서어서문학과, 불어불문학과

---

(2) 소련의 개혁·개방 정책, 독일의 통일, 동유럽의 민주화 과정을 통해 사회주의 체제가 무너지면서 냉전 체제가 끝나는 과정을 조사하고, 사회주의권의 변화 모습과 그 속에서 독자적인 발전의 길을 택한 현대 중국의 모습을 탐구해 보자. 중국이 개혁·개방 정책을 통해 이룬 성과와 문제점을 조사하고, 최근 코로나바이러스 확산이 중국 외교에 미치는 영향에 대해 발표해 보자.

관련학과

사학과, 철학과, 중어중문학과, 인문학부, 글로벌학부

---

(3) 탈냉전 이후 국제질서의 변화와 탈냉전 시대에도 오늘날 세계 곳곳에서 분쟁이 일어나는 요인들을 조사해 보자. 그 중 난민 문제의 원인은 무엇인지, 유엔난민기구의 역할과 난민 문제 현황을 알아보고, 우리나라 난민 수용 문제에 대한 자신의 견해를 발표해 보자.

관련학과

사학과, 문화인류학과, 인문학부, 글로벌학부

활용 자료의 유의점

- (!) 세계화, 지구촌 사회 등을 주제로 한 다양한 자료 검색
- (!) 신문 기사 스크랩이나 관련 자료의 수집을 통한 포트폴리오 작성
- (!) 제국주의의 침략 과정과 이에 저항하는 각국의 민족 운동을 사례 중심으로 학습
- (!) 인구, 식량, 자원, 환경 등 세계적으로 나타나는 다양한 문제들의 원인과 해결 방안을 역사적 사실과의 관련성 속에서 파악

💬 **MEMO**

경제

핵심키워드

☐ 기업의 사회적 책임   ☐ 사회공헌   ☐ 최저임금   ☐ 희소성   ☐ 문화와 경제   ☐ 세포마켓   ☐ 1인 마켓
☐ 불법 복제   ☐ 긱 경제(Gig Economy)   ☐ 일자리의 변화   ☐ 소득 양극화   ☐ 비교 우위   ☐ 환율   ☐ 전자 화폐
☐ 모의크라우드펀딩   ☐ 모의주식   ☐ 생애 주기 설계

영역 ## 경제생활과 경제 문제

성취기준

[12경제01-03] 경제 문제를 해결하는 다양한 방식의 장단점을 비교하고, 시장경제의 기본 원리와 이를 뒷받침하는 사회 제도를 파악한다.

▶ 기본적인 경제 문제를 해결하는 방식으로써 전통경제, 계획경제, 시장경제의 특성을 간단히 비교한 후 시장경제는 경제 주체의 자유와 경쟁을 바탕으로 가격 기구를 통해 경제 문제를 해결하려고 한다는 점을 강조한다. 또한 이러한 시장경제를 뒷받침하기 위해서는 사유 재산권, 경제활동의 자유, 공정한 경쟁 등이 보장되어야 한다는 점을 이해한다.

[12경제01-04] 가계, 기업, 정부 등 각 경제 주체가 국가 경제 속에서 수행하는 기본적인 역할을 이해한다.

▶ 재화와 서비스의 소비자이자 생산요소의 공급자로서 가계의 역할, 재화와 서비스의 생산자이자 생산요소의 수요자로서 기업의 역할을 학습한다. 또한 정부는 각종 세금을 거두고, 국방, 치안뿐 아니라 교육, 복지, 사회 간접 자본 등을 제공하기 위해 지출한다는 점을 이해한다. 정부는 이러한 역할을 수행하는 과정에서 재화와 서비스를 소비하기도 하고 생산하기도 한다는 점도 파악한다.

탐구주제

5.경제 — 경제생활과 경제 문제

① 21세기 기업의 경쟁력 향상과 지속적인 성장은 기업 스스로 사회적 책임을 인식하고 적극적으로 실천할 때 비로소 가능하다. 진정한 의미의 사회적 책임을 행하고 있는 국가별 기업의 사례를 조사하고, 기업의 사회공헌 유형 및 사례와 함께 기업의 사회직 책임이 개인과 사회에 미치는 엉향에 내해 발효해 보자.

관련학과
국어국문학과, 일어일문학과, 중어중문학과, 영어영문학과, 독어독문학과, 노어노문학과, 서어서문학과, 불어불문학과, 인문학부, 글로벌학부

탐구주제

2 노동의 가치는 적정하게 형성된 것일까? 수요와 공급이 만나는 지점이 바로 가격이라는 일반상식과는 달리 최저임금제를 실시하는 이유는 무엇이며, 최저임금의 인상 추이와 OECD 주요 국가와의 임금 비교를 통해 우리나라 임금의 객관적인 수준을 평가해 보고, 최저임금의 상승에 대한 다양한 경제 주체의 입장은 어떻게 다른지 발표해 보자.

관련학과

국어국문학과, 일어일문학과, 중어중문학과, 영어영문학과, 독어독문학과, 노어노문학과, 서어서문학과, 불어불문학과, 인문학부, 글로벌학부

---

3 희소성은 시대와 장소에 따라 달라지는 상대성을 가지고 있기 때문에 무상재였던 것이 경제재가 될 수도 있고, 반대로 경제재였던 것이 무상재가 될 수도 있다. 「상도」라는 소설의 주인공 거상 임상옥의 이야기에서 '희소성'을 활용한 사례를 찾아보고, 과거에는 경제재였던 것이 희소성이 없어져 무상재가 된 사례를 발표해 보자.

(상도, 여백미디어, 최인호)

관련학과

국어국문학과, 문예창작학과, 인문학부, 글로벌학부

---

4 우리 사회가 절대 빈곤 수준을 벗어나면서 문화에 대한 수요가 증가하고, 문화 영역의 시장이 확대되고 있는 추세다. 특히 한류 문화 확산으로 공연수익·기념품·음반 판매 수익 등이 증가하였고, 한국에 대한 이미지가 좋아지면서 교민들을 포함한 한국 사람들이 겪게 되는 무형의 경제적 이익이 증대되고 있다. 이처럼 우리 문화 생활과 밀접하게 연관되어 있는 경제 생활을 조사하여 사례 중심으로 발표해 보자.

관련학과

국어국문학과, 문예창작학과, 인문학부, 글로벌학부

영역

시장과 경제활동

성취기준

[12경제02-01] 시장 가격의 결정과 변동 원리를 이해하고, 수요와 공급의 원리를 노동 시장과 금융 시장 등에 적용한다.

▶ 시장 가격의 결정과 변동 원리를 학습한 후 노동 시장과 금융 시장을 사례로 수요와 공급의 원리를 복습한다. 예를 들어 노동의 수요와 공급에 의해 균형 임금이 결정되며, 노동의 수요와 공급이 변하면 이에 따라 임금이 변한다는 점을 학습한다.

탐구주제

1 높은 스마트폰 보급률과 SNS 활동 인구의 증가는 온라인 시장의 다양성과 편의성을 높였다. 최근 급부상한 '세포마켓'도 이런 환경을 반영한다. 세포마켓은 블로그, 인스타그램, 유튜브와 같은 온라인 플랫폼을 통해 열리는 '1인 마켓'이다. 이처럼 유통시장의 변화기 우리 사회·경제에 미치는 긍정적인 영향과 부정직인 영향을 조사해 보자.

관련학과
문화콘텐츠학과, 인문학부, 글로벌학부

2 한류 콘텐츠 인기 이면에는 '불법 복제'가 있다. 게임 산업의 경우 중국에서 한국의 인기 게임을 베껴 만드는 사례가 끊이지 않고 있고, 웹툰은 온라인을 중심으로 불법 복제물 유통이 성행하고 있으며 영화 산업은 국외 불법 복제물로 인해 수출액이 급감했다. 이러한 불법 복제가 우리 사회·경제에 미치는 영향과 이에 대한 해결 방안에 대해 토의해 보자.

관련학과
문화콘텐츠학과, 인문학부, 글로벌학부

영역 국가와 경제활동

성취기준

[12경제03-03] 실업과 인플레이션의 발생 원인과 경제적 영향을 알아보고, 그 해결 방안을 모색한다.

탐구주제

1 포스트 코로나 시대에 '긱 경제(Gig Economy)'는 더욱 가속화될 전망이다. 우버, 카카오택시, 청소연구소, 배민라이더스 등 시대가 변하면서 기업과 근로자가 고용되는 형태가 변화하고 있다. '긱 경제'는 무엇이고 우리 사회의 일자리에 어떤 변화를 가지고 올까? 자신의 진로 분야에는 어떤 영향을 미칠 것인가에 대해 발표해 보자.

(직장이 없는 시대가 온다, 더퀘스트, 새라 케슬러)

관련학과
사학과, 고고학과, 고고미술사학과, 문화인류학과, 한문학과, 국어국문학과, 일어일문학과, 중어중문학과, 영어영문학과, 독어독문학과, 노어노문학과,
서어서문학과, 불어불문학과, 언어학과, 문예창작학과, 문화콘텐츠학과, 기독교학과, 불교학과, 신학과, 철학과, 글로벌학부, 인문학부

2 한국의 소득 양극화 수준은 경제협력개발기구(OECD) 회원국 36개국 중 30위로 최하위권이고, 소득 양극화로 인한 다차원적인 불평등이 다중격차사회를 낳고 있다. 해외의 양극화에 대한 사례를 조사하고, 소득 양극화를 해결할 수 있는 방안에 대해 토의해 보자.

관련학과
인문학부, 글로벌학부, 국어국문학과

세계 시장과 교역

[12경제04-01] 비교 우위에 따른 특화와 교역을 중심으로 무역 원리를 파악하고, 자유무역과 보호무역 정책의 경제적 효과를 이해한다.

▶ 국가 간 거래의 필요성을 인식하고, 비교 우위에 따른 특화와 교역의 이득을 중점적으로 학습한다. 무역 정책과 관련해서는 자유 무역과 보호 무역의 논리를 균형 있게 다룬다.

[12경제04-02] 외환 시장에서 환율이 결정되는 과정과 환율 변동이 국가 경제 및 개인의 경제생활에 미치는 영향을 파악한다.

탐구주제

5.경제 — 세계 시장과 교역

1 비교 우위론은 애덤 스미스의 절대 생산비 이론의 한계를 극복하기 위해서 리카도가 「정치 경제와 조세의 원리」에서 주장한 이론이다. 컴퓨터 제조에 대한 비교 우위가 과거에는 일본에 있었지만, 현재는 아시아 여러 나라로 옮겨 갔듯이 비교 우위는 시간과 함께 변한다. 비교 우위를 결정하는 요인에는 어떤 것이 있으며 자신이 가진 비교 우위가 무엇인지 생각해 보고, 진로와 연결지어 발표해 보자.

관련학과

사학과, 고고학과, 고고미술사학과, 문화인류학과, 한문학과, 국어국문학과, 일어일문학과, 중어중문학과, 영어영문학과, 독어독문학과, 노어노문학과, 서어서문학과, 불어불문학과, 언어학과, 문예창작학과, 문화콘텐츠학과, 기독교학과, 불교학과, 신학과, 철학과, 글로벌학부, 인문학부

2 환율은 외환 시장에서 외화의 수요와 공급에 의해 결정된다. 외화의 수요 및 공급 요인에는 어떤 것이 있는지 알아보고, 균형 환율이 결정되고 변동되는 과정을 조사해 보자. 이와 더불어 환율의 상승과 하락이 국가 경제와 개인 경제 생활에 미치는 영향에 대해 발표해 보자.

관련학과

글로벌학부, 인문학부

💬 MEMO

경제생활과 금융

성취기준

[12경제05-01] 현대 경제생활에서 금융의 의미와 중요성을 인식하고, 현재와 미래의 삶을 위하여 수입, 지출, 신용, 저축, 투자의 의미와 역할을 이해한다.

▶ 수입(소득과 부채의 합), 지출(소비 지출과 비소비 지출의 합), 신용(채무 부담 능력), 저축(수입에서 지출을 뺀 나머지), 투자(금융 자산 또는 실물 자산으로 저축을 전환하는 활동, 자본재를 증가시키는 기업의 투자 활동과 구분)의 개념을 명확히 이해한다.

[12경제05-04] 개인의 생애 주기를 고려하여 건전한 금융 생활을 위한 장·단기 목표를 수립하고, 자신의 재무 계획을 설계한다.

탐구주제

5.경제 ― 경제생활과 금융

① 페이스북의 암호화폐 리브라로 촉발된 전자 화폐 이슈가 패권을 뺏기지 않으려는 주요 국가들의 경쟁으로 번지고 있다. 국가별로 전자 화폐의 현황과 전자 화폐의 발달이 우리 경제, 사회, 문화에 미치는 영향을 조사해 보자.

관련학과
국어국문학과, 일어일문학과, 중어중문학과, 영어영문학과, 독어독문학과, 노어노문학과, 서어서문학과, 불어불문학과

② 모의크라우드펀딩은 가상의 투자금을 받아 기업들의 비즈니스모델을 살펴보고, 투자를 체험해 볼 수 있는 서비스이다. 워렌 버핏, 피터 린치 등과 같은 세계적인 투자자나 관련 전문가들의 투자 원칙 및 자산 관리에 대한 조언을 조사하고, 모의크라우드펀딩 또는 모의주식투자에 참여한 후 투자 경험에 대해 발표해 보자.

관련학과
인문학부, 글로벌학부

③ 생애 주기의 의미와 각 단계별 특징을 알아보고, 자신의 생애 주기를 예상하여 연령대별 중요 행사와 재무 목표를 작성하고 자신의 생애 주기 그래프를 그려서 발표해 보자.

관련학과
사학과, 고고학과, 고고미술사학과, 문화인류학과, 한문학과, 국어국문학과, 일어일문학과, 중어중문학과, 영어영문학과, 독어독문학과, 노어노문학과, 서어서문학과, 불어불문학과, 언어학과, 문예창작학과, 문화콘텐츠학과, 기독교학과, 불교학과, 신학과, 철학과, 글로벌학부, 인문학부

활용 자료의 유의점

⚠ 실생활 속에서 수요와 공급의 변화 요인 및 그에 따른 결과 분석

⚠ 한국은행 및 통계청 홈페이지에 접속하여 최근 10년간 우리나라 국내 총생산, 경제 성장률, 각종 고용 통계(경제활동 참가율, 실업률, 고용률), 소비자 물가 지수, 인플레이션율 등을 조사하여 표 혹은 그래프로 작성

⚠ 환율 변동의 효과와 관련된 다양한 기사를 구조화하여 학습 자료 작성

⚠ 개인 생애 주기별 금융 설계 작성·발표

정치와 법

핵심키워드

☐ 현대 민주주의 ☐ 법철학 ☐ 헌법 ☐ 병역 거부 ☐ 대통령제 정부 형태 ☐ 지방자치단체
☐ 의무 투표제 ☐ 시민 참여 활성화 ☐ 민식이법 ☐ 민법의 수정 원칙 ☐ 가족법 ☐ 첨단과학기술
☐ 소년법 개정 ☐ 비정규직 ☐ 인권 문제 ☐ 국제연대 ☐ 소프트 파워 ☐ 공공 외교

영역 **민주주의와 헌법**

성취기준

[12정법01-01] 정치의 기능과 법의 이념을 이해하고, 민주주의와 법치주의의 발전 과정을 분석한다.

▶ 집단과 국가 차원에서 정치의 기능을 이해하고, 현대 국가에서 법의 이념을 정의를 중심으로 인식한다.
시민 혁명 이후 민주주의와 법치주의의 발전 과정에 대한 분석을 토대로 민주주의와 법치주의의 관계
에 대해서 탐구한다.

[12정법01-02] 헌법의 의의와 기능을 이해하고, 우리 헌법의 기본 원리를 탐구한다.

▶ 현대 국가에서 민주주의와 법치주의가 헌법을 통해 구현된다는 점을 대표적인 사례를 통해 파악하고,
우리 헌법에 나타난 기본 원리가 무엇인지에 대해서 탐구한다.

탐구주제

6.정치와 법 — 민주주의와 헌법

① 사회가 거대해지면서 시민의 의사를 대변하는 대의 정치가 보편적으로 자리 잡았다. 그러나 대의 정치가 시민의 의사
를 잘 대변하지 못한다는 지적과 함께 시민들이 정치에 참여해야 한다는 목소리도 커지고 있다. 모든 사람이 직접 정
치에 참여할 경우 나타날 수 있는 문제점과 전문가가 사회를 운영할 때 생기는 문제점을 분석해 보고, 현대 민주주의
의 위기를 극복할 방안에 대해 토의해 보자.

관련학과
철학과, 언어학과, 인문학부, 글로벌학부, 문화인류학과

2 현대국가는 법치국가이고, 모든 것은 법에 따라 이루어진다. 좋은 정치, 좋은 국가는 좋은 법으로 귀결된다. 따라서 법의 근본 원리를 철학적으로 고찰하는 법철학이 무엇인지 탐구해 보자. '법철학 소프트'를 읽고 우리가 늘 접하고 또 그 속에서 생활하고 있는 법과 법 현상에 대해 알아보고 소감문을 작성하여 발표해 보자.   *(법철학 소프트, 박영사, 김석)*

관련학과
철학과, 인문학부

3 헌법에는 역사와 철학을 비롯하여 인류 정신과 삶의 많은 영역이 응축되어 있다. 따라서 헌법이 규정하는 최소한의 규칙을 이해할 때 성숙한 시민이 되어 '나'를 변화시켜 나갈 수 있다. 미국의 독립선언문과 프랑스 인권선언을 중심으로 '대한민국은 민주공화국'이라는 정의를 분석하고, 플라톤의 「법률」과 몽테스키외의 「법의 정신」 등을 통해 '민주공화국'을 정의하는 가장 중요한 요소인 사적 영역과 공적 영역의 규정에 대해 조사해 보자.

관련학과
철학과, 사학과, 언어학과, 인문학부, 글로벌학부, 문화인류학과

4 민주 국가에서 양심의 자유를 보장하는 것은 다양한 가치관이 존중되도록 하여 사회의 다원화를 이루고 자유민주적 기본질서를 정당화하기 위해서이다. '종교적 신앙 등에 따른 병역 거부'를 둘러싼 논란에 대해 자신의 주장과 근거를 제시해 보자.

관련학과
철학과, 언어학과, 인문학부, 글로벌학부, 문화인류학과

영역 | # 민주 국가와 정부

성취기준

[12정법02-01]   민주 국가의 정부 형태를 이해하고, 우리 헌법에 나타난 우리나라의 정부 형태를 탐구한다.

▶ 민주 국가의 정부 형태를 영국과 미국 등 대표적인 국가의 사례를 통해 파악하고, 이러한 국가의 정부 형태와 우리나라의 정부 형태를 비교하여 분석한다.

[12정법02-03]   중앙 정부와의 관계 속에서 지방자치의 의의를 이해하고, 우리나라 지방자치의 현실과 과제를 탐구한다.

▶ 중앙 정부와 지방자치단체 간의 조화로운 관계의 필요성을 인식하고, 현재 우리나라가 직면하고 있는 지방자치의 현실과 문제점을 진단하며 이를 해결하기 위한 구체적인 방안을 탐구하여 우리나라의 지방자치가 나아갈 방향을 모색한다.

탐구주제

① 권력분립은 영국 정치사상가 존 로크에서 시작했다. 로크는 「통치론」에서 입법권을 강조하면서 이권분립을 제시했고, 몽테스키외는 「법의 정신」등에서 "사법이 입법과 행정에서 독립되지 않으면 진정한 자유는 없을 것"이라며 로크의 이권분립을 삼권분립으로 확장시켰다. 이들이 민주 국가의 정부 형태에 미친 영향은 무엇인지 알아보고, 주요 국가의 국가운영 체제 및 정부 형태를 비교하여 발표해 보자.

관련학과
국어국문학과, 영어영문학과, 불어불문학과, 서어서문학과

② 지방자치단체의 역할에는 어떤 것이 있는지 사례를 찾아보고, 우리 지역의 해결하고 싶은 문제가 있다면 무엇인지 생각해 보자. 문제를 해결하기 위해서는 지역 수준에 마련된 조례 제정 청구, 주민 참여 예산제와 같은 수단을 이용할 수 있다. 문제를 해결하기 위한 사회 참여의 다양한 방법을 조사해 보자.

관련학과
철학과, 국어국문학과, 인문학부, 글로벌학부

영역 ## 정치과정과 참여

성취기준

[12정법03-01] 민주 국가의 정치과정을 분석하고, 시민의 정치 참여의 의의와 유형을 탐구한다.

▶ 투입, 산출 등 정치과정에 대한 전반적인 이해를 토대로 정치과정에서 중요한 시민 참여의 의의와 유형을 분석한다.

[12정법03-03] 정당, 이익집단, 시민단체, 언론 등 다양한 정치 주체의 기능과 역할을 이해하고, 우리가 일상생활에서 실천할 수 있는 시민 참여의 구체적인 방법을 탐색한다.

탐구주제

① 선거가 있는 해에는 정치권은 물론 시민들도 뜨거운 관심을 보이지만, 실제 투표율은 60%를 넘기지 못하기도 한다. 이에 따라 투표를 의무화해야 한다는 의견이 나오기도 한다. 의무 투표제를 둘러싼 쟁점을 살펴보고, 시민 참여 활성화를 위한 시민과 정부의 역할에 대해 조사해 보자.

관련학과
철학과, 국어국문학과, 인문학부, 글로벌학부

② '민식이법'으로 어린이 보호구역 안전에 대한 국민적 관심이 높아지면서 정부는 2020년 3월에 '어린이 보호구역 교통안전 강화대책'을 시행하였다. '민식이법' 제정에 있어 정당, 이익집단, 시민단체, 언론 등이 끼친 영향을 분석하고, 각 정치 주체의 기능과 역할에 대해 발표해 보자.

관련학과
철학과, 국어국문학과, 인문학부, 글로벌학부

개인 생활과 법

성취기준

[12정법04-03]　가족 관계(부부, 부모와 자녀)와 관련된 기본적인 법률 내용을 이해하고, 이를 일상생활의 사례에 적용한다.

▶ 민법의 주요 내용인 가족 관계를 혼인과 부부 관계, 부모와 자녀 관계(친자 관계, 친권)에 초점을 맞추어 기본적인 법률 내용을 확인하고 이를 일상생활의 사례에 적용한다. 상속 및 유언 등은 이 성취기준에서 주된 내용이 아니므로 지나치게 상세하게 다루지 않도록 한다.

탐구주제

6.정치와 법 ― 개인 생활과 법

① 사회 변화에 발맞추어 근대 민법의 세 가지 원칙도 수정·보완되었지만, 수정 원칙은 개인의 권리를 침해하는 문제가 심각하다는 반박도 만만치 않다. 근대 민법의 수정 원칙을 둘러싼 논란들의 사례를 찾아보고, 사익과 공익의 충돌, 개인의 권리 보장과 공공복리 간의 갈등 등에 대한 자신의 견해에 대해 발표해 보자.

관련학과
철학과, 사학과, 국어국문학과, 인문학부, 글로벌학부, 문화인류학과

② 가족법은 신분과 상속으로 구성되어 있다. 먼저 개인 간의 사적 관계라고 할 수 있는 가족 문제에 왜 법이 개입되어야 하는지에 대해 생각해 보고, 다양한 역사 속 결혼 관련 사례를 중심으로 가족법의 의의를 도출해 보자.

관련학과
철학과, 사학과, 국어국문학과, 인문학부, 글로벌학부, 문화인류학과

사회생활과 법

성취기준

[12정법05-02]　형사 절차에서 인권을 보장하는 원칙을 이해하고 이를 실현하기 위한 제도를 탐구한다.

▶ 죄형 법정주의를 중심으로 형법의 의의, 범죄의 의미와 형벌의 종류를 이해하고, 형사 절차에서 인권 보장을 위해 마련된 원칙과 제도를 탐구한다. 이때 그 구체적인 제도와 절차를 지나치게 세부적으로 나열하기보다는 인권 보장을 위해 어떤 원칙이 형사 절차 속에 구현되어 있는지에 초점을 맞추어 탐구한다.

[12정법05-03]　법에 의해 보장되는 근로자의 기본적인 권리를 이해하고, 이를 일상생활의 사례에 적용한다.

▶ 노동법에 의해 보호되는 근로자의 권리에 대한 이해를 바탕으로 사회생활에서 발생하는 다양한 법적 문제를 탐구한다. 이때 청소년(미성년자)들이 근로 계약을 맺었을 때 어떤 권리가 있고 법적으로 어떤 보호를 받을 수 있는지에 대해서도 탐구한다.

탐구주제

(1) 제4차 산업혁명을 주도할 첨단 기술은 역사적으로 유례를 찾기 힘든 속도로 혁신을 거듭하고 있다. 이에 따라 첨단과학기술의 발달은 산업 분야는 물론 형사사법 분야에도 큰 영향을 미칠 것으로 예상된다. 자율주행자동차나 인공지능 로봇 등이 사람을 해쳤다면 범죄는 성립될까? 누구에게 형사 책임을 물을 수 있을까? 인공지능기반 자율기계의 침해 결과에 대한 대비책에 대해 발표해 보자.

관련학과

철학과, 사학과, 국어국문학과, 인문학부, 글로벌학부, 문화인류학과

---

(2) 최근 소년 범죄와 N번방 사건 등으로 인하여 소년법 개정 및 폐지가 화두가 되었으나, 논란을 두고 찬성과 반대로 나뉜 양측의 대립이 첨예하다. '디지털 세대'라고 불리우는 요즘 아이들이 소년법을 악용하게 되는 사례를 조사하고 소년법 개정에 대한 자신의 견해를 발표해 보자.

관련학과

철학과, 국어국문학과, 인문학부, 글로벌학부, 문화인류학과

---

(3) 우리나라 전체 근로자 중에서 비정규직 근로자의 비율이 다른 나라보다 높으며, 임금 격차도 유럽의 국가들은 물론 이웃 일본보다도 훨씬 높은 수준이다. 비정규직 근로 형태가 점점 확산되고 있고 그에 따라 중요한 사회적 쟁점이 되고 있음을 인지하고 비정규직 근로자들의 처우를 개선하기 위한 해법에 대해 토의해 보자.

관련학과

철학과, 사학과, 국어국문학과, 인문학부, 글로벌학부, 문화인류학과

영역

국제 관계와 한반도

성취기준

[12정법06-02] 국제 문제(안보, 경제, 환경 등)를 이해하고, 이를 해결하기 위해 국제기구들이 수행하는 역할과 활동을 분석한다.

▶ 국제연합, 국제사법재판소 등 국제기구들이 다양한 국제 문제와 관련해서 어떤 역할과 활동을 수행하는지를 탐색한다.

[12정법06-03] 우리나라의 국제 관계를 이해하고, 외교적 관점에서 한반도를 둘러싼 국제 질서를 분석한다.

▶ 우리나라의 국제 관계에 대한 이해를 토대로 한반도를 중심으로 국제 분쟁의 해결 과정에서 충돌하는 국가 주권의 문제를 분석하고, 외교적 관점에서 우리나라의 바람직한 국제 관계의 방향을 탐구한다.

탐구주제

(1) 국제 사회에서 발생하는 문제 가운데 인권 문제는 전쟁이나 테러, 경제적 빈곤, 환경 문제 등 다른 국제 문제들과 직접 연관되어 발생하는 경우가 많다. 국제 문제가 인권에 어떤 영향을 미치는지 조사하고, 관련 국제기구의 활동 내용과 국제연대의 중요성에 대해 발표해 보자.

관련학과
철학과, 문화인류학과, 국어국문학과, 인문학부, 글로벌학부

(2) 전통적인 외교가 군사적 개입이나 경제 제재 조치 능과 같은 불리적인 힘, 즉 하드 파워(hard power)를 수단으로 하는 외교라고 한다면, 오늘날의 외교는 정부, 기업, 단체, 개인이 외교 활동의 주체가 되어 여러 가지 매력과 신뢰를 통해 바라는 것을 획득하는 소프트 파워(soft power)를 활용하는 외교로 변화하고 있다. 소프트 파워와 공공 외교가 무엇인지 사례 중심으로 조사하고, 그 중요성에 대해 발표해 보자.

관련학과
철학과, 문화인류학과, 국어국문학과, 인문학부, 글로벌학부

활용 자료의 유의점

- ⚠ 정치의 기능과 법의 이념을 이해하고, 민주주의와 법치주의의 발전 과정에 대한 분석을 바탕으로 이해
- ⚠ 중앙 정부와 지방자치단체 간의 조화로운 관계를 탐색하여 지방자치가 나아갈 방향을 모색
- ⚠ 정치과정에서 시민 참여의 의의와 유형을 탐구
- ⚠ 법에 의해 보호되는 근로자의 권리에 대한 이해를 바탕으로 사회생활에서 발생하는 다양한 법적 문제 탐구
- ⚠ 국제 정치 상황에 대해서는 구체적인 사례를 통한 분석 필요

💬 **MEMO**

사회과
7

사회·문화

핵심키워드

☐ 1인 가구 ☐ 공무원 쏠림 현상 ☐ 사회 문화 현상 ☐ 개인과 사회 ☐ 아노미 이론 ☐ 크리에이터 ☐ 유해 콘텐츠
☐ 잊혀질 권리 ☐ 표현의 자유와 알 권리 ☐ 대중문화 ☐ 문화지체현상 ☐ 사회 불평등 ☐ 사회 소수자 문제
☐ 교육 격차 ☐ 사회 복지 제도 ☐ 뉴노멀시대 ☐ 안전 ☐ 세계화 ☐ 글로벌 이슈 ☐ 지속 가능한 발전

영역 ## 사회·문화 현상의 탐구

성취기준

[12사문01-01] 사회·문화 현상이 갖는 특성을 분석하고 다양한 관점을 적용하여 사회·문화 현상을 설명한다.

▶ 사회·문화 현상의 특성을 자연 현상의 특성과 비교하여 분석하고 사회·문화 현상을 설명하는 기능론, 갈등론, 상징적 상호 작용론 등 다양한 관점의 특징을 파악한다. 사회·문화 현상을 올바르게 이해하기 위해서는 여러 관점을 균형 있고 조화롭게 활용하는 노력이 필요하다는 점을 인식한다.

탐구주제

7.사회·문화 ─ 사회·문화 현상의 탐구

① 우리나라 1인 가구는 지난 2000년도의 226만 가구(전체가구의 15.6%)에서 2016년 전체 인구의 26.5%에 달하는 560만 가구로 늘어나 124% 급증하는 추이를 보였다. 전체 가구 중 가장 많은 비중을 차지하여 한국 경제의 주축이었던 4인 가구의 비중(지난해 기준 22.5%)을 뛰어넘은 지 오래다. 1인 가구 증가 현상에 대해 다양한 관점으로 발표해 보자.

관련학과
국어국문학과, 문화인류학과, 문화콘텐츠학과, 인문학부, 글로벌학부

② 많은 젊은이들이 자신의 적성과는 무관한 공무원 시험 준비를 하고 있다. 이러한 2030세대의 공무원 쏠림 현상은 오래된 사회현상 중 하나이다. 이 현상을 거시적 관점과 미시적 관점으로 분석하여 문제점가 해결 방안에 대해 토의해 보자.

관련학과
국어국문학과, 문화인류학과, 문화콘텐츠학과, 인문학부, 글로벌학부

영역 | **개인과 사회 구조**

성취기준

[12사문02-01] 개인과 사회의 관계를 바라보는 여러 관점을 비교하고 인간의 사회화 과정을 설명한다.

▶ 사회 구조와 행위의 관계를 살펴보고, 사회 실재론과 사회 명목론의 특징과 한계를 비교한다. 또한 사회화의 의미와 사회화 기관의 유형 및 특징을 파악한다.

[12사문02-03] 사회 집단 및 사회 조직의 유형과 사례를 조사하고, 그 특징을 비교한다.

탐구주제

7.사회·문화 — 개인과 사회 구조

① 사회는 개인 없이 존재할 수 없고, 개인은 사회 없이 인간다운 삶을 누릴 수 없다. 사회 구조의 순기능과 역기능은 무엇이고, 사회 명목론이나 사회 실재론의 특징과 한계점은 무엇인지 조사해 보자. 또한 사회를 변화시키는데 개인의 능력과 조직 문화 중 무엇이 더 중요한지 자신의 견해를 발표해 보자.

관련학과
철학과, 인문학부

② 뒤르켐의 아노미 이론은 사회의 근본적인 제도의 부재나 혼란 상태일 때 일탈행위가 야기된다는 관점의 이론이고, 머튼의 아노미 이론은 개인이나 집단이 문화적 목표를 수행하려고 할 때 수단의 부재에 따른 일탈 행위가 일어난다고 본다. 각 이론적 관점으로 사례를 찾아보고, 일탈 행동이 개인과 사회에 끼치는 영향에 대해 조사해 보자.

관련학과
철학과, 국어국문학과, 문화인류학과, 문화콘텐츠학과, 인문학부, 글로벌학부

💬 **MEMO**

[12사문03-01]   문화에 대한 이해를 바탕으로 문화를 바라보는 여러 관점을 설명하고, 문화 다양성 존중 및 조화를 추구하는 태도를 가진다.

▶ 문화의 의미와 속성을 파악하고 문화를 보는 관점으로서 총체론, 비교론 등의 특징을 살펴본다. 또한 우리 사회 안팎의 문화 다양성 관련 양상에 대해 인식하고, 문화 상대주의적 태도를 함양한다.

[12사문03-03]   대중문화의 특징을 대중매체와의 관계 속에서 분석하고, 대중문화를 비판적으로 수용하는 태도를 가진다.

탐구주제

7.사회·문화 ─ 문화와 일상생활

① 누구나 손쉽게 영상을 제작·공유하고, 소비할 수 있는 크리에이터 전성시대이다. 그러나 자극적인 콘텐츠가 범람하면서 정부가 나서서 1인 방송을 규제해야 한다는 목소리도 높아지고 있다. 유해 콘텐츠에 대한 강력한 규제가 실효성이 있으려면 어떤 방안이 필요하며 자율적인 정화 노력에는 어떤 것이 있는지 구체적인 방안에 대해 토의해 보자.

관련학과
문화콘텐츠학과, 언어학과, 국어국문학과, 문예창작학과, 인문학부, 글로벌학부

② 디지털 시대가 도래하면서 유럽 연합에서는 개인 정보에 대한 자기 결정권 '잊혀질 권리'의 도입을 추진하고 있지만, 한편에서는 '표현의 자유와 알 권리'를 이유로 반대하기도 한다. 디지털 정보가 악용되는 사례와 소셜 미디어를 통해 국민의 알 권리가 확보된 사례를 찾아보고, 충돌하는 권리들을 어떻게 조화롭게 조정할 수 있을지에 대해 토론해 보자.

관련학과
문화콘텐츠학과, 철학과, 언어학과, 국어국문학과, 문예창작학과, 인문학부, 글로벌학부

③ K-pop, 한류 열풍에 이어 최근 세계를 놀라게 하는 한국의 그룹 가수 '방탄소년단(BTS)'의 저력은 <아미-Army>로 대변되는 팬덤에 있다. 이들은 온라인 동영상 공유 플랫폼을 중심으로 글로벌 팬덤의 기반을 형성하였고 이는 대중들을 단순히 문화 향유의 객체에 머물지 않고 대중적 영향력을 발휘하는 주체이자 강하게 연대하는 공동체로 만들기도 한다. 이러한 대중문화의 사회적 영향력을 바라볼 때 향후 대중문화가 나아가야 할 방향에 대해 순기능과 역기능을 균형있게 탐구하여 발표해 보자.

관련학과
문화콘텐츠학과, 언어학과, 국어국문학과, 문예창작학과, 인문학부, 글로벌학부

④ 문화지체현상은 여러 분야에서 나타나지만, 특히 정보화 기기의 빠른 발달 속에서 노인층과 장년층은 키오스크, 교통 모바일 앱 예매 시스템 등 이용에 어려움을 겪을 수밖에 없다. 문화지체현상으로 피해를 입거나 차별받는 사례를 조사하고 이를 해결할 수 있는 제도적 방안에 대해 조사해 보자.

관련학과
문화콘텐츠학과, 언어학과, 국어국문학과, 문예창작학과, 인문학부, 글로벌학부

사회 계층과 불평등

성취기준

[12사문04-02] 사회 이동과 사회 계층 구조의 의미를 설명하고 그 유형과 특징을 분석한다.

▶ 사회 이동과 사회 계층 구조의 다양한 유형과 양상을 살펴보고, 사회 이동과 사회 계층 구조 간의 관계를 파악한다.

[12사문04-03] 다양한 사회 불평등 양상을 조사하고, 그와 관련한 차별을 개선하기 위한 방안을 모색한다.

▶ 사회적 소수자, 성 불평등, 빈곤의 양상과 그 문제점 및 해결 방안을 탐색한다. 특히 사회적 소수자는 인종, 민족, 국적, 신체 등 다양한 요인에 의해 규정될 수 있다는 점과 그로 인해 발생하는 차별에 대한 대응이 필요하다는 점을 인식한다.

탐구주제

7.사회·문화 — 사회 계층과 불평등

(1) 사회적 자원이 차등 분배되어 발생하는 사회 불평등 현상은 어느 사회에서나 나타나지만, 구체적인 양상과 유형은 사회에 따라 다르게 나타난다. 우리 사회의 경제적 측면, 정치적 측면, 사회·문화적 측면에서 나타나는 사회 불평등 현상을 살펴보고, 사회 불평등 문제를 해결하기 위한 방안을 모색해 보자. *(세습 중산층 사회, 생각의힘, 조귀동)*

관련학과
문화콘텐츠학과, 언어학과, 국어국문학과, 문예창작학과, 인문학부, 글로벌학부

(2) 사회적 소수자의 문제는 그와 관련된 당사자의 인권에만 국한된 것이 아닌, 해당 사회 구성원들의 삶의 질을 측정할 수 있는 중요한 사안이다. 소수자의 인권이 존중될수록 그 사회는 개인의 다양한 행복 추구권을 인정한다는 것을 뜻하기 때문이다. 사회적 소수자의 어려움을 구체적으로 설명하고 사회적 소수자에 대한 지원 대책을 개인적·제도적인 측면에서 토론해 보자.

관련학과
철학과, 문화콘텐츠학과, 언어학과, 국어국문학과, 문예창작학과, 인문학부, 글로벌학부

(3) 코로나19 위기 상황은 원격수업을 초래하였고, 원격수업 환경은 소득에 따른 교육 격차로 이어지고 있다. 이러한 교육 현실을 기능론적 관점과 갈등론적 관점으로 비교 설명하고 교육 복지 제도, 지역 격차 완화 정책, 적극적 우대 조치 등을 조사하여 불평등 현상의 해결방안에 대해 발표해 보자.

관련학과
철학과, 인문학부, 국어국문학과

(4) 사회 복지 제도의 유형을 공공 부조, 사회 보험, 사회 서비스로 구분할 수 있다. 유형별 특징과 장단점을 비교하고, 우리나라 사회복지 정책의 문제점과 개선방안에 대해 토의해 보자. 또한 우리나라에서 더 확대되거나 새로 시행되기를 요구하는 사회 보장 제도가 무엇인지에 대해 발표해 보자. *(사회복지세노의 성보와 실세, 법문북스, 김종석)*

관련학과
철학과, 언어학과, 국어국문학과, 문예창작학과, 인문학부, 글로벌학부

현대의 사회 변동

성취기준

[12사문05-02] 세계화 및 정보화로 인한 변화 양상을 설명하고 관련 문제에 대처하는 방안을 모색한다.

[12사문05-04] 전 지구적 수준의 문제와 그 해결 방안을 탐색하고 세계시민으로서 지속 가능한 사회를 위해 노력하는 태도를 가진다.

> ▶ 환경 문제, 자원 문제, 전쟁과 테러 등의 양상을 살펴보고, 이에 대응하는 과정에서 세계시민으로서의 의식과 실천이 중요하다는 점을 인식한다.

탐구주제

7.사회·문화 ─ 현대의 사회 변동

① 세계 금융위기 이후의 저성장, 저금리, 고물가, 불확실성, 예측 불가능성 등이 전제된 '뉴노멀 시대'에서는 위험사회로의 가속화 현상이 나타난다. 이에 따라 각종 재난이나 테러, 위험으로부터 국민들을 지키고 안전하게 보호하는 것이 국가의 역할이다. 새로운 일상이 도래하여 새롭게 부상할 표준에 의거하여 현재 전 지구적 수준의 위험은 무엇이고 이에 대한 대응책은 무엇인지 탐구해 보자. *(뉴노멀 시대, 위험과 정부 책임성, ㈜박영사, 김정인)*

관련학과

철학과, 언어학과, 국어국문학과, 문예창작학과, 인문학부, 글로벌학부

② 코로나19 사태 발발 이전에도 세계화에 대한 낙관론 대 비관론의 논쟁은 끊이지 않아 왔지만, 이번 코로나19 팬데믹으로 인하여 이러한 논쟁이 재조명되고 있다. 세계화에 대한 긍정적인 측면과 부정적인 측면을 사례 중심으로 조사하고, 각국의 세계화 현상으로 인한 글로벌 이슈에 대해 발표해 보자.

(세계화와 글로벌 이슈, 명인문화사, 마이클 T. 스나르)

관련학과

철학과, 언어학과, 국어국문학과, 영어영문학과, 중어중문학과, 일어일문학과, 독어독문학과, 노어노문학과, 서어서문학과, 불어불문학과, 인문학부, 글로벌학부

③ 지속 가능한 발전은 전 인류적 협력이 필요한 문제이다. UN이 만든 지구의 미래를 위한 17개의 목표, SDGs를 알아보고, 지속 가능한 발전이란 무엇인지 정의해 보자. 지속 가능한 발전 실천 사례를 찾아보고, 세계시민으로서 지속 가능한 사회를 만들기 위한 개인적인 노력에는 무엇이 있는지 발표해 보자.

관련학과

철학과, 문화인류학과, 문화콘텐츠학과, 국어국문학과, 인문학부, 글로벌학부

활용 자료의 유의점

ⓘ 일상생활에서 경험하는 다양한 현상을 사회·문화 현상과 자연 현상으로 구분하고, 각각의 특성과 그 차이를 비교

ⓘ 개인과 사회의 관계 및 다양한 사회 집단과 사회 조직의 실제 사례 등을 통해 이론과 사례, 개념과 사례를 연계하여 이해

ⓘ 그래프, 통계표, 슬라이드, 영화, 연감, 신문, 방송, 사진, 기록물, 민속자료, 유물, 여행기 등 다양한 자료를 활용

사회과
8
사회문제 탐구

핵심키워드

☐ 가습기 살균제 사건　☐ 근로청소년　☐ 국민연금제도　☐ 청소년 인권　☐ 동북공정　☐ 중국의 신조어　☐ 고독사
☐ 노인 인권　☐ 골드플랜 21　☐ 유리천장　☐ 다문화가족　☐ 장애인 정책　☐ 중국 소수민족 정책　☐ 똘레랑스
☐ 러시아 페미니즘　☐ 히스패닉　☐ 보이스피싱　☐ 홍콩보안법　☐ 바칼로레아　☐ 디아스포라

영역 | **사회문제의 이해**

성취기준

[12사탐01-01]	사회문제의 의미와 특징을 이해하고, 사회문제를 바라보는 서로 다른 관점을 비교한다.
[12사탐01-03]	사회문제 탐구 과정에서 발생할 수 있는 윤리적 쟁점을 파악하고, 이에 대한 해결 방안을 모색한다.

탐구주제

8.사회문제 탐구 ― 사회문제의 이해

글로벌학부

❶ 밀크티 동맹(Milk tea Alliance)의 배경 및 사회에 미치는 영향 분석
❷ 아카이브 814의 배경 및 의의 그리고 향후 대책 방안
❸ WHO의 팬데믹 선포 사례 분석

인문학부

❶ 가습기 살균제의 주요성분과 그 유해성 및 피해 실태 조사
❷ 학생의 학업중단 실태 조사 및 근로청소년의 개념과 문제점 그리고 해결 방안
❸ 국민연금제도 개혁 및 사각지대 문제와 해결 방안
❹ 청소년 인권 침해 사례 조사 분석 및 침해 원인과 대책 방안

탐구주제

일어일문학과

❶ 일본의 농어촌 빈집의 실태 조사 및 정비 활용 사례
❷ 일본의 장기불황과 아베노믹스 배경 및 정책 그리고 효과 분석

영어영문학과

❶ 코로나19 확산에 따른 경제위기 극복을 위한 미국의 슈퍼 경기부양책의 주요 내용 및 분석

중어중문학과

❶ 중국의 동북공정 배경 및 문제점 그리고 대응 방안 분석
❷ 중국 신조어를 통한 중국 사회문화 변화 양상 및 영향 분석

영역 게임 과몰입

성취기준

[12사탐02-01]	정보사회의 의미와 특징을 이해하고, 정보사회에서 나타나고 있는 다양한 사회문제에 대해 조사한다.
[12사탐02-03]	청소년 게임 과몰입의 원인에 대한 다양한 관점을 파악하고, 토의 등을 통해 게임 과몰입 문제의 해결 방안을 도출한다.

탐구주제

글로벌학부

❶ 셧다운제 도입 배경 및 해외사례, 그리고 개선 과제 방안

인문학부

❶ 팝콘브레인 원인 및 증상 사례 조사 및 극복 방안
❷ 인포그래픽스를 활용한 연도별, 연령별 스마트폰 과의존 위험군 현황 분석

영역 | # 저출산·고령화에 따른 문제

성취기준

[12사탐04-03] 저출산·고령화의 원인에 대한 다양한 관점을 파악하고, 비용 편익 분석 등을 통해 저출산·고령화 문제 해결을 위해 제시된 대안들을 평가한다.

[12사탐04-04] 저출산·고령화 사회로의 변화에 따라 수요가 증가할 것으로 예상되는 직업과 수요가 감소할 것으로 예상되는 직업에 대해 조사한다.

탐구주제

8.사회문제 탐구 ─ 저출산·고령화에 따른 문제

인문학부

❶ 코로나19 블랙에 급증하는 노인 고독사 원인 분석과 대책 방안
❷ 저출산과 고령화로 생산 연령 인구가 줄어드는 문제에 대응하기 위한 정책 과제 '인구구조 변화 대응 방안' 분석

서어서문학과

❶ 노인 인권 관련 마드리드 고령화 국제행동계획 주요 내용 분석 및 의의

일어일문학과

❶ 일본의 고령화 사회 현황 및 사회경제적 문제와 정책 대응 방안
❷ 일본의 노인복지계획 골드플랜 21의 정책 방향 및 효과 분석
❸ 일본 고령화 사회에 따른 실버산업 사례와 활성화 방안 분석

💬 MEMO

사회적 소수자에 대한 차별

성취기준

[12사탐05-01] 사회적 소수자 및 차별의 의미를 이해하고, 대중매체(TV, 영화, 광고 등)를 통해 사회적 소수자에 대한 다양한 차별 양상을 파악한다.

[12사탐05-03] 사회적 소수자에 대한 편견과 차별의 발생 원인에 대한 다양한 관점을 파악하고, 토의 등을 통해 사회적 소수자 차별 문제의 해결 방안을 도출한다.

탐구주제

8.사회문제 탐구 — 사회적 소수자에 대한 차별

인문학부

❶ 유리천장(Glass Ceiling) 차별의 발생 원인분석과 해결 방안
❷ 다문화가족이 겪는 문제점 분석 그리고 인권문제와 해결 방안 및 사회복지 정책의 대안 분석
❸ 우리나라 장애인 정책과 취업 사례 분석을 통한 문제점과 해결 방안

중어중문학과

❶ 남성우월주의의 산물 전족의 역사 및 전족에 관한 당대 여성들의 의식 분석
❷ 중국의 소수민족 현황 분석 및 중국의 소수민족 정책의 주요내용과 시대적 변화 양상 탐구

불어불문학과

❶ 똘레랑스의 관점에서 바라본 우리나라 교육의 문제점 분석 및 대책 방안
❷ 프랑스의 이민 현황과 정책 및 다문화 정책 사례 분석

노어노문학과

❶ 러시아 페미니즘의 방향 그리고 한계점 및 극복 방안
❷ 체첸 분쟁을 통해서 본 러시아의 소수 민족 정책과 한계점 분석

서어서문학과

❶ 미국의 반이민 정책의 영향으로 인한 히스패닉 정체성 문제 및 문화적 측면에서의 양상 분석

영역 **사회문제 사례연구**

성취기준

[12사탐06-01]   자신이 일상생활에서 경험하는 사회문제 중 하나를 탐구 대상으로 선정하고, 선정 이유에 대해 설명한다.

[12사탐06-02]   선성한 사회분세를 해결하기 위한 탐구 계획을 수립하고, 다양한 자료 수집 방법을 활용하여 선정한 사회문제의 현황을 분석한다.

[12사탐06-03]   선정한 사회문제를 바라보는 다양한 관점을 파악하고, 토의를 통해 해결 방안을 도출한다.

[12사탐06-04]   토의를 통해 도출된 사회문제 해결 방안을 직접 실천해 보고, 사회문제 탐구 및 해결과정에 대한 보고서를 작성하여 발표한다.

탐구주제

8.사회문제 탐구 — 사회문제 사례연구

글로벌학부

❶ 자동화를 기반으로 한 무인화 서비스에 대한 사례와 언택트 마케팅 효과 분석
❷ 알리바바의 AI 고객서비스 로봇 3.0의 특징 및 활용 방안

인문학부

❶ 프리터족에 대해 살펴보고, 그 현상에 대한 문제점과 해결 방안
❷ 노란우산공제제도가 가진 사회안전망으로서의 기능적 한계점 및 개선방안
❸ 보이스피싱 피해 사례 분석 및 대책 방안 제시

중어중문학과

❶ 홍콩보안법 제정 의미 및 주요 내용 그리고 국내외 경제에 미치는 영향 분석
❷ 중국의 교육제도와 교육 현황 파악 및 문제점 분석
❸ 중국 인플루언서 왕홍을 통한 마케팅 사례 분석
❹ 중국의 일대일로의 프로젝트 내용의 시사점 및 주요 문제점과 활성화 방안

불어불문학과

❶ 프랑스 입시 바칼로레아의 변화와 시사점 분석
❷ 프랑스의 자원봉사활동의 현황과 특징 분석 및 시사점

영이영문학과

❶ 영국과 미국의 사회복지 정책 특징 및 비교 분석

탐구주제

노어노문학과

❶ 러시아 혁명 전후의 한인사회 동향 분석
❷ 고려인 디아스포라들이 이주하게 된 배경과 그 과정 그리고 그들의 삶에 대한 고찰
❸ 러시아의 에너지 안보에 관련 문제 분석 및 자원전쟁의 해결 방안
❹ 러시아 연해주 지역의 한국독립운동 사적지 현황 분석 및 역사적 의의

서어서문학과

❶ 인터넷에서의 스페인어 사용 실태 조사 분석
❷ 스페인 바르셀로나의 사물인터넷으로 경제 위기를 극복한 사례 분석

활용 자료의 유의점

⚠ 학습자가 자신의 실생활에서 접할 수 있는 사회문제에 대한 탐구
⚠ 사회문제 해결 방안을 함께 모색하고 문제 해결을 위해 능동적으로 참여
⚠ 사회문제를 소개하거나 관련 자료를 수집할 때 미디어를 적극적으로 활용
⚠ 사회문제의 사례들과 관련된 자료를 다루는 과정에서 개인이나 특정 집단 등의 권리에 대한 침해가 발생하지 않도록 유의

💬 MEMO

사회과
9
한국지리

핵심키워드

☐ 택리지 ☐ 빅데이터 ☐ 인포그래픽 ☐ 미세먼지 ☐ 비상저감조치 ☐ 메테인하이드레이트 ☐ 메테인가스
☐ 지구온난화 ☐ 탄소배출권 ☐ 제로에너지하우스 ☐ 미래 농업산업 ☐ 태양광발전 사업 ☐ 신재생 에너지
☐ 저출산 ☐ 다문화가정

영역 | **국토 인식과 지리 정보**

성취기준

[12한지01-02] | 고지도와 고문헌을 통하여 전통적인 국토 인식 사상을 이해하고, 국토 인식의 변화과정을 설명한다.

[12한지01-03] | 다양한 지리 정보의 수집·분석·표현 방법을 이해하고, 지역 조사를 위한 구체적인 답사 계획을 수립한다.

▶ 최근 급속도로 발달하여 실생활에서도 활발하게 적용되고 있는 지리 정보 시스템에 대한 이해를 높이되, 종이 지도, 인쇄 이미지(그래프, 사진 등), 각종 서적 등에 나타나 있는 지리 정보의 중요성도 파악하도록 한다.

탐구주제

① 조선 후기 이중환(1691~1756)이 쓴 「택리지」는 우리나라를 대표하는 인문지리서로 꼽힌다. 이중환의 「택리지」는 200여 년 전 조선 후기의 실학적인 학문적 풍토 속에서 한국 전역에 걸친 지형, 풍토, 풍속, 교통 등이 자세하게 다루고 있으며, 이중환 자신의 생각을 바탕으로 땅과 인간을 이해하여 우리의 국토를 이해하고 있다. 이에 조선 후기 지리학 흐름 속에서 이중환과 「택리지」가 어떤 의미를 갖는지 조사하여 보고서를 작성해 보자.

관련학과
인문학부, 국어국문학과, 문예창작학과, 문화인류학과

탐구주제

② 빅데이터 시대, 최근 많은 양의 데이터를 쉽게 정리한 인포그래픽(infographic)이 공공기관, 미디어 매체 등을 통해 다양하게 이용되고 있다. 인포그래픽은 복잡하고 어려운 정보를 쉽게 전달하는 장점이 있어 지리 정보를 표현하는데 효과적이다. 인포그래픽 기법을 활용하여 지리정보를 표현한 사례를 조사하여 보고서를 작성해 보자.

관련학과

문화콘텐츠학과, 인문학부, 국어국문학과, 문예창작학과, 문화인류학과, 중어중문학과, 일어일문학과, 노어노문학과, 서어서문학과, 불어불문학과, 독어독문학과

영역

기후 환경과 인간 생활

성취기준

[12한지03-01] 우리나라의 기후 특성을 기후 요소 및 기후 요인과 관련지어 설명한다.

> ▶ 기후 특성은 다양한 요인들의 복합적인 영향으로 나타나게 되므로, 기후 요소 및 기후 요인에 대한 개념과 원리를 단편적으로 파악하기보다는 요소 및 요인들이 상호 밀접하게 연관되어 있다는 점을 이해하도록 한다.

[12한지03-02] 다양한 기후 경관을 사례로 기후 특성이 경제생활 등 주민들의 일상생활에 미치는 영향을 설명한다.

> ▶ 기후의 경제적 측면이 갖고 있는 중요성이 강조되고 있는데 이는 우리 국토를 변화시키는 원인이 되기도 하며, 지구적 차원에서부터 지역적 수준까지 다양한 층위에 걸쳐 주민들의 일상에 영향을 주고 있음을 파악하도록 한다.

[12한지03-03] 자연재해 및 기후 변화의 현상과 원인, 결과를 조사하고, 인간과 자연환경 간의 지속 가능한 관계에 대해 토론한다.

탐구주제

① 서울시는 고농도 미세먼지 발생시 비상저감조치를 시행한다. 당일 17시 기준으로 수도권에서 2개 시·도 이상이 조건을 충족할 경우 시행된다. 미세먼지 비상저감조치 시행기준과 시행방법 등을 조사하고, 미세먼지 저감을 위한 대책 방안을 정리하여 발표해 보자.

관련학과

인문학부, 국어국문학과, 문화인류학과, 중어중문학과, 일어일문학과, 노어노문학과, 서어서문학과, 불어불문학과, 독어독문학과

---

② 메테인하이드레이트는 낮은 온도와 높은 압력 아래에서는 안정된 고체지만, 온도가 올라가면 급속히 녹으면서 메테인가스가 빠져나오게 된다. 메테인가스의 온실효과는 이산화 탄소의 20배가 되기 때문에 심해의 메테인하이드레이트가 급격히 분출된다면 전 세계가 심각한 상황에 빠질 수 있다. 이에 대저알 방법을 제시하여 보고서를 작성해 보자.

관련학과

인문학부, 국어국문학과, 문예창작학과, 문화인류학과, 글로벌학부

탐구주제

③ 지구온난화를 해결하기 위해 세계 주요국들이 뭉쳐 탄소배출권이라는 시스템을 만들었다. 기존의 탄소배출권 부담은 철강업체나 발전사 정도까지만 부담이 됐지만 2021년부터는 대부분 기업이 의무적으로 부담하게 된다. 탄소배출권 거래제도를 설명하고, 국내 기업의 대응 사례를 분석하여 발표해 보자.

관련학과

인문학부, 국어국문학과, 문화인류학과, 글로벌학부, 중어중문학과, 일어일문학과, 노어노문학과, 서어서문학과, 불어불문학과, 독어독문학과

---

④ 제로에너지하우스를 위해 필요한 기술들을 정리해 보자. 그리고 이 기술을 구현히기 위헤 어떤 방안이 필요한지 과학적으로 정리해 보고, 제로에너지하우스가 확대될 때 예상되는 환경 측면의 장점을 정리하여 보고서를 작성해 보자.

관련학과

인문학부, 국어국문학과, 문예창작학과, 문화인류학과, 철학과

---

⑤ 정부는 2030년까지 재생에너지를 20%까지 공급한다는 재생에너지 3020 이행 계획을 발표했다. 신재생 에너지 중 태양광 에너지 사업은 신재생 에너지 정부 투자액 전체의 95%에 달한다. 이렇게 각광받고 있는 태양광발전 사업에 명암이 엇갈리고 있다. 태양광발전 사업의 문제점과 전망에 대해 조사해 보자.

관련학과

인문학부, 국어국문학과, 문화인류학과, 글로벌학부

영역

생산과 소비의 공간

성취기준

[12한지05-02]   농업 구조 변화의 원인 및 특성을 이해하고, 이로 인해 발생하는 다양한 문제의 해결 방안을 탐구한다.

탐구주제

① 투자의 귀재인 짐 로저스는 농업은 미래 산업이고, 여기에 투자를 해야만 돈을 벌 수 있다고 주장한다. 그는 개도국의 식량 수요가 폭증하고 있어 농업이 유망 투자 대상으로 부상할 것이므로 트랙터 회사, 농업국가의 주식을 살 것을 권한다. 「미래산업, 이제는 농업이다」 저자는 농업 경영의 성공적인 원리(가치,인재,지식 경영)를 담고, 풍부한 사례를 말해준다. 미래를 만들어가는 농업 경영인들의 사례를 분석하여 보고서를 작성해 보자.

(미래산업 이제는 농업이다, 가인지캠퍼스, 김준호)

관련학과

글로벌학부, 인문학부, 국어국문학과, 문화인류학과, 중어중문학과, 일어일문학과, 노어노문학과, 서어서문학과, 불어불문학과, 독어독문학과

인구 변화와 다문화 공간

성취기준

[12한지06-02] 저출산·고령화 등 인구 문제와 이에 따른 공간적 변화를 파악하고, 이의 해결 방안을 제시한다.

[12한지06-03] 외국인 이주자 및 다문화가정의 증가와 이로 인한 사회·공간적 변화를 조사·분석한다.

▶ 다양한 민족(인종)적, 문화적 혼종성을 통하여 나타나는 다문화 공간의 특성을 사례 지역을 통해 탐구한다. 나아가 다양성과 차이에 대한 인정이 요구되는 다문화 공간에 대한 이해를 통하여, 지속 가능한 다문화사회를 만들어 가기 위한 방안들을 모색해 본다.

탐구주제

9.한국지리 — 인구 변화와 다문화 공간

1 저출산 고령화가 가속화됨에 따라 2030년 경이면 우리나라 인구 중 약 30%는 만 65세 노년층이 차지할 것으로 전망되고 있다. 지방자치단체는 범국가적 이슈인 저출산 극복을 위해 보다 강도 높은 지역 맞춤형 대응전략 마련에 나서고 있다. 지방자치단체의 저출산 극복을 위한 사회복지서비스 사례를 조사하고, 그 중 한 곳의 지방자치단체를 선정하여 저출산 극복을 위한 맞춤형 대응전략 홍보글을 작성해 보자

관련학과

인문학부, 국어국문학과, 문예창작학과, 문화인류학과, 철학과, 기독교학과, 글로벌학부

2 전체 출생아 수 가운데 다문화가정에서 태어난 아이는 1만 8,079명으로 전체 출생아(32만 6,822명)의 5.5%에 이르렀다. 이 같은 다문화 출생아 비중은 2017년보다 0.3%포인트 상승한 것으로 관련 통계를 작성한 2008년 이후 가장 높은 것이다. "신종 코로나바이러스 감염증(코로나19) 시대 다문화가정 산모와 출생아를 위한 지원 정책과 개선안"을 제시하는 보고서를 작성해 보자.

관련학과

인문학부, 국어국문학과, 문화인류학과, 글로벌학부, 기독교학과, 철학과

활용 자료의 유의점

(!) 특정 시기에 제작된 고지도 및 고문헌의 특징 이해

(!) 지리 정보의 수집·분석·표현과 지역 조사·답사 계획 수립 등에 대한 절차적 지식의 습득

(!) 국토 인식의 변화 과정을 구체적으로 이해하고 서로 다른 시기에 제작된 지도 및 문헌들을 비교 습득

(!) 국토 공간의 지리 대한 기본적인 지식과 개념 이해가 선행되어야 하며, 이를 주변 국가와의 영역 관련 현안에 적용

(!) 최근 보편화된 인터넷 및 교육용 멀티미디어 관련 장비와 콘텐츠 활용

사회과
10

세계지리

핵심키워드

☐ 욕망하는 지도 ☐ 랜드마크 ☐ 세방화 ☐ 글로컬라이제이션 ☐ 강제이주 정책 ☐ MICE ☐ 지속 가능한 농업
☐ 푸드테크 ☐ 탄소제로도시 ☐ 친환경도시 ☐ 마스다르시티 ☐ 신자유주의 ☐ 외국인 노동력 ☐ 제노포비아
☐ 탄소발자국 ☐ 이산화 탄소

영역 **세계화와 지역 이해**

성취기준

[12세지01-01] 세계화와 지역화가 한 장소나 지역의 정체성의 변화에 영향을 주는 사례를 조사하고, 세계화와 지역화가 공간적 상호 작용에 미치는 영향을 파악한다.

▶ 세계 다른 지역의 변화가 우리 지역의 변화, 우리 삶의 변화와 긴밀히 연결되어 있음을 이해하게 함으로써 지리적으로 세상을 바라보고, 이해하는 것의 중요성과 가치를 학생들이 구체적으로 파악하고 공감하게 하는 데에 중점을 둘 필요가 있다.

[12세지01-02] 동·서양의 옛 세계지도에 나타난 세계관 및 지리 정보의 차이를 조사하고, 오늘날의 세계지도에 표현된 주요 지리 정보들을 옛 세계지도와 비교하여 분석한다.

▶ 동양과 서양의 주요 옛 세계지도들에 나타난 세계관 및 지리 정보의 차이를 조사하고, 오늘날의 세계지도에 나타난 주요 지리 정보들을 옛 세계지도와 비교하여 분석한다.

[12세지01-03] 세계의 권역들을 구분하는 데에 활용되는 주요 지표들을 조사하고, 세계의 권역들을 나눈 기존의 여러 가지 사례들을 비교 분석하여 각각의 특징과 장·단점을 평가한다.

▶ 세계를 여러 지역으로 나누기 위한 주요 지표들을 알아본 뒤, 세계의 권역들을 나누는 기존의 다양한 사례들을 비교 분석하여 각각의 특징과 장·단점을 평가하고, 각 사례들에 적용된 지역 구분의 주된 지표가 무엇인지 추론한다.

탐구주제

(1) 역사의 관점에서 지도를 다룬 기존 책들은 지도 자체의 역사성에 초점을 맞추어 서술하는 경우가 많다. 하지만 「욕망하는 지도」는 과학, 정보, 교류, 평등, 신앙, 지정학, 제국, 발견, 돈 등 12개의 욕망 코드를 통해 각각의 지도가 제작 당시의 사회적 욕망이 반영된 시대의 거울임을 명확히 보여 준다. 「욕망하는 지도」를 읽고, 12개의 욕망 코드를 바탕으로 서평을 작성해 보자. *(욕망하는 지도, 알에이치코리아, 제리 브로턴)*

관련학과

글로벌학부, 인문학부, 국어국문학과, 문예창작학과, 문화인류학과, 철학과, 고고학과

(2) 오늘날은 건물, 문화재, 상징물, 조형물 등이 어떤 곳을 상징적으로 대표할 때 랜드마크라고한다. 세계의 여러 도시는 도시의 특징과 장점을 알리기 위해 랜드마크를 적극적으로 활용하고 있다. 랜드마크를 활용하여 장소 마케팅을 성공한 국외 사례를 분석하여 보고서를 작성해 보자.

관련학과

글로벌학부, 인문학부, 국어국문학과, 문예창작학과, 문화인류학과, 철학과, 고고학과, 중어중문학과, 일어일문학과, 노어노문학과, 서어서문학과, 불어불문학과, 독어독문학과

(3) 세방화(世方化) 또는 글로컬라이제이션(glocalization)은 세계화와 지방화를 합성한 신조어로 '세방화'는 세계화(global)를 추구하면서 지방(local)의 특징을 살리는 것을 뜻한다. 우리나라의 <세방화 관광 상품>을 조사하여 홍보글을 작성해 보자.

관련학과

글로벌학부, 문화인류학과, 인문학부, 국어국문학과, 문예창작학과, 철학과

영역

세계의 인문환경과 인문 경관

성취기준

[12세지03-02] 세계의 일반적 인구 변천 단계와 그 지역적 차이를 파악하고, 국제적 인구 이주의 주요 사례 및 유형을 도출한다.

▶ 뉴스, 다큐멘터리, 영화 등 국제적 이주를 다룬 보도 및 영상 자료들을 활용하는 것이 효과적일 것이다.

[12세지03-03] 세계도시의 선정 기준과 주요 특징을 이해하고, 세계도시체계론과 관련지어 세계도시들 사이의 상호 작용과 위계 관계를 탐구한다.

[12세지03-04] 세계 주요 식량 자원의 특성과 분포 특징을 조사하고, 식량 생산 및 그 수요의 지역적 차이에 따른 국제적 이동 양상을 분석한다.

탐구주제

1 1937년 8월 21일 소련의 독재자 스탈린은 연해주에 정착해 살고 있던 고려인을 카자흐와 우즈베키스탄으로 퇴거하기 위한 비밀 법령을 만들고 추방령을 내렸다. 당시 강제로 이주당한 한인들은 무려 17만 2000명에 달한다. "러시아의 고려인 강제 이주 정책으로 인한 고난의 역사"에 대한 주제로 고려인의 삶의 애환이 닮긴 시 한편을 적어보자.

관련학과
중어중문학과, 노어노문학과, 인문학부, 국어국문학과, 문예창작학과, 문화인류학과, 철학과, 기독교학과, 고고학과

2 MICE는 Meeting, Incentive travel, Convention, Exhibition(Exposition)의 약어로서, 회의, 포상관광, 컨벤션, 전시회를 포괄적으로 지칭하는 개념이다. 호주, 싱가폴 등 아시아권에서 산업 정책적 개념으로 MICE란 용어를 쓰고 있다. 싱가포르와 한국의 마이스 산업 특성을 비교 분석하고, 국내 마이스 산업 현황 및 정책적인 활성화 방안에 대해 정리하여 보고서를 작성해 보자.

관련학과
글로벌학부, 인문학부, 국어국문학과, 문예창작학과, 문화인류학과, 철학과, 고고학과

3 '지속 가능한 농업'을 이어가기 위한 현실적인 대책은 '농업기술(Agricultural Technology)'과 '푸드테크(Food Technology)'에 답이 있다. 논과 밭농사, 축산 등 농업에 생명공학, 인공지능(AI), 클라우드, 로봇 등을 적용해 먹거리를 효율적으로 생산한다는 의미다. 국내에서 농업기술과 푸드테크를 활용한 사례를 분석하여 "농업기술과 푸드테크, 인류 식량 문제 해결"이라는 주제로 신문 칼럼을 작성해 보자.

관련학과
글로벌학부, 인문학부, 국어국문학과, 문예창작학과, 문화인류학과, 철학과, 중어중문학과, 일어일문학과, 노어노문학과, 서어서문학과, 불어불문학과, 독어독문학과

영역 건조 아시아와 북부 아프리카

성취기준

[12세지05-02] 건조 아시아와 북부 아프리카의 주요 국가의 산업 구조를 화석 에너지 자원의 분포와 관련지어 비교 분석한다.

▶ 화석 에너지 자원 위주의 산업 구조로부터 벗어나기 위한 최근의 노력들도 조사하게 하고, 화석 에너지 자원이 거의 분포하지 않는 국가들의 산업 구조에도 관심을 갖게 한다.

탐구주제

1 중동의 마스다르시티는 사막 한복판에 태양에너지로 움직이는 거대한 친환경 도시이다. 총 180억 달러가 투입된 이곳은 불과 6㎢ 넓이의 면적에 단 4만 명을 수용하기 위한 도시로 탄소중립을 넘어 탄소제로를 꿈꾸는 친환경 도시로, 세계 최초 탄소제로도시이다. 화석연료의 고갈과 지구 환경의 위기 속에서 추구했던 마스다르시티의 프로젝트와 친환경 요소에 대해 분석하고 보고서를 작성해 보자.

관련학과
글로벌학부, 인문학부, 국어국문학과, 문화인류학과, 고고학과

공존과 평화의 세계

성취기준

[12세지08-02] 지구적 환경 문제에 대처하기 위한 국제적 노력이나 생태 발자국, 가뭄 지수 등의 지표들을 조사하고, 우리가 일상에서 실천할 수 있는 방안들을 제안한다.

[12세지08-03] 세계의 평화와 정의를 위한 지구촌의 주요 노력들을 조사하고, 이에 동참하기 위한 세계시민으로서의 바람직한 가치와 태도에 대해 토론한다.

탐구주제

10.세계지리 — 공존과 평화의 세계

① 신자유주의적 세계화가 급속히 진행되고 있는 오늘날, 외국인 노동력의 유입 및 정착과 이로 인한 갈등의 심화는 외국인 혐오증이라는 제노포비아 현상과 깊은 연관이 있다. 우리나라에서 제노포비아 원인 및 현황을 조사해 보고, 이를 해결하기 위해 어떠한 노력을 해야할지 해결 방안을 제시해 보자.

관련학과
글로벌학부, 인문학부, 국어국문학과, 문예창작학과, 문화인류학과, 중어중문학과, 일어일문학과, 노어노문학과, 서어서문학과, 불어불문학과, 독어독문학과

② 탄소발자국은 제품의 생산 과정부터 가공공정, 상점에 이동해 소비되고 버려지는 모든 과정에서 배출되는 이산화 탄소의 총량을 그램으로 환산한 개념이다. 탄소발자국의 발생원은 무엇이고, 탄소발자국을 줄이기 위한 일상 속 실천 방안을 정리하여 발표해 보자. 그리고 탄소발자국 표시제의 장단점을 정리하고 이에 대한 개선 방안을 제시해 보자.

관련학과
인문학부, 국어국문학과, 문예창작학과, 문화인류학과, 글로벌학부

활용 자료의 유의점

① 언론이나 보도 매체를 통해 널리 알려진 사례 활용

① 주요 종교를 포함해 세계 각 지역의 다양한 문화에 대해 이해

① 해당 통계의 전후 연도를 포함한 최소 5년 이상의 중·장기적 통계 활용

① 종교, 인구, 도시, 식량 자원, 에너지 자원을 중심으로 세계의 인문 현상들이 보여주는 보편적 원리나 지리적 일반성을 학습

여행지리

핵심키워드

☐ 지리여행지　☐ 지역문화축제　☐ 문화유산　☐ 문화전파　☐ 생태관광　☐ 슬로시티　☐ 공정여행
☐ 대안여행　☐ 여행산업　☐ 녹색성장　☐ 녹색관광　☐ 온실가스　☐ 클룩　☐ 여행 예약 플랫폼
☐ 4차 산업혁명　☐ 미래 핵심기술　☐ 여행상품　☐ 산업유산

영역　매력적인 자연을 찾아가는 여행

성취기준

[12여지02-04]　우리나라의 매력적인 생태 및 자연여행이라는 주제로 우리나라의 생태 및 자연에 대한 이해를 높이고 즐길 수 있는 여행지를 선정하고 소개한다.

탐구주제

11.여행지리 — 매력적인 자연을 찾아가는 여행

① 우리나라에서는 '돌'이 있는 산지 중에서도 학술 가치나 여행지로서의 가치가 있다고 여겨지는 곳이 많아지고 있다. 이처럼 최근 돌은 관광적인 측면에서도, 학술적인 측면에서도 의미가 있다. 돌과 관련된 우리나라의 지리 여행지 중 방문한 경험이 있거나 향후 꼭 방문하고 싶은 곳을 한군데 선택하여 자연지리 여행적 관점에서 소개하는 글을 써보자.

관련학과
고고학과, 인문학부, 국어국문학과, 문예창작학과, 문화인류학과

다채로운 문화를 찾아가는 여행

성취기준

[12여지03-01~02] 스포츠, 문화, 엑스포 등 세계 각국에서 벌어지는 축제의 사례를 선정하여 축제의 개최배경, 의미, 성공적인 축제 관광의 조건을 탐구한다. 그리고 종교, 건축, 음식, 예술 등 다양한 문화로 널리 알려진 지역을 사례로 각 문화의 형성 배경과 의미를 이해하고 관광적 매력을 끄는 이유를 탐구한다.

[12여지03-04] 우리나라의 다채로운 문화여행이라는 주제로 우리나라의 문화에 대한 이해를 높이고 즐길 수 있는 여행지를 선정하고 소개한다.

탐구주제

① 지역의 문화축제는 각각 그 지역의 지역성 및 문화성을 표출하고 있으며 축제마다 독특한 매력이 담겨있다. 관심있는 지역 중에서 그 지역의 정체성을 담고 있는 기존의 지역 문화축제를 선정하여 분석하고, 새로운 주제를 담는 문화축제 행사 계획서를 작성해 보자.

관련학과

인문학부, 국어국문학과, 문예창작학과, 문화인류학과, 글로벌학부, 철학과, 중어중문학과, 일어일문학과, 노어노문학과, 서어서문학과, 불어불문학과, 독어독문학과, 영어영문학과

② 우리나라의 문화유산을 학습하기 위한 문화탐방 프로그램을 기획한다고 가정해 보자. 이에 적합한 지역이나 도시를 선택하여 구체적인 방문/견학 장소를 중심으로 기획안을 작성해 보자. 기획안에는 그 도시가 문화유산 탐방에 적합하다고 판단되는 이유와 방문 장소에 대한 소개를 포함시켜 보자.

관련학과

인문학부, 국어국문학과, 문예창작학과, 문화인류학과, 철학과, 고고학과, 글로벌학부

인류의 성찰과 공존을 위한 여행

성취기준

[12여지04-02] 분쟁, 재난, 빈곤, 환경 문제 등으로 고통받는 지역으로의 봉사여행이 지역과 여행자에게 주는 긍정적 변화를 탐구하고 인류의 행복한 공존을 위한 노력에 공감하고 실천 방법을 모색한다.

탐구주제

(1) 「세상에서 가장 이기적인 봉사여행」은 그렇게 5년 동안 6개국으로 봉사여행을, 25개국으로 여행을 다니며 성장한 스물일곱 청춘 이야기다. 넓은 세상을 만나며 자신의 꿈을 찾고, 키워간 그녀의 이야기는 '꿈에 미친 청춘을 응원하라'는 주제로 열린 '테드엑스 건국대(TEDx Konkuk)'에서 수많은 대학생들의 호응을 얻기도 했다. 책을 통해 봉사여행의 의미를 되짚어 보고, 서평을 작성해 보자.   *(세상에서 가장 이기적인 봉사여행, 쌤앤파커스, 손보미)*

관련학과

글로벌학부, 인문학부, 국어국문학과, 문예창작학과, 문화인류학과, 철학과, 신학과, 중어중문학과, 일어일문학과, 노어노문학과, 서어서문학과, 불어불문학과, 독어독문학과, 영어영문학과

영역

여행자와 여행지 주민이 모두 행복한 여행

성취기준

[12여지05-01] 여행 산업이 여행지에 미치는 경제적·환경적·문화적 영향을 파악하고 책임 있고 바람직한 여행을 위한 실천 방법을 모색한다.

[12여지05-02] 공정여행, 생태관광 등 다양한 대안여행이 출현한 배경과 각 대안여행별 특징을 사례를 통해 조사하고 특히 관심이 가는 대안여행에 대해 분석·탐구한다.

[12여지05-03] 여행자에게는 의미 있는 경험이 되고 여행지 주민에게는 경제적 이익과 긍지, 지속 가능한 개발이 된 사례를 찾아 분석한 뒤 우리 지역 여행 상품 개발에 적용한다.

탐구주제

(1) 공정여행이란 책임여행으로도 불리며 여행지와 현지주민을 배려한 윤리와 인권에 바탕을 둔 여행이다. 여행자가 여행지의 경제와 환경, 문화를 존중하고 보호하며 지역의 장기적 이익에 초점을 맞춘다. 공정여행의 사례를 분석해 보고, 우리나라에서의 지속 가능한 방안을 제시해 보자.

관련학과

글로벌학부, 인문학부, 국어국문학과, 문예창작학과, 문화인류학과, 고고학과

(2) 슬로시티는 공해 없는 자연 속에서 전통문화와 자연을 잘 보호하면서 자유로운 옛 농경시대로 돌아가자는 '느림의 삶'을 추구하려는 국제운동으로, 1999년 이탈리아에서 시작됐다. 슬로시티 등장배경과 의의 및 특징을 살펴보고, 바람직한 한국형 슬로시티 발전방안에 대해 분석하여 보고서를 작성해 보자.

관련학과

기독교학과, 인문학부, 국어국문학과, 문예창작학과, 문화인류학과, 철학과, 영어영문학과, 중어중문학과, 일어일문학과, 노어노문학과, 서어서문학과, 불어불문학과, 독어독문학과

탐구주제

③ 저탄소 슬로시티 녹색관광은 관광산업에 녹색기술을 접목하여 관광산업의 녹색성장을 구현하는 것으로 관광산업에서 발생하는 온실가스 감축은 물론 에너지 및 자원의 효율적 활용과 환경 보호와 산업성장을 동시에 실현하는 관광산업의 새로운 패러다임이다. 최근 트렌드인 저탄소 슬로시티 녹색관광의 활성화 방안에 대해 탐구해 보자.

관련학과

글로벌학부, 인문학부, 국어국문학과, 문예창작학과, 문화인류학과, 중어중문학과, 일어일문학과, 노어노문학과, 서어서문학과, 불어불문학과, 독어독문학과, 영어영문학과

영역

여행과 미래 사회 그리고 진로

성취기준

[12여지06-01] 여행 산업의 특성과 변화 과정을 조사하고 미래 사회의 변화에 따라 여행 산업이 어떻게 변화할지 탐구한다.

[12여지06-02] 여행 산업과 관련된 직업의 종류와 특성에 대해 탐구하고 관심 있는 직업에 대해서는 간접 또는 직접 체험한다.

탐구주제

① 여행 예약 플랫폼이 있다. 바로 2014년 홍콩에 설립된 스타트업 클룩이다. 클룩의 창업자 에릭 녹 파는 여행설계자로 당시 나이가 25세에 불과했다. 2015년에는 구글과 앱스토어에서 아시아 최고의 여행 어플로 선정되기도 했다. 클룩이 여행 액티비티 플랫폼이 될 수 있었던 이유는 무엇인지 분석하여 소개글을 작성해 보자.

관련학과

글로벌학부, 인문학부, 국어국문학과, 문예창작학과, 문화인류학과, 영어영문학과, 중어중문학과, 일어일문학과, 노어노문학과, 서어서문학과, 불어불문학과, 독어독문학과

② 4차 산업혁명시대의 미래 핵심기술에는 인공지능, 로봇, IOT, 가상현실, 자율주행자동차, 드론 등이 있다. 미래 핵심기술은 미래 여행 산업에 어떤 변화를 가져올지 생각해 보자. 이를 바탕으로 미래 핵심기술을 활용하여 창의적인 여행 상품 사업 계획서를 작성하여 발표해 보자.

관련학과

인문학부, 국어국문학과, 문예창작학과, 문화인류학과, 철학과, 기독교학과, 글로벌학부, 영어영문학과, 중어중문학과, 일어일문학과, 노어노문학과, 서어서문학과, 불어불문학과, 독어독문학과

활용 자료의 유의점

- ⚠ 통합사회, 한국지리, 세계지리 등과의 계열성 및 연계성을 고려
- ⚠ 자연 환경, 자연과 인간의 관계, 지역과 지역, 세계와 지역 간 관계에 대한 지식 및 정부 활용
- ⚠ 종이 지도뿐 아니라 디지털 지도, 영상 매체, 도서(여행안내서, 여행기, 잡지, 지역지리 전문서), 여행 블로그 같은 인터넷 자료, 사진, 통계 자료 및 여행가 경험을 적극적으로 활용
- ⚠ 역사, 과학, 기술, 예술, 언어, 미래학 등 다양한 영역의 지식과 기능을 창의적으로 융합

💬 MEMO

도덕과 교고과정

도덕과 1

생활과 윤리

핵심키워드

☐ 소크라테스 ☐ 산파술 ☐ 칼포퍼 ☐ 합리주의 ☐ 계몽주의 ☐ 주자학 ☐ 거경 ☐ 궁리 ☐ 장자
☐ 심재 ☐ 좌망 ☐ 문화철학 ☐ 생명 외경 사상 ☐ 생명복제 ☐ 인체쇼핑 ☐ 반려동물 ☐ 책임의 원칙
☐ 맹자 ☐ 지언 ☐ 원효 ☐ 화쟁

영역 현대의 삶과 실천윤리

성취기준

[12생윤01-01] 인간의 삶에서 나타나는 다양한 문제를 윤리적 관점에서 이해하고, 이를 학문으로써 다루는 윤리학의 성격과 특징을 설명할 수 있다.

[12생윤01-02] 현대의 윤리 문제를 다루는 새로운 접근법 및 동서양의 다양한 윤리 이론들을 비교·분석하고, 이를 다양한 윤리 문제에 적용하여 윤리적 해결 방안을 도출할 수 있다.

▶ 동서양의 다양한 윤리 이론들을 살펴봄으로써 윤리 이론들이 우리의 삶에서 나타나는 다양한 윤리 문제와 쟁점들을 탐구하는 밑바탕이 됨을 이해하고 다양한 이론들에 따른 탐구의 결과를 비교·분석할 수 있도록 하는 것이다.

[12생윤01-03] 윤리적 삶을 살기 위한 다양한 도덕적 탐구와 윤리적 성찰 과정의 중요성을 인식하고, 도덕적 탐구와 윤리적 성찰을 일상의 윤리 문제에 적용할 수 있다.

탐구주제

1.생활과 윤리 ― 현대의 삶과 실천윤리

1 소크라테스는 도덕적 탐구와 윤리적 성찰을 통해 윤리적 실천의 삶을 살았던 대표적인 인물이다. 성찰의 방법으로 독특한 문답식 대화를 통해 상대방의 오류와 모순을 드러내어 무지를 스스로 깨닫게 하는 산파술이라는 방법을 사용하였다. 산파술에 대해 살펴보고, 소크라테스의 산파술이 우리에게 주는 교훈이 무엇인지 보고서를 작성해 보자.

관련학과
철학과, 사학과, 고고학과, 인물학부, 국어국문학과, 문예창작학과, 문화인류학과

탐구주제

② 칼 포퍼의 「삶은 문제해결의 연속이다」는 칼 포퍼의 사상을 그 어떤 책들보다 다양하게 알 수 있는 책이다. 칼 포퍼는 1부에서 자신을 합리주의자, 계몽주의의 추종자로 소개하며 어떤 의미로 합리주의와 계몽주의를 이해하는지 설명하고 있다. 포퍼의 합리주의적 태도가 무엇인지 살펴보고, 사례를 들어 보고서를 작성해 보자.

(삶은 문제해결의 연속이다, 부글북스, 칼포퍼)

관련학과

철학과, 고고학과, 인문학부, 국어국문학과, 문예창작학과, 문화인류학과, 신학과

③ 주자학의 수양에 대한 두 가지 방법은 거경과 궁리다. 거경이란 내적 수양법으로 항상 몸과 마음을 삼가서 바르게 가지는 일이며, 궁리란 외적 수양법으로 널리 사물의 이치를 궁구(窮究)하여 정확한 지식을 얻는 일을 말한다. 거경궁리의 실천 사례를 조사하여 보고서를 작성해 보자.

관련학과

철학과, 중어중문학과, 인문학부, 국어국문학과, 문예창작학과, 문화인류학과

④ 장자는 어떤 외물에도 얽매이지 않는 정신적 자유의 경지인 소요(逍遙)를 추구하였으며, '심재(心齋)'와 '좌망(坐忘)'을 중요한 수양 방법으로 제시하였다. 장자의 심재와 좌망으로 현대사회의 문제점과 해결 방안을 제시해 보자.

관련학과

중어중문학과, 철학과, 고고학과, 인문학부, 국어국문학과, 사학과, 문화인류학과, 문예창작학과

영역

생명과 윤리

성취기준

[12생윤02-01] 삶과 죽음에 대한 다양한 윤리적 문제를 인식하고, 이에 대한 여러 윤리적 입장을 비교·분석하여, 인공임신중절·자살·안락사·뇌사의 문제를 자신이 채택한 윤리적 관점으로 설명할 수 있다.

▶ 삶과 죽음에 대한 다양한 윤리적 문제를 인식하고, 이에 대한 여러 윤리적 입장을 비교·분석하여, 인공임신중절·자살·안락사·뇌사의 문제를 자신이 채택한 윤리적 관점으로 설명할 수 있어야 한다.

[12생윤02-02] 생명의 존엄성에 대한 여러 윤리적 관점을 비교·분석하고, 생명복제, 유전자 치료, 동물의 권리문제를 윤리적 관점에서 설명하며 자신의 관점을 윤리 이론을 통해 정당화할 수 있다.

[12생윤02-03] 사랑과 성의 의미를 양성평등의 관점에서 분석하고, 성과 관련된 문제를 여러 윤리이론을 통해 설명할 수 있으며 가족윤리의 관점에서 오늘날의 가족 해체 현상을 탐구하고 이에 대한 극복 방안을 제시할 수 있다.

탐구주제

1 「문화철학 Kulturphilosophi」에서 슈바이처는 생명 외경 사상을 강조했다. 그는 모든 생명체가 내재적 가치를 지니고 있기 때문에 자신의 생명처럼 사랑하고 자비를 베풀 것을 강조하였으며, 근대 이후의 인간중심적인 가치관과 과학기술 만능주의를 비판하였다. 생명 외경 윤리의 의미와 사상의 논거 및 생명 외경 윤리사상의 현대적 의의에 대해 살펴보고, 보고서를 작성해 보자.

관련학과

철학과, 인문학부, 국어국문학과, 문화인류학과, 기독교학과, 신학과, 문예창작학과

2 인간복제나 생명복제를 바라보는 다양한 시각은 모두 존중되어야 한다. 인간복제에 대한 사례를 조사해 보고, 찬·반 논쟁의 주요 논리와 주장을 분석하여 핵심 쟁점을 파악해 보자. 이를 통해 해결 대안을 모색하여 발표해 보자.

관련학과

철학과, 기독교학과, 인문학부, 국어국문학과, 문화인류학과, 신학과, 글로벌학부

3 영국의 여성 의료 윤리학자인 도나 디켄슨은 자신의 저서 「인체쇼핑: 살과 피로 돌아가는 경제」에서 제대혈 저장부터 줄기세포 연구, 미용성형에 이르기까지 대중의 무지를 이용한 특정 집단의 '인체쇼핑' 행위가 광범위하게 이뤄지고 있다고 주장한다. 누구의 동의도 불필요한 신체거래 시장, '과연 우리 몸에도 소유권을 적용할 수 있는가' 라는 질문에 자신의 견해를 정리하여 보고서를 작성해 보자.   *(인체쇼핑, 소담출판사도나, 디켄슨)*

관련학과

철학과, 신학과, 기독교학과, 인문학부, 국어국문학과, 문예창작학과, 문화인류학과

4 반려동물 교배시설에 관한 법률을 찾아서 조사해 보자. 그리고 비윤리적인 반려동물 교배시설 문제를 해결하기 위해 개인 혹은 국가가 어떤 조치를 취할 수 있는지 정리해서 발표해 보자.

관련학과

철학과, 기독교학과, 인문학부, 국어국문학과, 문화인류학과, 글로벌학부, 불교학부

영역 과학과 윤리

성취기준

[12생윤04-03]   자연을 바라보는 동서양의 관점을 비교·설명할 수 있으며 오늘날 환경 문제의 사례와 심각성을 조사하고, 이에 대한 해결 방안을 윤리적 관점에서 제시할 수 있다.

▶ 자연을 바라보는 동서양의 관점을 비교·설명하고 오늘날 환경 문제의 사례와 심각성을 조사하여 이에 대한 해결 방안을 윤리적 관점에서 제시할 수 있어야 한다.

탐구주제

(1) 한스 요나스의 「책임의 원칙」은 공포의 발견술이란 개념을 통하여 생명기술의 발전이 환경, 안전 등에 심각한 위험을 야기한다면 사전 예방적 조치가 필요하다고 역설한다. 공포의 발견술에 대한 개념을 정리해 보자. 그리고 요나스적 생태 윤리학은 무엇인지 조사해 보고, 인간능력의 절대화와 진보사상으로 심각해진 생태학적 문제 및 지구의 위기를 분석 비판하고 극복방법을 제시하여 발표해 보자. *(책임의 원칙, 서광사, 한스 요나스)*

관련학과

철학과, 신학과, 기독교학과, 고고학과, 인문학부, 국어국문학과, 문화인류학과, 중어중문학과, 일어일문학과, 노어노문학과, 서어서문학과, 불어불문학과, 독어독문학과, 영어영문학과

영역
평화와 공존의 윤리

성취기준

[12생윤06-01] 사회에서 일어나는 다양한 갈등의 양상을 제시하고, 사회 통합을 위한 구체적인 방안을 제안할 수 있으며 바람직한 소통 행위를 담론윤리의 관점에서 설명하고 일상생활에서 실천할 수 있다.

탐구주제

(1) 맹자는 말의 잘잘못에 자신과 다른 사람의 간사함과 올바름을 알아채는 '知言'을 중시했다. 맹자 知言의 내용과 함양 방법에 대해 조사해 보고, 知言에 내재된 도덕교육적 시사점은 무엇인지 정리하여 발표해 보자.

관련학과

중어중문학과, 한문학과, 철학과, 고고학과, 인문학부, 국어국문학과, 문화인류학과

(2) 화쟁이란 여러 가지 서로 다른 의견이나 주장의 대립을 하나로 돌아가도록 하는 통일의 논리를 의미한다. 원효의 화쟁 논리는 양극의 대립을 지양하고 평화와 조화를 추구하는 중요한 의미가 있다. 원효 화쟁 사상의 핵심 내용을 정리하고, 화쟁의 논리나 근거를 찾아 본 다음, 화쟁 사상의 적용사례를 조사하여 발표해 보자.

관련학과

중어중문학과, 인문학부, 국어국문학과, 한문학과, 문화인류학과

활용 자료의 유의점

(!) 자신의 삶에서 활용하고 있는 과학기술이 의미와 그것이 장단점 및 사용 방법을 스스로 탐구

(!) 자신의 삶에서 경험한 것들과 관련하여 구체적인 탐구와 성찰

(!) 다문화에 대해 특정 윤리적 관점으로만 접근하지 않도록 유의

도덕과

2 윤리와 사상

핵심키워드

☐ 윤리적 존재 ☐ 격물치지 ☐ 사단칠정 ☐ 맹자 ☐ 성리학 ☐ 정약용 ☐ 성즉리 ☐ 성기호설
☐ 인의예지 ☐ 도가사상 ☐ 소요유 ☐ 니코마스 윤리학 ☐ 보편적인 행복 ☐ 평정심 ☐ 아타락시아
☐ 스토아 ☐ 아파테이아 ☐ 덕 윤리 ☐ 마우스랜드 ☐ 오로빌

영역 ## 인간과 윤리사상

성취기준

[12윤사01-01] 인간에 대한 다양한 관점을 비교하고, 우리의 삶에서 윤리사상과 사회사상이 필요한 이유를 탐구할 수 있다.

> ▶ 어떤 관점을 채택하든 인간은 윤리적 존재일 수밖에 없다는 점을 학생들이 이해하고, 이에 근거하여 우리 삶에서 윤리사상과 사회사상의 학습이 요청된다는 결론을 도출할 수 있도록 안내하는 데 있다.

탐구주제

2.윤리와 사상 ― 인간과 윤리사상

① 마이클 샌델의 「정의란 무엇인가」는 윤리적 딜레마의 상황을 주제로 삼아, 정의에 관한 다양한 사상가들의 이론을 여러 사례와 더불어 제시하고 있다. 윤리적 존재로서 인간의 존엄성에 대해 숙고하면서 '정의'에 대한 자신의 견해를 정리해 보자.
(정의란 무엇인가, 와이즈배리, 마이클 샌델)

관련학과

철학과, 신학과, 인문학부, 국어국문학과, 문화인류학과, 기독교학과, 영어영문학과, 중어중문학과, 일어일문학과, 노어노문학과, 서어서문학과, 불어불문학과, 독어독문학과

성취기준

[12윤사02-01] 동양과 한국의 연원적 윤리사상들을 탐구하고, 이를 인간의 행복 및 사회적 질서와 관련시켜 토론할 수 있다.

[12윤사02-02] 선진유교의 전개 과정을 탐구하여 도덕의 성립 근거에 대한 상대되는 입장의 특징과 한계를 토론할 수 있고, 성리학과 양명학을 비교하여 도덕법칙의 탐구방법에 상대되는 입장의 특징과 한계를 토론할 수 있다.

▶ 공자의 인(仁)의 윤리사상이 도덕의 성립근거에 대한 입장을 중심으로 맹자와 순자에게 다르게 이해되어 각각 독립적인 윤리사상으로 완성되는 과정을 체계적으로 학습하게 하여, 학생들이 유교 윤리학의 성립과정을 이해하도록 하는 데 있다.

[12윤사02-03] 이황과 이이의 심성론·수양론을 비교하여 조선성리학의 특징을 설명할 수 있고, 정약용의 심성론·수양론을 탐구하여 조선성리학의 한계와 실학사상의 의의를 설명할 수 있다.

[12윤사02-06] 노자와 장자 사상을 탐구하여 도가적 세계관의 특징을 이해할 수 있고, 도교의 성립 및 한국 고유사상과의 융합을 조사하여 우리 전통 문화에 미친 영향에 대해 토론할 수 있다.

탐구주제

2.윤리와 사상 ─ 동양과 한국윤리사상

① 주자학에서는 '모든 사물이 각각의 고유한 이치를 가지고 있다', 양명학에서는 '고유한 이치라는 것은 없으며 오로지 내 마음속에 있을 뿐이다' 고 한다. 격물치지에 대한 해석을 중심으로 주희와 왕수인의 사상적 차이를 조사하여 보고서를 작성해 보자.

관련학과

한문학과, 중어중문학과, 철학과, 문예창작학과, 인문학부, 국어국문학과, 문화인류학과

② 사단칠정논쟁이란, 맹자와 예기에서 각기 다른 방식으로 규정한 인간의 감정을 어떤 관계로 정리하느냐를 두고 일어난 논쟁이다. 퇴계가 강조한 '이(理)'철학의 개념을 사단칠정논쟁을 통해 정리해 보고, 성리학에서 말하는 이(理)가 과연 무엇을 의미하는지 자신의 생각을 제시해 보자.

관련학과

철학과, 중어중문학과, 한문학과, 인문학부, 국어국문학과, 문예창작학과, 문화인류학과

③ 정약용은 성리학의 '성즉리(性卽理)'를 비판하고 성기호설(性嗜好說)을 주장한다. 인의예지는 성(性)으로 주어지는 것이 아니라 선택과 실천을 통해 이루어 가는 것이라고 주장한다. 성(性)에 대한 정약용과 성리학의 입장을 파악해 보고, '인의예지는 주어지는 것일까, 만들어 가는 것일까?'라는 주제로 자신의 생각을 정리하여 토론해 보자.

관련학과

철학과, 인문학부, 국어국문학과, 문예창작학과, 문화인류학과, 신학과, 한문학과

탐구주제

4 도가사상은 한국인의 사고와 예술에 큰 영향을 미쳐 그 정신적 여유와 풍류를 가지게 하였다. 소요유(逍遙遊) 같은 도가의 이상적인 경지에 대한 동경을 담은 예술 작품은 동양 사회 전반에 나타난다. 도가사상이 잘 반영된 예술 작품을 하나 선정하여 철학적으로 분석하여 보고서를 작성하고 발표해 보자.

관련학과

철학과, 중어중문학과, 한문학과, 인문학부, 국어국문학과, 문예창작학과, 문화인류학과

영역 **서양윤리사상**

성취기준

[12윤사03-01] 서양윤리사상의 연원으로서 고대 그리스 사상과 헤브라이즘을 살펴보고, 소피스트의 윤리사상과 소크라테스의 윤리사상을 비교하여 윤리적 상대주의와 윤리적 보편주의의 특징을 설명할 수 있다.

[12윤사03-02] 영혼의 정의를 강조하는 플라톤의 윤리사상과 이론 및 실천에서 탁월성을 강조하는 아리스토텔레스의 윤리사상을 비교하여 덕과 행복의 관계를 설명할 수 있다.

[12윤사03-03] 행복에 이를 수 있는 방법으로서 쾌락의 추구와 금욕의 삶을 강조하는 윤리적 입장을 비교하여 각각의 특징과 한계를 토론할 수 있다.

▶ 행복한 삶을 쾌락과 금욕의 관점에서 조망하고, 학생들이 양자의 관점을 서로 비교·분석하여 각 입장의 특징과 한계, 공통점과 차이점 등을 이해하도록 하는 데 있다.

탐구주제

1 아리스토텔레스의 "니코마스 윤리학"은 무엇이 올바른 행복한 삶이고, 탁월한 올바른 행위인가와 같은 윤리적 문제에 대하여 논리적이고 체계적인 답변을 전하고 있다. 아리스토텔레스가 말하는 누구나 동의할 수 있는 보편적인 행복은 무엇이고, 그 행복에는 어떻게 도달할 수 있는지, 그 과정에서 필요한 앎은 무엇인지 정리해 보자.

관련학과

철학과, 인문학부, 국어국문학과, 문예창작학과, 문화인류학과, 기독교학과

---

2 에피쿠로스는 몸의 고통과 마음의 불안이 모두 소멸된 상태가 평정심, 즉 아타락시아라고 보았고, 스토아학파는 어떤 상황에서도 동요하지 않는 부동심, 즉 아파테이아를 추구하였다. 두 학파가 지닌 한계점은 무엇인지 살펴보고, 현대인에게 주는 시사점은 무엇인지 조사해 보자.

관련학과

철학과, 인문학부, 국어국문학과, 문화인류학과, 신학과

탐구주제

3 아리스토텔레스는 단순히 덕을 아는 것에서 그쳐서는 안 되고, 덕을 반복적으로 실천해 중용의 상태로 내면화해야 한다고 강조한다. 아리스토텔레스의 덕 윤리는 현대 덕 윤리 사상에 영향을 주었다. 아리스토텔레스의 덕 윤리와 현대 덕 윤리의 공통점과 차이점을 분석하여 정리해 보자. 그리고 이를 바탕으로 '어떤 사람이 되어야 하는가?', '어떤 덕을 갖추어야 하는가'에 대한 주제로 글을 써보자.

관련학과

철학과, 인문학부, 국어국문학과, 문예창작학과, 문화인류학과

영역

사회사상

성취기준

[12윤사04-02]	국가의 개념과 존재 근거에 대한 주요 사상가들의 주장을 탐구하여 다양한 국가관의 특징을 이해하고, 국가의 역할과 정당성에 대한 비판적이고 체계적인 관점을 제시할 수 있다.
[12윤사04-03]	개인과 공동체의 관계, 개인의 권리와 의무, 자유의 의미와 정치 참여에 대한 자유주의와 공화주의의 입장을 비교하여, 개인선과 공동선의 조화를 위한 대안을 모색할 수 있다.
[12윤사04-04]	민주주의의 사상적 기원과 근대 자유민주주의를 탐구하고, 참여민주주의와 심의민주주의 등 현대 민주주의 사상들이 제시하는 가치 규범을 이해하여, 바람직한 민주 시민의 자세에 대해 토론할 수 있다.

탐구주제

1 "저의 원칙은 아주 단순합니다. 우리는 모두 이 세상에 함께 살고 있으며, 우리 중 가장 불행한 이들을 함께 돌봐야 한다는 것입니다." 1944년 토미 클레멘트 더글라스가 '마우스랜드' 연설에서 한 말이다. 캐나다 경제 대공황의 어려운 상황 속에서도 국민의 복지를 우선했던 주지사 토미 클레멘트 더글라스의 이야기를 통해 현대 국가의 역할에 대해 토론해 보자.

관련학과

글로벌학부, 인문학부, 국어국문학과, 문예창작학과, 문화인류학과, 영어영문학과

---

2 1946년 스웨덴 2차 세계 대전 직후 당선된 45세 젊은 총리, 스웨덴 '국민의 아버지'로 불리는 타게 에를란데르는 23년간 11번의 선거에서 승리한 최장수 총리이다. 그에게 주어진 무거운 숙제는 경제성장, 저주받은 돌부리의 나라에서 세계에서 가장 잘사는 나라로 성장시키는 것이었다. 에를란데르 총리의 정치를 중심으로 스웨덴이 어떻게 최고의 복지국가로 성장했는지 탐구해 보자

관련학과

글로벌학부, 철학과, 인문학부, 국어국문학과, 문예창작학과, 문화인류학과

③ 지상낙원을 꿈꾸며 만든 남인도의 대안 공동체 오로빌에는 50여 개국으로부터 모인 3,000여 명이 영적 연구와 인간 진화의 다음 단계를 논의하며 살고 있다. 이곳은 인류 최대의 공동체 마을이자 현 인류가 실현하고자 하는 근래의 유토피아다. 오로빌을 통해 이상사회의 지향점에 대하여 토론해 보자.

관련학과

글로벌학부, 철학과, 고고학과, 인문학부, 국어국문학과, 문화인류학과, 신학과, 기독교학과, 영어영문학과, 중어중문학과, 일어일문학과, 노어노문학과, 서어서문학과, 불어불문학과, 독어독문학과

활용 자료의 유의점

- ⚠ 윤리학 고전이나 사회적 쟁점들을 적극 활용
- ⚠ 전통윤리사상과 현대사상 및 세계 보편윤리와 지역 특수윤리를 균형 있게 이해
- ⚠ 서양의 다양한 윤리사상에 대해 특정 주제를 중심으로 비교·대조하며 탐구
- ⚠ 한국 및 동·서양의 윤리사상, 사회사상들과 관련된 고전들을 통해 사상의 핵심 정신과 개념들을 탐구

💬 **MEMO**

도덕과
3

고전과 윤리

핵심키워드

☐ 이이 ☐ 격몽요결 ☐ 뜻 세움 ☐ 돈오 ☐ 점수 ☐ 정혜쌍수 ☐ 공자 ☐ 진정한 나 ☐ 인(仁)
☐ 중용 ☐ 금강경 ☐ 무주상보시(無住相布施) ☐ 플라톤 ☐ 국가론 ☐ 정의로운 국가 ☐ 정약용
☐ 목민심서 ☐ 실학 ☐ 애민사상

영역 **자신과의 관계**

성취기준

[고윤01-01] 도덕적 주체로 살아가기 위해서 '뜻 세움'이 중요함을 알고 자신이 세운 뜻을 실현하기 위한 구체적인 계획을 수립하여 이를 실천하기 위한 방법을 제시할 수 있다.(『격몽요결』 - 뜻 세움과 나의 삶)

　▶ 도덕적 이상을 지향하는 인격적인 삶의 뜻을 세우고 실천하기 위해 삶의 과정에서 노력하는 자세를 갖추게하는 것을 지향하도록 한다.

[고윤01-02] 마음공부의 의미와 중요성을 알고, 돈오(頓悟)와 점수(漸修)의 의미를 이해하여 자신의 마음 공부법을 제안할 수 있다. (『수심결』 - 진정한 나 찾기와 마음공부)

탐구주제

3.고전과 윤리 — 자신과의 관계

① 이이는 「격몽요결」에서 '처음 배우는 이는 먼저 모름지기 뜻을 세워 반드시 성인이 될 것을 스스로 기약할 것이요. 조금이라도 자기 자신을 작게 여겨 물러서는 생각을 가져서는 안 된다'라고 인간 신뢰를 바탕으로 말을 하였다. 자신의 삶에서 <뜻 세움>은 왜 필요한지, 실천하기 위한 방법은 무엇인지 토론해 보자.

관련학과

철학과, 인문학부, 국어국문학과, 문예창작학과, 문화인류학과, 한문학과

탐구주제

② 마음을 닦는 요결 「수심결」은 '돈오점수'와 '정혜쌍수'를 주장하고, 중생을 이롭게 하자는 뜻을 펼친 보조 국사 지눌선사가 전하는 깨달음과 그 후의 길에 대한 명쾌한 지침서다. '돈오점수'와 '정혜쌍수'의 의미를 살펴보고, "마음을 찾는 방법"이라는 주제로 수필을 써보자.

관련학과
불교학부, 인문학부, 국어국문학과, 문예창작학과, 문화인류학과, 글로벌학부, 기독교학과, 영어영문학과, 중어중문학과, 일어일문학과, 노어노문학과, 서어서문학과, 불어불문학과, 독어독문학과

영역

타인과의 관계

성취기준

[고윤02-02] 인(仁)에 담긴 뜻을 이해하고 현대 사회에서 인을 실천하기 위한 방안을 탐구하여 제시할 수 있다. (「논어」 - 인간다움으로서의 인(仁)의 마음과 실천)

[고윤02-03] 관계적 존재로서 인간의 존재를 탐구하고 삶 속에서 서로 베풂의 관계를 형성하기 위한 자세를 제시할 수 있다. (「금강경」 - 관계 속에서 존재하는 나와 베푸는 삶)

▶ 관계 속에서 존재하는 인간의 존재를 탐구하여 나의 생각, 말, 행동이 타인을 비롯한 이 세상의 모든 존재들에게 영향을 미치게 됨을 깨닫게 하고 좋은 영향을 줄 수 있는 바람직한 삶의 자세를 갖출 수 있도록 하는 것을 지향하고 있다.

탐구주제

① 공자는 '예가 아닌 것은 보지도 듣지도 행하지도 말라'고 했다. 자기욕망을 누르고 인간으로서 본디 지켜야 할 예의에서 벗어나지 않는 것이 인(仁)을 실천하는 구체적인 방법이라고 했다. 이를 바탕으로 바람직한 삶의 원칙들을 실천한 현대적 사례는 무엇이 있는지 조사해 보고, 지혜와 통찰로 삶을 성찰하는 성찰문을 작성해 보자.

관련학과
한문학과, 중어중문학과, 철학과, 고고학과, 인문학부, 국어국문학과, 문예창작학과, 문화인류학과

② 빠르게 급변화하는 이 시대는 그 흐름보다 느리게 적응하는 사람들에게 '뒤처졌다'고 말하며 뒤처지지 않기 위해 모두가 앞만 바라보고, 주변과 자기 자신을 돌아보지 않은 채 혹시 나도 적응하지 못하고 밀려나는 것은 아닐까 초조해하며 달려가고 있다. 이런 점에서 「중용(中庸)」이라는 고전은 우리에게 많은 교훈을 준다. 「중용」을 읽고 우리의 삶에 어떻게 적용할 수 있는지 생각해 보고, "어떤 순간에도 기울지도 치우치지도 않는, 내 인생의 무게 중심을 잡는 법"이라는 주제로 수필을 써보지.

관련학과
한문학과, 중어중문학과, 철학과, 인문학부, 국어국문학과, 문예창작학과, 문화인류학과

탐구주제

③ 「금강경」은 타인과의 관계 영역에서 관계성으로서 윤리적 자아의 발견, 무주상보시(無住相布施)를 통한 윤리적 실천에 초점을 두었다. 이를 바탕으로 타인 및 다른 존재들을 인정·수용·공감하는 사비심으로 나눔[베풂, 봉사]을 실천하되 상(相)에 집착하지 않도록 노력해야 한다는 것이다. 「금강경」의 윤리교육적 함의를 살펴보고, 무주상보시(無住相布施)를 일상에서 어떻게 실천할 것인지 실천계획서를 작성해 보자.

관련학과
불교학부, 한문학과, 철학과, 인문학부, 중어중문학과, 국어국문학과, 문예창작학과, 문화인류학과

영역

사회·공동체와의 관계

성취기준

[고윤03-01] 정의로운 국가와 올바른 개인의 관계를 탐구하고 이를 통해 현대 사회에서 바람직한 국가를 위한 올바른 개인의 중요성을 말할 수 있다. (「국가」 - 조화로운 영혼과 정의로운 국가)

[고윤03-02] 공직자의 자세로서 청렴의 필요성을 탐구하고, 현대 사회에서 올바른 공직자의 '국민을 사랑하는 마음', 즉 애민의 구체적인 실천 방법을 제시할 수 있다. (「목민심서」 - 공직자의 자세로서 청렴과 애민(愛民))

[고윤03-03] 결과적 정의와 절차적 정의에 대해 비판적으로 탐구하고, 롤즈가 주장한 정의의 원칙에 대하여 논리적 근거와 함께 자신의 견해를 제시할 수 있다. (「정의론」 - 정의로운 사회를 위한 정의의 원칙)

탐구주제

① 플라톤이 「국가」이 논익의 초점은 '정의' 즉 '올바름'이란 무엇이고, 어떠한 방식으로 그것을 실현해야 하는가에 대해서 말하고 있다. 플라톤의 「국가」를 읽고 여기에 나오는 정의에 관해 살펴보고, 우리에게 주는 시사점이 무엇인지 정리해 본 후 "내가 생각하는 정의로운 국가와 정의로운 개인"이라는 주제로 글을 써보자.

관련학과
철학과, 신학과, 인문학부, 국어국문학과, 문예창작학과, 문화인류학과, 글로벌학부, 영어영문학과, 중어중문학과, 일어일문학과, 노어노문학과, 서어서문학과, 불어불문학과, 독어독문학과

---

② 「목민심서」는 지방관이 지녀야 할 태도와 실무적 지식 등을 총망라해 놓은 정약용의 저서이다. 수령이 관장하는 실제 업무와 백성들의 삶과 직결되는 부분이 많아 그의 백성 사랑을 알 수 있다. 정약용의 백성들을 위한 그리고 그 백성들이 잘 살아야 나라가 튼튼해진다는 이념을 갖는 실학론과 애민사상을 살펴보자. 이를 바탕으로 자신이 공직자로서 "국민의, 국민에 의한, 국민을 위한" 공약 실천 선언문을 작성해 보자.

관련학과
한문학과, 불교학부, 철학과, 신학과, 인문학부, 국어국문학과, 문예창작학과, 문화인류학과, 글로벌학부, 영어영문학과, 중어중문학과, 일어일문학과, 노어노문학과, 서어서문학과, 불어불문학과, 독어독문학과

활용 자료의 유의점

- ⓘ 고전의 핵심 내용을 제시할 수 있는 풍부한 자료와 다양한 매체를 활용
- ⓘ 고전의 원문을 통해 자신과 삶의 의미에 대해 성찰하고 사회의 윤리적 문제에 대해 탐구
- ⓘ 진로 선택이나 따돌림 문제, 환경 문제나 사회적 약자에 대한 배려 등과 관련된 주제와 고전 활용

💬 MEMO

수학과 교과과정

핵심키워드

☐ 다항식   ☐ 항등식   ☐ 삼차방정식   ☐ 평행이동   ☐ 대칭이동   ☐ 집합   ☐ 명제   ☐ 함수
☐ 카르다노와 타르탈리아의 논쟁   ☐ 수학자의 묘비   ☐ 귀문(도깨비무늬)   ☐ 한국 십진 분류법(KDC)

영역 ## 문자와 식

성취기준

[10수학01-01~02] 다항식의 사칙연산을 하며, 항등식의 성질을 이해한다.

[10수학01-03] 나머지정리의 의미를 이해하고, 이를 활용하여 문제를 해결할 수 있다.

[10수학01-04] 다항식의 인수분해를 할 수 있다.

[10수학01-12] 간단한 삼차방정식과 사차방정식을 풀 수 있다.

탐구주제

1.수학 ― 문자와 식

① 고대 그리스 사람들은 대수적 연산을 하기 위해 도형을 이용하여 여러 가지 항등식을 만들었다고 한다. 직사각형, 직육면체 모양의 도형을 이용하여 항등식(예를 들어 인수분해 공식)을 표현해 보자.

관련학과
문화인류학과, 글로벌학부, 인문학부

---

② 르네상스 시대에 이탈리아의 수학자들은 고대 수학 지식의 재발견을 통해 삼차방정식의 해법에 대한 궁금증을 갖기 시작하였다. 이차방정식의 근의 공식과는 달리 상당히 복잡한 삼차방정식의 근의 공식에 얽힌 카르다노(Cardana,G. 1501~1576)와 타르탈리아(Tartaglia,N.F. 1499~1557)의 논쟁에 대하여 조사해 보자.

관련학과
문화인류학과, 문화콘텐츠학과, 고고학과, 사학과

탐구주제

3 디오판토스, 아르키메데스, 가우스, 베르누이 등 수학자들의 묘비를 조사해 보자. 생몰연도와 직계가족의 이름이 적혀 있는 일반인의 묘비와 달리 자신이 발견한 수학적 업적을 수학적인 방법으로 새겨져 있는 경우가 많다. 이와 같은 방법을 탐구하고 자신의 묘비에 기록하고 싶은 간단한 내용을 수학적 원리를 바탕으로 표현해 보자.

관련학과
문예창작학과, 언어학과, 고고학과, 사학과, 철학과

영역 ## 기하

성취기준

[10수학02-08]	평행이동의 의미를 이해한다.
[10수학02-09]	원점, x축, y축, 직선y=x에 대한 대칭이동의 의미를 이해한다.

탐구주제

1 대칭은 패턴을 연구하는 학문인 수학뿐만 아니라 음악, 미술, 자연과학 등 다방면에서 중요한 대상으로 완벽함의 대명사로 사용되고 있다. 고구려와 통일신라시대의 귀문(도깨비무늬)들을 조사하고(예: 귀면문 수막새, 귀면화 등) 기하학적 공통점이 무엇인지 탐구해 보자. 기하학적 공통점을 스마트폰의 어플리케이션을 이용하여 조사한 귀문과 수막새를 완성하기 위한 전략과 방법을 토의해 보자.

관련학과
고고미술사학과, 고고학과, 사학과

💬 MEMO

수와 연산

[10수학03-01] 집합의 개념을 이해하고, 집합을 표현할 수 있다.

[10수학03-03] 집합의 연산을 할 수 있다.

탐구주제

1.수학 — 수와 연산

1 '가는 말이 고와야 오는 말도 곱다'라는 속담에서 '가는 말'은 가정, '오는 말'은 결론이다. 이를 서로 바꾸면 '오는 말이 고와야 가는 말도 곱다'이다. 속담이나 명언 등에서 가정과 결론을 찾고 역과 대우를 만들어 본 후 참과 거짓에 대하여 토의해 보자.

관련학과
언어학과, 국어국문학과, 한문학과, 영어영문학과

2 집합은 소속이 분명한 원소들의 모임으로 자료를 분류하는 데 가장 적합한 도구라 할 수 있다. 우리나라 도서관에서 주로 사용되는 '한국 십진 분류법(KDC: Korean Decimal Classification)'에 대하여 탐구해 보자.

관련학과
언어학과, 문화콘텐츠학과, 인문학부

함수

[10수학04-01~02] 함수의 개념과 합성을 이해하고, 합성함수를 구할 수 있다.

탐구주제

1.수학 — 함수

1 두 집합 사이의 대응관계를 함수라 하고 좌표평면에 그래프로 표현할 수 있다. 신문기사의 내용을 탐색하여 실생활에서 접할 수 있는 함수의 예(천연가스 국제 가격과 도시가스요금, 일본 엔화와 원화 환율 등)를 찾고 함수가 되는 이유를 찾아보자. 또한 함수를 그래프로 나타내면 식으로 표현된 함수보다 좋은 점이 무엇인지 토의해본 후 함수의 그래프의 유용성에 대하여 정리해 보자.

관련학과
문화인류학과, 문화콘텐츠학과, 글로벌학부

활용 자료의 유의점

- (!) 충분조건, 필요조건, 필요충분조건은 구체적인 실생활의 예를 활용
- (!) 경우의 수를 활용하여 실생활의 문제를 해결
- (!) 실생활 및 수학적 문제 상황에서 적절한 자료를 탐색하여 수집

(☺) **MEMO**

수학과

수학 I

핵심키워드

☐ 지수함수 ☐ 로그함수 ☐ 삼각함수 ☐ 지수적 증가 ☐ 지수적 감소 ☐ 방사성 동위원소 ☐ 파동
☐ 음파 ☐ 삼각법 ☐ 삼각함수의 어원

영역 **지수함수와 로그함수**

성취기준

[12수학 I 01-08] 지수함수와 로그함수를 활용하여 문제를 해결할 수 있다.

탐구주제

2.수학 I — 지수함수와 로그함수

① 신문, 인터넷 기사, 잡지, 서적 등에서 '지수적 증가' 또는 '지수적 감소'가 들어간 지문을 조사해 보자. 찾은 지문에서 증가 또는 감소인 현상을 지수함수로 표현하고 수학적으로 해석하여 발표해 보자. (예: 인구증가, 중금속 중독, 방사성 동위원소의 반감기, 환경문제, 이산화 탄소 양의 증가, 기압과 밀도의 연직변화, 모스굳기와 절대굳기 등)

관련학과
문화인류학과, 문화콘텐츠학과, 글로벌학부

② 미라의 체내에 존재하는 방사성 동위원소는 일정한 시간이 지나면 일정한 비율로 다른 원소로 변하기 때문에 현재 남아 있는 양을 알면 미라가 생존했던 연대를 추정할 수 있다. 이때 남아있는 방사성 동위원소의 양은 지수함수로 나타낼 수 있다. 이러한 연구 방법에 대하여 탐구해 보자.

관련학과
고고미술사학과, 고고학과, 사학과, 문화인류학과

[12수학Ⅰ02 01] 일반각과 호도법의 뜻을 안다.

[12수학Ⅰ02-02] 삼각함수의 뜻을 알고, 사인함수, 코사인함수, 탄젠트함수의 그래프를 그릴 수 있다.

[12수학Ⅰ02-03] 사인법칙과 코사인법칙을 이해하고, 이를 활용할 수 있다.

탐구주제

2.수학Ⅰ — 삼각함수

1 소리는 파동의 일종인 음파이며, 소리를 결정하는 것은 음의 고저, 음의 세기, 음색이라는 세 가지 요소이다. 프랑스의 수학자 푸리에(Joseph Fourier, 1768~1830)는 주기성을 갖는 함수는 삼각함수의 합으로 나타낼 수 있음을 알아냈다. 즉, 악기의 소리는 사인함수와 코사인함수의 합으로 표현할 수 있으며 역으로 사인함수와 코사인함수의 결합을 통해 여러 가지 음색을 만들어 낼 수 있다. 이처럼 소리를 사인곡선으로 표현한 예를 조사하여 발표해 보자.

관련학과
문예창작학과, 문화콘텐츠학과, 언어학과

2 삼각함수는 고대 이집트의 천문학자들이 토지 측량, 천체 관측 등과 같은 실용적인 문제를 해결하기 위해 이용한 삼각법에 그 기원을 두고 있다. 삼각함수의 발전은 한 사람 또는 한 나라에 의하여 이루어진 것은 아니었다. 오늘날 남아 있는 삼각함수에 관한 역사적 기록들을 찾아 발표해 보자.

관련학과
사학과, 고고학과, 문화인류학과, 고고미술사학과

3 각을 표현하는 방법은 매우 다양하다. 육십분법, '그라드(grad)', '라디안(radian)'을 단위로 하는 호도법 등 다양한 방법을 조사하고, 각각의 방법의 원리와 유용성에 대하여 토의해 보자.

관련학과
언어학과, 고고학과, 사학과, 철학과, 인문학부

4 사인(sin), 코사인(cosin), 탄젠트(tan)의 어원을 탐구해 보자. 삼각함수의 어원은 삼각함수의 정의, 관계, 성질과 밀접한 관련이 있음을 알 수 있다. 탐구한 내용을 삼각함수의 개념과 함께 정리하여 발표해 보자.

관련학과
언어학과, 고고학과, 사학과, 철학과, 인문학부

활용 자료의 유의점

⚠ 지수함수와 로그함수를 이용하여 자연 현상이나 사회 현상을 설명하고 분석

⚠ 수학적 아이디어 또는 수학 학습 과정과 결과를 말, 글, 그림, 기호, 표, 그래프 등을 사용하여 논리적이고 효율적인 의사소통역량 함양

수학Ⅱ

핵심키워드

☐ 함수의 극한 ☐ 연속함수 ☐ 미분계수 ☐ 적분 ☐ 무한대 기호의 유래 ☐ 제논(Zenon)의 역설
☐ 경제방정식 ☐ 윤리방정식 ☐ 사잇값 ☐ 마젤란 탐험대 ☐ 사라진 하루 ☐ 미분법 연구의 역사
☐ 수요곡선 ☐ 공급곡선 ☐ 로렌츠 곡선

영역 # 함수의 극한과 연속

성취기준

[12수학Ⅱ01-01] 함수의 극한의 뜻을 안다.

[12수학Ⅱ01-02] 함수의 극한에 대한 성질을 이해하고, 함수의 극한값을 구할 수 있다.

[12수학Ⅱ01-03] 함수의 연속의 뜻을 안다.

[12수학Ⅱ01-04] 연속함수의 성질을 이해하고, 이를 활용할 수 있다.

탐구주제
3. 수학Ⅱ — 함수의 극한과 연속

① 인류는 필요에 의해 끊임없이 수를 탐구해왔다. 한없이 커지는 수, 큰 수에 대한 연구에 관하여 역사적 유래를 탐구해보자. 무한대 기호의 사용과 발견에 대한 역사적 유래에 대하여도 조사해 보자.

관련학과
고고학과, 사학과, 문화인류학과

탐구주제

2 고대 그리스의 철학자 제논(Zenon)의 역설 가운데 하나인 '공중을 나는 화살은 움직이지 않고 정지하고 있다'에 대하여 극한의 개념을 활용하여 탐구해 보자. 또한 극한의 개념과 관련된 제논의 역설을 조사해 보고, 자신의 생각을 발표해 보자.

관련학과
언어학과, 철학과, 신학과

3 독일의 아동 문학가이자 소설가인 에리히 케스트너(Kastner, E. 1899~1974)의 소설에 나오는 '늘어나는 행복' 일화에서 아들과 어머니는 서로 20만원을 주고받았기 때문에 경제학적으로 이득도 손해도 없는 교환을 한 셈이다. 그러나 케스트너는 윤리 방정식으로 볼 때 아들은 엄마를 위해 20만원을 썼고 엄마가 준 20만원이 생겼으니 40만원의 순이익이 발생했다고 하였다. 어머니도 역시 40만원의 순이익이 생겼다. 이처럼 경제방정식에 따른 이익은 0이지만 윤리 방정식에 따른 이익은 무한대가 되는 상황을 수식으로 표현해 보고, 인생에서 얻은 이익이 마음먹기에 따라 0원이 되기도 하고 무한대가 되기도 하는 상황을 발표해 보자.

관련학과
문예창작학과, 문화인류학과, 신학과, 철학과

4 실근의 존재 여부를 판단하는 문제를 해결하기 위해 주로 사잇값 정리를 다루었다. 사잇값 정리가 성립하는 조건에 유의하며 실생활 사례 자료에서 사잇값 정리를 활용할 수 있는 사례를 조사해 보자. (예: 키, 체중과 같은 성장자료, 기온, 해수면의 높이, 증시, 차의 속력, 대기성분의 농도 등)

관련학과
문화인류학과, 문화컨텐츠학과, 문예창작학과

5 마젤란 탐험대는 1522년 드디어 역사상 최초로 세계 일주에 성공하였지만 풀리지 않는 수수께끼가 있었다. 그들의 항해 일지에는 분명히 1522년 7월 9일 수요일로 기록되어 있었지만 현지에서는 이미 다음 날이 목요일이었기 때문이다. 마젤란 탐험대의 '사라진 하루'는 오늘날과 같은 날짜 변경선이 없었기 때문에 발생한 수수께끼였다. 날짜 변경선을 사용하지 않고 '사라진 하루'를 되찾는 방법은 없을지 함수의 연속 개념과 사잇값 정리를 활용하여 탐구해 보자.

관련학과
고고학과, 사학과, 기독교학과

영역 미분

성취기준

[12수학 II 02-01] 미분계수의 뜻을 알고, 그 값을 구할 수 있다.

[12수학 II 02-02] 미분계수의 기하적 의미를 이해한다.

탐구주제

① 유가, 인구, 전력 사용량 등 실생활에서 접하는 뉴스 중 변화량을 다루고 있는 자료를 찾아보자. 국내 뉴스 뿐 아니라 영어를 비롯한 다양한 나라의 언어로 쓰여진 뉴스를 찾아 조사해 보자. 뉴스의 내용 중 변화하는 현상을 나타내고 있는 부분을 발췌하여 그 수학적 의미를 평균변화율과 미분계수를 활용하여 해석하여 발표해 보자.

관련학과
언어학과, 일어일문학과, 중어중문학과, 영어영문학과, 글로벌학부, 인문학부

---

② 기후의 변화, 불가의 변농상태, 인구의 변화 능 많은 현상들이 시간에 따른 변화의 모습을 띄고 있으며 이러한 변화 속에 내재된 일정한 질서와 패턴들을 연구함으로써 그 흐름을 예측할 수 있다. 미분은 변화하는 대상을 수학적으로 분석하는 유용한 도구이다. 미분 개념을 활용하여 질서와 패턴을 연구하고 그 흐름을 예측한 연구 사례를 조사하여 발표해 보자.

관련학과
문화인류학과, 문화콘텐츠학과, 문예창작학과

---

③ 영국의 과학자 뉴턴(Newton,L. 1642-1727)은 행성을 비롯한 여러 가지 물체의 운동을 수학적으로 설명하는 미분법을 고안해 냄으로써 고전 역학을 체계화하고, 이론 물리학의 기초를 쌓았다. 한편 독일의 수학자 라이프니츠(Leibniz,G.W. 1646-1716)도 독립적으로 미분의 개념을 고안하였다. 미분법 연구의 역사에 대하여 탐구해 보자.

관련학과
사학과, 고고학과, 문화인류학과

영역 ## 적분

성취기준

[12수학 II 03-05] 곡선으로 둘러싸인 도형의 넓이를 구할 수 있다.

탐구주제

① 수요곡선과 소비자잉여, 공급곡선과 생산자잉여와 같은 경제학 개념을 조사해 보자. 수요곡선, 공급곡선을 수식으로 표현하고 정적분을 이용하여 소비자잉여, 생산자잉여를 구하는 과정을 토의해 보자.

관련학과
문화인류학과, 문화콘텐츠학과

탐구주제

(2) 로렌츠곡선은 한 나라 국민의 소득 분배 상태를 살펴보기 위해 인구의 누적비율과 소득의 누적 점유율 간의 관계를 나타낸 그래프이다. 미분과 적분의 개념을 이용하여 소득 분배 상태와 지니계수를 설명해 보자. 이를 바탕으로 소득의 균형과 불균형에 대하여 탐구해 보고, 이 밖의 소득 분배 지표에 대하여도 조사해 보자.

관련학과
문화인류학과, 문화콘텐츠학과

활용 자료의 유의점

- ⓘ 문제를 해결할 때에는 문제를 이해하고 해결 전략을 탐색하며 해결 과정을 실행하고 검증 및 반성하는 단계 필요
- ⓘ 실생활 및 수학적 문제 상황에서 적절한 자료를 탐색하여 수집하고, 목적에 맞게 정리, 분석, 평가하며, 분석한 정보를 문제 상황에 적합하게 활용
- ⓘ 복잡한 계산 수행, 수학의 개념, 원리, 법칙의 이해, 문제 해결력 향상 등을 위하여 계산기, 컴퓨터, 교육용 소프트웨어 등 공학적 도구 이용 가능

💬 **MEMO**

수학과

4

미적분

핵심키워드

☐ 삼각함수의 극한   ☐ 미분   ☐ 디지털영상   ☐ 영상 압축 기술
☐ DOT   ☐ 무리수e   ☐ 오일러 수

영역

미분법

성 취 기 준

[12미적02-01~02] 지수함수와 로그함수의 극한을 구할 수 있고, 또 그 함수들을 미분할 수 있다.

[12미적02-03~04] 삼각함수의 덧셈정리를 이해하고, 삼각함수의 극한을 구할 수 있다.

[12미적02-05]　사인함수와 코사인함수를 미분할 수 있다.

탐구주제

4.미적분 — 미분법

① 디지털 영상은 수많은 0과 1로 이루어진 정보의 집합체이다. 이러한 디지털 영상을 그대로 사용하면 정보량이 매우 많기 때문에 압축과정을 통해 정보량을 줄인다. 영상 압축 기술은 정지 영상의 경우 'JPEG(Joint Photographic Experts Group)'가 가장 널리 쓰이는데, 우리가 흔히 접하는 디지털 영상의 파일 형식이 이 방식으로 압축된 디지털 영상이다. 이 JPEG영상은 압축과정에서 DCT(Discrete Cosine Transform)라는 수학 변환 공식이 이용되는데 이 과정에서 삼각함수가 활용된다. 이 과정에 대하여 탐구해 보자.

관련학과
문화인류학과, 문화콘텐츠학과, 문예창작학과

② 무리수 e의 개념은 스위스의 수학자 베르누이(Bernoulli,J. 1654-1705)가 복리 문제를 다루면서 처음으로 언급하였다. 이 후 경제학과 수학을 연구하는 과정에서 등장한 이 수를 오일러(Euler,L. 1707-1783)가 기호를 처음 사용하여 오일러 수라 부르게 되었다. 오일러 수에 내한 연구와 사뵹되는 사례를 탐구해 보자.

관련학과
사학과, 고고학과, 문화인류학과, 문화콘텐츠학과

활용 자료의 유의점

- ⓘ 하나의 문제를 여러 가지 방법으로 해결하고, 해결 방법을 비교하여 더 효율적인 방법을 찾는 습관 필요
- ⓘ 여러 수학적 지식, 기능, 경험을 연결하거나 수학과 타 교과나 실생활의 지식, 기능, 경험을 연결·융합하여 새로운 지식, 기능, 경험을 생성하고 문제를 해결
- ⓘ 수학의 개념, 원리, 법칙을 도출하는 과정과 수학적 절차를 논리적으로 수행하고, 추론 과정이 옳은지 비판적으로 평가 및 반성 필요

💬 MEMO

확률과 통계

핵심키워드

☐ 확률 ☐ 조건부확률 ☐ 표본조사 ☐ 모평균의 추정 ☐ 복권 당첨 확률 ☐ 확률의 오개념 ☐ 몬티홀 게임
☐ 지프의 법칙 ☐ 여론조사 ☐ 벤포드 법칙

영역 확률

성취기준

[12확통02-02]	확률의 기본 성질을 이해한다.
[12확통02-03]	확률의 덧셈정리를 이해하고, 이를 활용할 수 있다.
[12확통02-04]	여사건의 확률의 뜻을 알고, 이를 활용할 수 있다.
[12확통02-05]	조건부확률의 의미를 이해하고, 이를 구할 수 있다.
[12확통02-06]	사건의 독립과 종속의 의미를 이해하고, 이를 설명할 수 있다.
[12확통02-07]	확률의 곱셈정리를 이해하고, 이를 활용할 수 있다.

탐구주제

5.확률과 통계 — 확률

① 우리나라 로또나 복권을 구매하는 고객이 원하는 번호를 구매 시점에 직접 선택하는 게임으로 1번부터 45번까지 45개의 번호 중 고객이 원하는 6개의 번호를 직접 선택하여, 추첨 결과 일정 수 이상의 번호를 맞추면 당첨금을 지급받게 되는 방식이다. 1등은 6개의 번호가 모두 맞추는 경우, 2등은 5개의 번호와 1개의 보너스 번호를 맞추는 경우, 3등은 5개 번호만, 4등은 4개 번호만, 5등은 3개 번호만 맞추면 당첨금을 지급받는다. 조합을 사용하여 복권 1장에 대한 당첨 확률을 구하는 과정을 발표해 보자.

관련학과
문화콘텐츠학과, 문화인류학과, 인문학부

탐구주제

2 실생활에서 확률의 개념을 잘못 적용하는 경우가 많다. 조건부 확률과 독립사건, 확률의 곱셈정리 등 개념을 정확히 이해하지 못하고 오류를 범하는 사례를 조사해 보자. 예를 들어 미국 프로 미식 축구 선수 O.J. 심슨의 재판과정에서 변호인단이 증거로 제시하는 확률들의 오개념을 발견하고 반박할 수 있는 근거에 대하여 토의해 보자.

관련학과

언어학과, 영어영문학과, 문화콘텐츠학과

3 몬티홀 게임에 대하여 조사하여 보자. 선택을 바꾸는 경우와 바꾸지 않는 경우 성공할 확률을 구하는 과정을 각각 탐구해 보자. 이를 근거로 합리적인 선택을 하기 위한 방법을 발표해 보자.

관련학과

언어학과, 영어영문학과, 문화콘텐츠학과

4 미국의 언어학자 지프(Zipf,G.K. 1902~1950)는 영어에서 자주 사용하는 단어의 빈도를 조사하다가 흥미로운 법칙을 발견하였다. '지프의 법칙'이 무엇인지 조사해 보고, 다양한 분야에서 지프의 법칙이 들어맞는 사례를 탐구해 보자.

관련학과

언어학과, 문화인류학과, 문화콘텐츠학과

영역 ## 통계

성취기준

[12확통03-06]	표본평균과 모평균의 관계를 이해하고 설명할 수 있다.
[12확통03-07]	모평균을 추정하고, 그 결과를 해석할 수 있다.

탐구주제

1 여론조사는 처음에 기업들의 시장조사에서부터 시작한 후 1935년 미국의 통계학자 갤럽(Gallup,G.H. 1901~1984)이 국가의 정치적, 사회적 문제들에 관한 국민들의 의견을 조사하면서 보편화되었다. 경제학자 볼딩(Boulding,K.E. 1910~1993)은 여론조사는 단지 통계 오차라는 적은 비용을 지불하고 사회 전반을 꿰뚫어 볼 수 있는 망원경이라고 하였다. 우리나라 역사에서는 세종대왕이 최초로 여론조사를 하였다고 기록되어있다. 세종대왕의 여론조사의 내용과 목적, 반영된 정책에 대하여 탐구해 보자.

관련학과

언어학과, 문화인류학과, 문화콘텐츠학과, 사학과, 고고학과

탐구주제

2 '우리 주변의 다양한 수치 자료에서 첫 자리에 가장 빈번하게 나타나는 수는 무엇일까'에 대한 분포를 조사한 결과 '벤 포드 법칙(Benford's law)'이 탄생했다. 벤포드 법칙은 높은 건물들의 높이, 주소의 번지수, 전기세, 세금, 주식, 스포츠 통계 등 다양한 분야에서 활용된다. 또한 기업의 회계부정이나 가격 담합 등 부정한 방식으로 수치를 조작한 것을 적 발하는데 이용된다. 이러한 벤포드 법칙에 대하여 탐구해 보자.

관련학과
언어학과, 영어영문학, 문화인류학과, 문화콘텐츠학과

활용 자료의 유의점

- ⚠ 생활 주변의 다양한 소재를 활용하여 확률을 적용
- ⚠ 불확실한 현상에 대해 주어진 자료를 바탕으로 추론하여 결론을 이끌어 내는 역량 신장
- ⚠ 모평균의 추정을 통해 미래를 예측하고 합리적으로 의사 결정하는 통계적 소양 함양

💬 **MEMO**

수학과

6

기하

핵심키워드

☐ 이차곡선   ☐ 벡터   ☐ 메나이크모스의 원뿔곡선   ☐ 아폴로니오스의 원뿔곡선   ☐ 이순신 장군
☐ 적벽 대전   ☐ 농기구

영역 ## 이차곡선

성취기준

[12기하01-04]   이차곡선과 직선의 위치 관계를 이해하고, 접선의 방정식을 구할 수 있다.

탐구주제

6.기하 — 이차곡선

① 이차곡선은 원뿔을 평면으로 자를 때 생기는 단면의 둘레로 나타나는 곡선이기도 하며, 이러한 뜻에서 원뿔곡선이라고 한다. 원뿔곡선에 대한 연구는 기원전 4세기경 고대 그리스 시대부터 시작되었다. 메나이크모스(Menaechmos), 아폴로니오스(Apollonios)의 원뿔곡선에 대한 연구에 대하여 탐구해 보자.

관련학과

고고학과, 사학과, 문화콘텐츠학과

평면벡터

성취기준

[12기하02-03]   위치벡터의 뜻을 알고, 평면벡터와 좌표의 대응을 이해한다.

[12기하02-04]   두 평면벡터의 내적의 뜻을 알고, 이를 구할 수 있다.

탐구주제

6.기하 — 평면벡터

① 크기와 방향을 함께 가지는 양을 벡터라고 한다. 역사적으로 물체에 작용하는 힘을 결정하는 요소들을 잘 분석하고 이용하여 역사 속에서 명장으로 남은 위인들이 있다. 임진왜란 당시 해류와 바람, 배의 추진력 등 여러 힘을 이용하여 여러 해전에서 놀라운 승리를 이끌어 낸 이순신 장군이 그 중 한 사람이다. 바람의 힘을 이용하여 '적벽 대전'에서 승리를 거둔 제갈량도 그 예이다. 벡터 개념을 이용하여 명장들의 전투를 분석하고 탐구해 보자.

관련학과
고고학과, 사학과, 문화콘텐츠학과

② 호미는 삼각형 모양의 날의 한쪽 모서리에 목을 이어대고 거기에 자루를 박은 독특한 모양의 농기구이다. 호미의 다양한 모양은 흙에 작용하는 힘의 크기와 방향을 잘 조절하기 위한 것이다. 또한 우리 조상들은 가래와 두레의 양쪽에서 잡아당기는 힘을 한 방향으로 모아 더 큰 힘을 만들어 작업능률을 높였다. 이와 같은 농기구를 통해 크기와 방향이 다른 여러 힘을 효율적으로 사용한 조상들의 지혜를 조사해 보자.

관련학과
고고학과, 사학과, 인류학과

활용 자료의 유의점

① 문제를 해결할 때에는 문제를 이해하고 해결 전략을 탐색하며 해결 과정을 실행하고 검증 및 반성하는 단계 진행이 필요
① 생활 주변이나 사회 및 자연 현상 등 다양한 맥락에서 파악된 문제를 해결하면서 수학적 개념, 원리, 법칙을 탐구하고 이를 일반화하려는 노력이 필요

수학과

7

실용 수학

핵심키워드

☐ 규칙 ☐ 닮음 ☐ 합동 ☐ 평면도형 ☐ 입체도형 ☐ 자료의 수집 ☐ 자료의 정리 ☐ 자료의 분석
☐ 자료의 해석 ☐ 고지도 ☐ 축척 ☐ 숫자의 변화 ☐ 뫼비우스의 띠 ☐ 클라인씨의 병

영역 **규칙**

성취기준

[12실수01-03]	실생활에서 도형의 닮음이 이용되는 예를 찾고 그 원리를 이해한다.
[12실수01-05]	도형의 닮음과 합동을 이용하여 산출물을 만들 수 있다.

탐구주제

① 실제 땅을 종이에 담으려면 거리를 줄여서 나타내야 하는데 이때 축소한 비율을 '축척'이라고 한다. 우리나라의 다양한 고지도를 조사해 보고, 실제 거리와 지도상의 거리를 비교하여 '축척'을 구해 보자. 그리고 고지도의 제작과정과 그 우수함에 대하여 토의해 보자.

관련학과
사학과, 고고학과, 문화콘텐츠학과

② 수학의 역사를 살펴보면 각 문명권마다 나름의 고유한 숫자를 만들고 수 체계를 고안하여 사용했다는 것을 알 수 있다. 인류에게 아라비아 숫자가 보편화되기 전까지 오랜 세월 사용했던 다양한 숫자에 대하여 조사해 보자. 이를 바탕으로 시간의 흐름에 따라 발전하는 '살아있는 학문'에 대하여 토의해 보자.

관련학과
언어학과, 사학과, 고고학과, 문화인류학과

공간

성취기준

[12실수02-01]	평면도형과 입체도형의 모양은 관찰하는 시각에 따라 다르게 보일 수 있음을 이해한다.
[12실수02-02]	미술작품에서 평면 및 입체와 관련된 수학적 원리를 이해한다.

탐구주제

① 「난장이가 쏘아올린 작은 공」의 작가 조세희의 첫 연작소설인 「뫼비우스의 띠」와 열한 번째 소설 「클라인씨의 병」을 감상해 보자. 뫼비우스의 띠는 보통의 고리와 달리 안팎의 구분이 없는 고리를 뜻한다. 클라인 병도 뫼비우스의 띠와 유사한 입체이다. 뫼비우스의 띠와 클라인 병에 대하여 탐구해 보고, 이를 바탕으로 「난장이가 쏘아올린 작은 공」의 은유적 표현을 찾고 작품에 대한 감상을 발표해 보자.

관련학과
국어국문학과, 언어학과, 문화콘텐츠학과, 문예창작학과

자료

성취기준

[12실수03-02]	실생활 자료를 수집하고 그림, 표, 그래프 등을 이용하여 정리할 수 있다.
[12실수03-03]	다양한 자료를 분석하여 결과를 해석할 수 있다.
[12실수03-04]	목적에 맞게 자료를 수집, 정리, 분석, 해석하여 산출물을 만들 수 있다.

탐구주제

① 통계학은 사회 현상이나 경제 상황을 수량화하여 사회의 문제를 해결하려는데 목적이 있다. 통계학을 잘 활용하면 다양한 자료를 분석함으로써 미래를 예측하고 좀 더 정확하게 의사결정을 내릴 수 있다. 따라서 의도하는 바에 따라 산출된 정보를 의미있는 정보로 만들 수 있도록 하는 학문이 통계학이다. 이때 한 집단의 성격을 나타내는 수치를 대푯값이라 하는데 주어진 집단의 특징에 따라 활용하는 대푯값의 종류가 결정된다. 잘못된 대푯값을 제시하여 잘못된 예측이니 의사결정을 내린 사례를 조사하고 통계자료를 분석하는데 오류를 범하지 않기 위한 방법에 대하여 토의해 보자.

관련학과
문화인류학과, 문화콘텐츠학과

활용 자료의 유의점

⚠️ 규칙성에 대한 이해는 직업과 관련된 업무를 원활히 수행하고 최적의 의사 결정을 하는 데 도움이 됨을 인식

⚠️ 자료를 정리하고 해석하는 것은 직업과 관련된 업무를 원활히 수행하고 최적의 의사 결정을 하는 데 도움이 됨을 인식

⚠️ 다양한 관점을 존중하면서 다른 사람의 생각을 이해하고 수학적 아이디어를 표현하며 토론함이 필요

💬 MEMO

경제 수학

핵심키워드

☐ 경제지표 ☐ 세금 ☐ 주가 ☐ 퍼센트 ☐ 퍼센트포인트 ☐ 조세 ☐ 소득 ☐ 세금 정책의 역사
☐ 연금 ☐ 독일 연금제도

영역 수와 생활경제

성취기준

[12경수01-02] 경제지표의 증감을 퍼센트와 퍼센트포인트로 설명할 수 있다.

[12경수01-05] 세금의 종류에 따라 세금을 계산할 수 있다.

탐구주제

8.경제 수학 — 수와 생활경제

① 많은 사람들이 관심 있게 보는 신문의 경제란에는 매일 주가의 오르내림에 관한 기사가 실린다. 기사의 내용에서 퍼센트와 퍼센트포인트를 찾아보고, 정확한 뜻을 조사해 보자. 퍼센트가 사용되는 상황과 퍼센트포인트가 사용되는 상황을 찾아 의미를 비교하고, 그 차이점을 발표해 보자.

관련학과
언어학과, 국어국문학과, 영어영문학과, 문화콘텐츠학과

② 세금 또는 조세는 국가 및 지방자치단체가 국민을 위한 특정한 목적의 달성 등을 위해 조성하는 국가의 생활비로 개개인에게 소득 또는 생활 행위에 대하여 일정한 규칙에 따라 지불을 요구하는 것이다. 따라서 세금은 국민들의 삶의 질과 매우 밀접한 관련이 있다. 오랜 역사 속에서 세금과 관련된 정책을 찾아 그 적용 범위와 계산법, 백성들의 삶의 변화 등에 대하여 조사해 보자.

관련학과
사학과, 고고학과, 문화인류학과

수열과 금융

성취기준

[12경수02-05] 연속복리를 이용하여 이자와 원리합계를 구하고, 미래에 받을 금액의 현재가치를 계산할 수 있다.

[12경수02-07] 연금의 현재가치를 계산할 수 있다.

탐구주제

8.경제 수학 — 수열과 금융

① 기말급 연금, 기시급 연금과 같은 연금 종류에 따른 현재 가격과 미래 가격의 계산법을 조사해 보자. 최초로 연금제도가 시작된 독일의 연금제도의 특징을 조사해 보고, 우리 나라의 연금제도와의 차이점, 과거와 현재의 경제변화에 따른 연금제도의 변화 등에 대하여 탐구해 보자.

관련학과

사학과, 고고학과, 문화인류학과

활용 자료의 유의점

- ! 생활 주변에서 찾을 수 있는 경제지표 학습 필요
- ! 환율 및 세금과 같이 실생활에서 많이 사용되는 경제 관련 개념을 이해하려는 노력 필요
- ! 함수로 표현된 경제 현상을 이해하고, 함수의 성질을 이용하여 경제 문제 학습 필요
- ! 수학과 경제가 밀접하게 연관되어 있음을 실생활에서 찾아 경험하려는 자세 필요

💬 **MEMO**

핵심키워드

☐ 분류와 예측 ☐ 오차 ☐ 함수 ☐ 음성인식기술 ☐ 사물인터넷 ☐ 얼굴인식 기능
☐ mBlock ☐ 기계학습 ☐ 인공지능 왓슨 ☐ 퀴즈쇼 레퍼디

영역 **최적화**

성취기준

[12인수04-01] 주어진 자료로부터 분류와 예측을 할 때, 오차를 표현할 수 있는 함수를 구성하는 원리와 방법을 이해한다.

[12인수04-02] 함수의 최솟값 또는 최댓값을 찾아 최적화된 의사 결정 방법을 이해한다.

[12인수04-03] 합리적 의사 결정과 관련된 인공지능 수학 탐구 주제를 선정하여 탐구를 수행한다.

탐구주제
9.인공지능 수학 — 최적화

(1) 음성인식기술은 컴퓨터가 마이크와 같은 소리 센스를 통해 얻은 음향학적 신호를 단어나 문장으로 변환시키는 기술이다. 음성인식기술은 사람의 의도를 직접 나타내는 방법으로 사물인터넷 서비스 제공을 위한 중요한 기술이며 1950년대 이후 많은 연구와 투자가 이루어지고 있다. 사람마다 발음, 발성이 다르고 언어 자체의 다중적 의미가 많기 때문에 음성인식의 방법과 사용자에 따른 기술도 다양하다. 이와 관련된 기술을 탐구하고 전망에 대하여 토의해 보자.

관련학과
언어학과, 국어국문학과, 영어영문학과, 중어중문학과, 문화콘텐츠학과

(2) 얼굴인식은 카메라를 통해 얼굴의 눈, 코, 입, 이마, 눈썹, 턱 등 특징 변화를 분석하여 데이터로 추출하는 것이다. 두 가지 방법으로 비교가 이루어지는데 하나는 얼굴 영역 추출이고 다른 하나는 얼굴인식 과정이다. 은행의 안면인식 결제 서비스, 애플 스마트폰 페이스 ID 얼굴인식 기능, 회사와 가정의 얼굴인식 출입문에 이 기술이 활용된다. mBlock을 통해 얼굴인식 프로그램과 코딩을 탐구해 보자. *[참고: 충남교육청 인공지능 자료]*

관련학과
글로벌학부, 문화인류학과, 인문학부, 문화콘텐츠학과, 철학과, 신학과, 기독교학부

③ 1959년 아서 사무엘은 기계학습을 "컴퓨터에 명시적인 프로그램 없이 배울 수 있는 능력을 부여하는 연구 분야"라고 정의하였다. 기계학습에는 문제(입력)의 답(출력)을 가르쳐 주는 지도학습, 문제(입력)의 답(출력)을 가르쳐 주지 않는 비지도 학습, 주어진 상태에 맞춘 행동의 결과에 대한 보상을 주는 강화학습이 있다. 인공지능인 왓슨이 퀴즈쇼 레퍼디에서 우승한 내용과 프로그램을 탐구해 보자.

관련학과

국어국문학과, 언어학과, 인문학부, 글로벌학부, 문화콘텐츠학과, 중어중문학과, 영어영문학과, 일어일문학과, 노어노문학과, 서어서문학과,
불어불문학과, 문예창작학과, 문화인류학과

활용 자료의 유의점

- ⚠ 다양한 사례를 통해 수학과제를 탐구하는 여러 가지 방법과 절차 습득 필요
- ⚠ 토의·토론을 통해 올바른 연구 윤리가 무엇인지에 대해 생각하는 기회 필요
- ⚠ 인터넷 자료나 참고 문헌 등을 인용할 경우에는 정확한 출처 표시 필요
- ⚠ 수학과 연관된 주제 중 흥미와 관심이 있는 주제를 구체화하여 탐구 주제로 선정
- ⚠ 탐구 주제와 관련된 선행 연구를 검토한 후 적절한 탐구 방법을 선택하여 탐구 계획을 수립하고 수행

💬 **MEMO**

과학과 교과과정

과학과 1

통합과학

핵심키워드

☐ 원소의 왕국 ☐ 설탕과 면직물 ☐ 이중나선 ☐ 분자생물학 ☐ 중력파
☐ 생물과 무생물 사이 ☐ 생명관의 변천 ☐ 생명 최초의 30억년 ☐ 가이아의 복수
☐ 지속 가능한 발전 ☐ 대멸종 ☐ 생태계 ☐ 미래 에너지 ☐ 전자기장 ☐ 패러데이와 맥스웰

영역 **물질의 규칙성과 결합**

성취기준

[10통과01-03] 세상을 이루는 물질은 원소들로 이루어져 있으며, 원소들의 성질이 주기성을 나타내는 현상을 통해 자연의 규칙성을 찾아낼 수 있다.

▶ 주기율표의 1족과 17족 원소를 통해 동족 원소는 유사한 화학적 성질을 갖는다는 것을 다룬다. 원소의 성질에 따라 주기성이 나타남을 확인하는 수준에서 다룬다.

[10통과01-05] 인류의 생존에 필수적인 산소, 물, 소금 등이 만들어지는 결합의 차이를 알고, 각 화합물의 성질을 비교할 수 있다.

▶ 화학 결합은 금속 원소와 비금속 원소 간의 이온 결합, 비금속 원소 간의 공유 결합을 다룬다.

탐구주제

1.통합과학 — 물질의 규칙성과 결합

① 「원소의 왕국」 저자 피터 앳킨스는 분자 성질을 양자역학적으로 해명하는 연구에 몰두해 왔는데, 현대 화학의 난해한 내용들을 알기 쉽게 설명하는 과학저술가로도 유명하다. 원소의 왕국의 정부와 제도에서는 원자번호와 원소의 특성 사이의 관계, 원자의 구조, 원자의 결합 등을 왕국의 제도와 행정 정책에 어떻게 비유하고 있는지 설명해 보자.

(원소의 왕국, 사이언스북스, 피터 앳킨스)

관련학과
문화인류학과, 철학과, 고고학과, 어어학과, 국어국무학과, 인문학부, 무예창작학과

탐구주제

② 페니 르 쿠터, 제이 버레슨의 「역사를 바꾼 17가지 화학이야기」는 17가지의 화학 물질들을 소개하며, 각 물질들의 화학적 구조뿐 아니라 이들 화학분자들이 어떻게 역사를 변화시켰는지 다양한 에피소드를 담고있다. 그 중 포도당과 같은 유기화합물은 역사에 한 획을 긋게 되는 역할을 한다. 이로 인해 발생하게 된 문제점을 성찰해 보고, 설탕과 면직물 생산을 위한 인간의 비뚤어진 욕망에 대해 토론해 보자.

(역사를 바꾼 17가지 화학이야기, 사이언스북스, 페니 르 쿠터, 제이 버레슨)

관련학과

국어국문학과, 인문학부, 문예창작학과, 문화인류학과, 철학과

영역

자연의 구성 물질

성취기준

[10통과02-02] 생명체를 구성하는 물질들은 기본적인 단위체의 다양한 조합을 통해 형성됨을 단백질과 핵산의 예를 통해 설명할 수 있다.

▶ 생명체 주요 구성 물질의 구조적 규칙성을 다루되, 일정한 구조를 가진 단위체들이 다양한 배열을 통해 여러 가지 구조와 기능을 획득한다는 개념을 단백질과 핵산의 예를 들어 설명한다.

탐구주제

① 「이중나선」은 왓슨이 유전의 기본 물질인 DNA 구조를 규명하기까지의 과정을 일기 형식으로 적은 책으로, 20세기 최고의 발견이라 할 수 있는 DNA의 나선 구조를 밝혀 노벨상을 수상한 제임스 왓슨과 프랜시스 크릭에 관한 이야기이다. 이 책을 읽고 이중나선 구조를 발견하기까지의 연구과정에 대하여 조사해 보고, DNA 구조의 발견이 생명과학 발전과 인류의 미래에 끼치는 영향에 대하여 논의해 보자. *(이중나선, 궁리, 제임스 왓슨)*

관련학과

국어국문학과, 인문학부, 문예창작학과, 문화인류학과, 철학과

---

② 1933년에 노벨물리학상을 수상한 물리학자 쉬뢰딩거의 「생명이란 무엇인가」 는 현대의 고전이라고 평가받은 책이다. 생명에 대한 탐구에 있어서 근본적인 성찰을 제공했고, 실제로 DNA 발견과 이에 따른 분자생물학의 탄생에 결정적 역할을 했다. 다른 과학자들에게 많은 연구의 영감을 줬는데 어떤 영향을 끼쳤는지 탐구해 보자.

(생명이란 무엇인가, 한울, 쉬뢰딩거)

관련학과

국어국문학과, 인문학부, 문예창작학과, 문화인류학과, 철학과, 고고학과

역학적 시스템

성취기준

[10통과03-01] 자유 낙하와 수평으로 던진 물체의 운동을 이용하여 중력의 작용에 의한 역학적 시스템을 설명할 수 있다.

탐구주제

1.통합과학 ― 역학적 시스템

① 「중력파, 아인슈타인의 마지막 선물」은 라이고 협력단에 참여해 중력파 검출 실험을 성공적으로 이끄는데 기여했던 현장 과학자가 직접 지난 55년간 중력파 검출 역사와 함께 성공을 이뤄낸 눈물겨운 과정을 생생하게 담은 중력파 검출 실험 역사서다. 이 책을 통해 물리학과 천문학적인 관점에서 중력파의 성공적인 검출이 가져다주게 될 혜택과 그 파급효과에 대해 조사하여 보고서를 작성해 보자. *(중력파, 아인슈타인의 마지막 선물, 동아시아사, 오정근)*

관련학과
국어국문학과, 인문학부, 문예창작학과, 문화인류학과, 철학과, 고고학과

생명 시스템

성취기준

[10통과05-02] 생명 시스템 유지에 필요한 화학 반응에서 생체 촉매의 역할을 이해하고, 일상생활에서 생체 촉매를 이용하는 사례를 조사하여 발표할 수 있다.

▶ 효소가 다양한 생명 활동에 필요한 반응들을 가능하게 해준다는 수준에서 다루고, 효소의 상세 구조나 결합 방식은 언급하지 않는다.

탐구주제

1.통합과학 ― 생명 시스템

① 「생물과 무생물 사이」저자인 후쿠오카 신이치는 '생명이란 무엇인가?'라는 근원적인 질문을 시작으로 생물과 무생물의 차이를 알아내기 위해 노력한다. 현대과학에서 가장 눈부신 성과를 보여주는 동시에 가장 치열한 전쟁이 벌어지고 있는 분자생물학의 세계를 과학적 사유와 문학적 감성으로 풀어낸 과학 에세이다. 생물을 무생물과 구별하게 만드는 것이 무엇인지, 생명관의 변천과 함께 고찰하여 보고서를 작성해 보자.

(생물과 무생물 사이, 은행나무, 후쿠오카 신이치)

관련학과
국어국문학과, 인문학부, 문예창작학과, 문화인류학과, 철학과, 신학과, 고고학과

생물다양성과 유지

성취기준

[10통과07-01] 지질 시대를 통해 지구 환경이 끊임없이 변화해 왔으며 이러한 환경 변화에 적응하며 오늘날의 생물 다양성이 형성되었음을 추론할 수 있다.

[10통과07-03] 생물다양성을 유전적 다양성, 종 다양성, 생태계 다양성으로 이해하고, 생물다양성 보전방안을 토의 할 수 있다.

▶ 생물다양성의 이해를 돕기 위해 진화적 관점을 도입하여 설명하되 생물의 분류 개념은 다루지 않는다.

탐구주제

(1) 앤드류 H. 놀의 「생명 최초의 30억년」은 생물의 최초 발생부터 단세포 동물이 다세포가 되어 그 진화가 축적되어 간 이후 캄브리아기에 이르러 대폭발을 만들기까지 환경과 물이 어떻게 변화해갔는가를 추적하는 내용으로 구성되어 있다. 초기 생명체가 어떻게 구성되고 어떠한 과정으로 진화했는지 분석해 보고, 지구환경을 어떻게 바라보고, 대처해 나가야 하는지에 대한 깊이 있는 통찰을 통해 자신의 생각을 말해 보자.

(생명 최초의 30억년, 뿌리와이파리, 앤드류 H. 놀)

관련학과
국어국문학과, 인문학부, 문예창작학과, 문화인류학과, 철학과, 고고학과

(2) 콜버트의 「6번째 대멸종」은 2015년 퓰리처상 수상작이다. '인간은 조금씩 조금씩, 그러나 지구라는 별에서 일어난 사고 치고는 엄청난 속도로 대멸종을 이끌고 있다'라고 소개되고 있다. 이 책을 읽고, 인류가 왜 그리고 어떻게 지구를 이러한 상황 속으로 몰아넣었는지에 대해 토론해 보자. *(6번째 대멸종, 처음북스, 엘리자베스 콜버트)*

관련학과
국어국문학과, 인문학부, 문예창작학과, 문화인류학과, 철학과, 고고학과

생태계와 환경

성취기준

[10통과08-01] 인간을 포함한 생태계의 구성 요소와 더불어 생물과 환경의 상호 관계를 이해하고, 인류의 생존을 위해 생태계를 보전할 필요성이 있음을 추론할 수 있다.

[10통과08-03] 엘니뇨, 사막화 등과 같은 현상이 지구 환경과 인간 생활에 미치는 영향을 분석하고, 이와 관련된 문제를 해결하기 위한 다양한 노력을 찾아 토론할 수 있다.

[10통과08-04] 에너지가 사용되는 과정에서 열이 발생하며, 특히 화석 연료의 사용 과정에서 버려지는 열에너지로 인해 열에너지 이용의 효율이 낮아진다는 것을 알고, 이 효율을 높이는 것이 사회적으로 어떤 의미가 있는지를 설명할 수 있다.

▶ 에너지 전환과 보존에 관한 사례는 과학 글쓰기를 통해 그 전환 과정과 보존 관계를 설명하고, 열기관의 효율은 정량적 계산이 가능하도록 구체적인 사례를 제시할 수 있다.

탐구주제

① 제임스 러브록의 「가이아의 복수」는 시시각각 다가오는 지구온난화라는 환경 대재앙을 가이아가 인간에게 되돌려 주는 '복수'라는 관점에서 분석하고 그 대책을 긴급 제안하고 있다. 환경처방을 위해 '지속 가능한 발전'(Sustainable Development)이 아니라 '지속 가능한 후퇴(Sustainable Regression)'를 선택하라고 한다. 이 부분에 대해 자신의 견해를 정리해서 발표해 보자. *(가이아의 복수, 세종서적, 제임스 러브록)*

관련학과
국어국문학과, 인문학부, 문예창작학과, 문화인류학과

② 이본 배스킨의 「아름다운 생명의 그물」은 식물, 동물, 미생물, 균류 등 생물체들이 생태계라는 거대한 생명의 그물 속에서 어떤 식으로 존재하며 활동하는지를 최초로 명확히 밝혀냄으로써 생물 다양성의 진정한 의미와 가치를 재정의한 생태계 보고서다. 인간의 무분별한 파괴로 인한 생물 다양성 감소가 지구 환경의 건강과 기능에 어떤 위험을 끼치고 있는지를 분석하여 보고서를 작성해 보자. *(아름다운 생명의 그물, 돌베개, 이본 배스킨)*

관련학과
국어국문학과, 인문학부, 문예창작학과, 문화인류학과, 고고학과

영역 # 발전과 신재생 에너지

성취기준

[10통과09-04] 핵발전, 태양광 발전, 풍력 발전의 장단점과 개선방안을 기후 변화로 인한 지구 환경 문제 해결의 관점에서 평가할 수 있다.

▶ 핵발전, 태양광 발전, 풍력 발전의 기초 원리만 다루고, 환경 문제와 관련지어 각각의 장단점을 이해한다. 태양 전지는 태양빛을 받으면 전류가 형성된다는 수준에서 다룬다.

[10통과09-05] 인류 문명의 지속 가능한 발전을 위한 신재생 에너지 기술 개발의 필요성과 파력 발전, 조력 발전, 연료 전지 등을 정성적으로 이해하고, 에너지 문제를 해결하기 위한 현대 과학의 노력과 산물을 예시할 수 있다.

▶ 연료 전지는 화학 에너지를 전기 에너지로 전환하는 장치임을 알고 이로 인해 에너지 효율이 높음을 이해하게 한다.

탐구주제

1 낸시 포브스·배질마혼의 「패러데이와 맥스웰」은 21세기의 일상을 가능하게 한 두 천재의 삶과 연구를 재조명하고 있다. 전자기장의 존재를 발견하고 이를 실험한 패러데이와 이를 이론화하여 응용할 수 있게끔 한 맥스웰, 이 두 사람은 전자기장을 발견하고 확립했다. 이 책을 읽고, 패러데이와 맥스웰이 새로운 시대의 과학자들에게 어떤 영향을 미쳤고, 그들과 어떻게 연결되는지 보고서를 작성하여 발표해 보자. *(패러데이와 맥스웰, 반니, 낸시포브스·배질마혼)*

관련학과

국어국문학과, 인문학부, 문예창작학과, 문화인류학과, 철학과, 고고학과

---

2 바츨라프 스밀의 「에너지란 무엇인가」는 인류가 에너지와 함께 해 온 역사, 재생 불가능한 에너지를 대량으로 사용하게 된 근대사회의 에너지 이용과 세계적 확산, 현대사회의 일상적 삶과 이어져 있는 에너지 이용, 미래의 에너지 등에 대해 포괄적으로 논의하고 있다. 책을 통해 에너지와 우리 일상이 어떻게 연결되어 있는지, 이러한 인간의 에너지 이용이 어떠한 역사적 경로를 밟아서 이루어져 왔는지 분석하여 발표해 보자.

(에너지란 무엇인가, 삼천리, 바츨라프 스밀)

관련학과

국어국문학과, 인문학부, 문예창작학과, 문화인류학과, 고고학과

활용 자료의 유의점

- (!) 과학의 본성과 관련된 내용을 적절한 소재를 활용
- (!) 과학자 이야기, 과학사, 시사성 있는 과학 내용 등을 활용
- (!) 시청각 자료, 컴퓨터나 스마트 기기, 인터넷 등 최신 정보통신기술과 기기 등을 과학 실험과 탐구에 적절히 활용
- (!) 과학적 개념과 방법을 이해하고, 이를 일상생활의 문제에 창의적으로 적용

💬 MEMO

과학탐구실험

핵심키워드

☐ 멘델레예프　☐ 화학의 역사　☐ 원소의 주기율표　☐ 사피엔스　☐ 대멸종　☐ 전염병　☐ 전염병 극복 사례
☐ 생체실험　☐ 생명존중　☐ 연구윤리　☐ 첨단과학기술　☐ 나노기술　☐ 과학원리　☐ 과학기술

영역 **역사 속의 과학 탐구**

성취기준

[10과탐01-02]　과학사에서 우연한 발견으로 이루어진 탐구 실험을 수행하고, 그 과정에서 발견되는 과학의 본성을 설명할 수 있다.

▶ 여러 대에 걸친 과학자들의 꾸준한 노력 속에서 뛰어난 과학자의 우연한 발견에 의해 완성된 과학 지식의 대표 사례 중 하나는 주기율표이다.

[10과탐01-03]　직접적인 관찰을 통한 탐구를 수행하고, 귀납적 탐구 방법을 설명할 수 있다.

▶ 지질 시대에 걸친 생물 대멸종에 대한 가설 도출 등이 있다.

탐구주제

2.과학탐구실험 ― 역사 속의 과학 탐구

① 「멘델레예프의 꿈」은 1869년, 멘델레예프는 원소의 주기적 성질을 밝혀내기 위해 3일 밤낮 끊임없이 생각에 몰두하는 멘델레예프의 모습을 묘사하면서 시작한다. 그러한 멘델레예프의 모습을 통해 과학, 구체적으로는 화학의 길고 긴 역사에 대한 그의 이야기 보따리를 풀어놓는다. 그의 업적과 열정을 생각하며 멘델레예프에게 감사의 편지를 써보자.
(멘델레예프의 꿈, 몸과 마음, 폴 스트레턴)

관련학과
국어국문학과, 인문학부, 언어학과, 문예창작학과, 문화인류학과, 철학과, 영어영문학과, 중어중문학과, 일어일문학과, 노어노문학과, 서어서문학과, 불어불문학과, 독어독문학과

탐구주제

② 「사피엔스」의 저자 유발 하라리는 사피엔스 수렵 채집인들에 의한 멸종을 멸종의 제1물결, 농업혁명 이후의 멸종을 제2물결, 오늘날 산업활동에 의한 멸종을 제3물결로 나눈다. 유발 하라리는 '설사 기후 변화가 우리를 부추겼다 할지라도 결정적 책임은 인류에게 있다' 라는 다소 격양된 문체로 인간들이 지금까지 벌어진 멸종행위들에 대해 심각한 죄책감을 느끼는 것에 대한 당위성을 주장한다. 이러한 주장에 대한 자신의 입장을 정하고 논리적으로 주장하는 글을 써보자.

(사피엔스, 김영사, 유발 하라리)

관련학과

국어국문학과, 인문학부, 문예창작학과, 문화인류학과, 철학과, 고고학과, 사학과, 영어영문학과, 중어중문학과, 일어일문학과, 노어노문학과, 서어서문학과, 불어불문학과, 독어독문학과

영역

생활 속의 과학 탐구

성취기준

[10과탐02-05] 탐구 활동 과정에서 지켜야 할 생명 존중, 연구 진실성, 지식 재산권 존중 등과 같은 연구 윤리와 함께 안전 사항을 준수할 수 있다.

[10과탐02-06] 과학 관련 현상 및 사회적 이슈에서 과학 탐구 문제를 발견할 수 있다.

탐구주제

① 제니퍼라이트의 「세계사를 바꾼 전염병 13가지」는 코로나19 못지않게 역사상 인류가 공포에 떨며 속수무책으로 당해온 전염병 13가지를 해박한 역사 지식을 풀어내며 어떻게 그 전염병들을 극복해왔는지를 살펴보고 있다. 13가지 전염병 중 1가지를 골라서 전염병이 언제, 어떤 상황에서 발생했고 어떤 피해와 공포를 야기했는지, 사람들은 이를 어떻게 대처하며 극복했는지 사례를 들어 보고서를 작성해 보자.

(세계사를 바꾼 전염병 13가지, 산처럼, 제니퍼라이트)

관련학과

신학과, 기독교학과, 국어국문학과, 인문학부, 문예창작학과, 문화인류학과, 철학과, 영어영문학과, 중어중문학과, 일어일문학과, 노어노문학과, 서어서문학과, 불어불문학과, 독어독문학과

② 터스키기 매독 연구 실험은 미국 앨라배마주 터스키기 지역에서 약 40년간 정부 주도로 비밀리에 생체실험이 자행된 끔찍한 사건으로, 과학사에 있어 일본의 마루타 실험과 더불어 비윤리적 실험의 대명사격인 사건이다. 실험을 직접 주도했던 공중보건국의 의사들은 사건이 폭로된 뒤에도 '실험 대상자들은 어차피 치료도 못 받고 죽을 처지인데, 연구 성과를 내는데 기여하면 좋은 거 아니냐'는 발언을 했다. 이 발언에 대해 연구윤리에 입각하여 사신의 생각을 발표해 보자.

관련학과

신학과, 기독교학과, 불교학부, 국어국문학과, 인문학부, 문예창작학과, 문화인류학과

첨단 과학 탐구

성취기준

[10과탐03-01~02] 첨단 과학기술 속의 과학 원리를 찾아내는 탐구 활동을 통해 과학 지식이 활용된 사례를 추론할 수 있다. 그리고 첨단 과학기술 및 과학 원리가 적용된 과학 탐구 활동의 산출물을 공유하고 확산하기 위해 발표 및 홍보할 수 있다.

탐구주제

2.과학탐구실험 ─ 첨단 과학 탐구

① 「재미있는 나노 과학기술여행」은 우리 조상들이 이용한 나노기술과 최첨단 기술에 활용되는 나노기술, 우리나라 나노 기술의 현황 등에 대해 정리한 책이다. 책을 읽고, 나노기술이 우리 실생활에 어떻게 적용되고 있는지, 향후 어떻게 우리의 삶을 바꿔 놓을 수 있을지에 대해 정리해 보자. 그리고 자연의 현상에 숨어 있는 나노기술의 비밀과 이것을 이용한 과학기술의 이론을 분석하여 발표해 보자. *(재미있는 나노 과학기술여행, 양문출판사, 금동화)*

관련학과

국어국문학과, 인문학부, 문예창작학과, 문화인류학과, 영어영문학과, 중어중문학과, 일어일문학과, 노어노문학과, 서어서문학과, 불어불문학과, 독어독문학과

활용 자료의 유의점

- ① 과학자 이야기, 과학사, 시사성 있는 과학 내용 등을 활용하며, 개방형 질문을 적극 활용
- ① 시청각 자료, 컴퓨터나 스마트 기기, 인터넷 등 최신 정보통신기술과 기기 등을 과학 실험과 탐구에 적절히 활용
- ① 학습 내용, 실험 여건, 지도 시간, 학생의 능력과 흥미 등 개인차를 고려하여 적절한 학습 방법을 활용
- ① 과학의 잠정성, 과학적 방법의 다양성, 과학 윤리, 과학·기술·사회의 상호 관련성, 과학적 모델의 특성, 관찰과 추리의 차이 등 과학의 본성과 관련된 내용을 적절한 소재를 활용

💬 **MEMO**

과학과

3

물리학 I

핵심키워드

☐ 물리학세계 ☐ 물리학 실험 ☐ 물체의 운동 ☐ 뉴턴 ☐ 뉴턴 운동 법칙 ☐ 전류 ☐ 마이클 페러데이
☐ 방사광가속기 ☐ 자기장 ☐ 빛 ☐ 전자기 유도 현상

영역 ## 역학과 에너지

성취기준

[12물리 I 01-01~02] 여러 가지 물체의 운동 사례를 찾아 속력의 변화와 운동 방향의 변화에 따라 분류할 수 있고, 뉴턴 운동 법칙을 이용하여 직선 상에서 물체의 운동을 정량적으로 예측할 수 있다.

탐구주제

3.물리학 I — 역학과 에너지

① 「세상에서 가장 아름다운 실험 열가지」는 철학교수이자 역사학자인 로버트 P. 크리스가 칼럼을 기고하던 「물리학 세계」에 과학사상 가장 아름답다고 생각한 물리학 실험 10가지를 발표했던 내용을 모아 엮은 책이다. 저자는 책에서 아름다운 과학 실험의 조건을 세상에 대한 깊이 있는 지식을 드러내는 것, 효율적인 것, 결정적인 것의 세 가지 요소로 제시하고 있다. 책을 읽고, 본인이 생각하는 실험의 아름다운 조건은 무엇인지, 이유와 함께 칼럼 기고문을 써보자.

(세상에서 가장 아름다운 실험 열가지, 지호, 로버트 P 크리스)

관련학과

국어국문학과, 인문학부, 문예창작학과, 문화인류학과, 철학과, 고고학과, 신학과

물질과 전자기장

성취기준

[12물리 I 02-05]　전류에 의한 자기 작용이 일상생활에서 적용되는 다양한 예를 찾아 그 원리를 설명할 수 있다.

[12물리 I 02-07]　일상생활에서 전자기 유도 현상이 적용되는 다양한 예를 찾아 그 원리를 설명할 수 있다.

탐구주제
3.물리학 I — 물질과 전자기장

① 랄프 뵌트의 「마이클 패러데이」는 세상을 밝히는 가장 강력한 빛을 발견했지만 촛불처럼 은은한 삶을 살았던 과학자 마이클 패러데이의 삶을 그린 책이다. 명예를 높일 수 있는 수많은 제의를 거부하고 과학과 가난한 자들의 손을 잡은 마이클 패러데이의 불우했지만 치열했던 어린 시절과 과학계에 입문해 자신의 입지를 다지고, 물리와 화학계에서 업적을 쌓아가기까지의 과정과 그의 말년, 후대 과학자들에까지 끼친 영향 등을 생각하며 마이클 페러데이를 위한 한 편의 시를 적어보자.
(마이클 패러데이, 21세기북스, 랄프 뵌트)

관련학과
국어국문학과, 인문학부, 문예창작학과, 문화인류학과, 철학과, 영어영문학과, 중어중문학과, 일어일문학과, 노어노문학과, 서어서문학과,
불어불문학과, 독어독문학과

② 방사광가속기는 빛의 속도로 가속한 전자가 강력한 자기장을 지날 때 방출되는 빛인 방사광을 활용해 각종 물질을 분석하는 연구 장비이다. 미국 제약사 기리어드의 신종플루 치료제인 타미플루, 발기부전 치료제 비아그라, 백혈병 치료제 글리벡 등은 방사광가속기를 통해 만들어졌다. 방사광가속기의 성능 및 활용되는 분야 및 사례를 조사하여 홍보글을 작성해 보자.

관련학과
국어국문학과, 인문학부, 문예창작학과, 문화인류학과

활용 자료의 유의점

- ! 물리학자 이야기, 물리학사, 시사성 있는 물리 내용 등을 활용하며, 개방형 질문을 적극 활용
- ! 학생의 구체적 제작 활동 컴퓨터를 활용한 실험과 이터넷과 멀티미디어 등을 적절히 활용
- ! 고체 물질을 구분하고 다양한 물리적 성질을 비교할 수 있는 탐구 활동
- ! 전류에 의한 자기 작용과 전자기 유도 현상이 일상생활에서 적용

물리학Ⅱ

핵심키워드

☐ 물리학의 세계 ☐ 중력 ☐ 빛 ☐ 에너지 ☐ 양자이론 ☐ 카오스 ☐ 뉴턴 운동 법칙 ☐ 고전 역학
☐ 현대 우주론 ☐ 생활 속 물리현상

영역 ## 역학적 상호 작용

성취기준

[12물리Ⅱ01-04~9] 뉴턴 운동 법칙을 이용하여 물체의 포물선 운동을 정량적으로 설명할 수 있고, 등가속도 운동에서 일-운동 에너지 관계를 설명할 수 있다.

[12물리Ⅱ01-11] 열의 일당량 개념을 사용하여 열과 일 사이의 전환을 정량적으로 설명할 수 있다.

탐구주제

4.물리학Ⅱ — 역학적 상호 작용

(1) 조앤 베이커의 「물리와 함께하는 50일」은 우리가 살아가는 세상이 물리로 이루어져 있음을 일깨워주는 물리학 입문서이자 교양서다. 100년 남짓한 물리학의 세계를 50개의 물리 에세이에 쉽고 간결하게 풀어내고 있다. 고전 역학에서 현대 우주론까지를 시대별로 소개하고 있는데, 중력, 빛, 에너지 같은 기초 개념부터 양자 이론, 카오스, 암흑 에너지 같은 최신개념을 담고 있다. "세상은 온통 물리로 이루어져 있다" 라는 문장을 서두에 두고, 책을 통해 알게 된 일상생활 속 물리현상을 에세이로 적어보자. *(물리와 함께하는 50일, 북로드, 조앤 베이커)*

관련학과
국어국문학과, 인문학부, 문예창작학과, 문화인류학과, 신학과

활용 자료의 유의점

ⓘ 인터넷 정보 중에서 신뢰할 수 있는 사이트를 선별하고 필요한 정보를 활용

ⓘ 강의, 실험, 토의, 조사, 프로젝트, 과제 연구, 과학관 견학과 같은 학교 밖 과학 활동 등의 다양한 교수·학습 방법을 적절히 활용

ⓘ 과학 글쓰기와 토론을 통하여 과학적 사고력, 창의적 사고력 및 의사소통능력을 함양

화학 I

핵심키워드

☐ 화학으로 이루어진 세상   ☐ 화학적 사건   ☐ 실용화학   ☐ 사라진 스푼   ☐ 주기율표   ☐ 원소   ☐ 원소의 역사
☐ 녹   ☐ 산화반응   ☐ 상수도   ☐ 관로 노후 현상

영역 **화학의 첫걸음**

성취기준

[12화학 I 01-01] 화학이 식량 문제, 의류 문제, 주거 문제 해결에 기여한 사례를 조사하여 발표할 수 있다.

▶ 화학이 문제 해결에 기여한 사례를 중심으로 다루며, 화학 반응식을 강조하지 않는다.

탐구주제

5.화학 I ― 화학의 첫걸음

① 「화학으로 이루어진 세상」은 생활 속의 화학을 담아 정리한 교양 화학 입문서로 저자와 실용화학자가 하루 24시간 안에 일어나는 화학적 사건을 시간별로 추적한 책이다. 현대의 일상 속의 얼마나 많은 분야에 화학이 관여하고 있는지 다루고 있다. 책을 바탕으로 자신의 하루 일과 시작부터 잠들기 전까지 생활하면서 화학이 생활 속에서 어떻게 쓰이는지 시간대별로 일기를 써보자. *(화학으로 이루어진 세상, 에코리브르, K.메데페셀헤르만)*

관련학과
국어국문학과, 인문학부, 문예창작학과, 문화인류학과, 사학과, 고고학과

원자의 세계

성취기준

[12화학 I 02-04~05] 현재 사용하고 있는 주기율표가 만들어지기까지의 과정을 조사하고 발표할 수 있고 주기율표에서 유효 핵전하, 원자 반지름, 이온화 에너지의 주기성을 설명할 수 있다.

탐구주제

5.화학 I — 원자의 세계

① 샘킨의 「사라진 스푼」은 주기율표에 나오는 원소를 일일이 추적하면서 원소에 얽힌 이야기를 재기발랄한 입담으로 풀어놓은 책으로 원소 발견의 역사, 탐욕과 모험의 역사, 과학자들의 일화가 흥미진진하게 녹아 있다. 이 세상의 모든 것이 원소로 이루어졌듯, 이 책에는 역사, 경제, 신화, 전쟁, 예술, 의학, 과학 이야기가 넘치는 것이 특징이다. 출판사 입장에서 이 책을 소개하는 자신만의 서평을 써보자. *(사라진 스푼, 해나무, 샘킨)*

관련학과

인문학부, 국어국문학과, 문예창작학과, 문화인류학과, 철학과, 고고학과

역동적인 화학 반응

성취기준

[12화학 I 04-05~06] 산화·환원을 전자의 이동과 산화수의 변화로 설명하고, 산화수를 이용하여 산화·환원 반응식을 완성할 수 있다. 그리고 화학 반응에서 열의 출입을 측정하는 실험을 수행할 수 있다.

탐구주제

5.화학 I — 역동적인 화학반응

① '소리 없이 인류의 문명을 위협하는 붉은 재앙', 「녹」의 저자 조나단 월드먼의 경고이다. 녹은 건강과 안전, 보안, 환경 등 전 방위적으로 심각하게 인류를 위협하고 있다. 우리나라 역시 설치된 지 20년 이상 지난 상수도의 관로 노후 현상(녹)이 급속도로 진행돼 연간 6,059억 원의 돈이 새는 것으로 알려졌다. 우리 주위를 둘러싸고 있는 금속 아래에서 시시각각 현대문명을 위협하는 녹에 대해 다방면으로 조명하면서 경제학적, 사회학적 대처 방법을 정리하여 발표해 보자. *(녹, 반니, 조나단 월드먼)*

관련학과

인문학부, 국어국문학과, 문예창작학과, 문화인류학과

활용 자료의 유의점

(!) 인터넷 정보 중에서 신뢰할 수 있는 사이트를 선별하고 필요한 정보를 활용

(!) 과학 윤리, 과학·기술·사회의 상호 관련성, 과학적 모델의 특성 등 과학의 본성과 관련된 내용을 적절한 소재를 활용

(!) 모형이나 시청각 자료, 소프트웨어, 컴퓨터나 스마트 기기, 인터넷 등 최신 정보통신기술과 기기 등을 적절히 활용

(···) **MEMO**

핵심키워드

☐ 촉매 ☐ 효소 ☐ 유전자 재조합 ☐ DNA 합성
☐ 수소 연료 전지 ☐ 수소전기차

영역

반응 속도와 촉매

성취기준

[12화학II 03-08] 촉매가 생명 현상이나 산업 현장에서 중요한 역할을 하는 예를 찾을 수 있다.

▶ 우리 생활에서 활용되는 암석과 광물의 사례를 조사하여 발표함으로써 지구의 구성 물질이 실생활에 유용하게 쓰일 수 있음을 이해한다.

탐구주제

6.화학II ― 반응 속도와 촉매

① 촉매는 우리 주변의 매우 다양한 산업에서 사용되고 있다. 식품 산업에서는 과일주스, 낙농제품, 제과제빵 등에 다양한 효소로 사용되고 있으며, 세계 산업에서는 단백질 분해 효소, 지방 분해 효소 등 첨가로 세탁 효과를 증대시키는 데 활용되고 있나. 또한 의약 및 연구 개발 분야에서는 유선사 재소합, DNA 합성 능에 DNA 제한 효소 능 다양한 효소로 활용되고 있다. 이러한 촉매의 활용에 관한 소개자료를 만들어 발표해 보자.

관련학과
인문학부, 국어국문학과, 문예창작학과, 문화인류학과

전기 화학과 이용

성취기준

[12화학 II 04-03] 수소 연료 전지가 활용되는 예를 조사하여 설명할 수 있다.

탐구주제

6.화학 II — 전기 화학과 이용

1 산업통상자원부는 최근 현대자동차 수소전기차인 '넥쏘'용 수소연료전지 4기를 수출했다고 밝혔다. 수소연료전지는 내연기관차의 '엔진'에 해당하는 수소전기차 핵심 부품이다. 수소 전기차 가격의 50%를 차지하는 값비싼 부품이기도 하다. 수소 연료 전지가 활용되는 예를 조사하여 보고서를 작성해 보자.

관련학과
인문학부, 국어국문학과, 문예창작학과, 문화인류학과

활용 자료의 유의점

- ⚠ 첨단 과학기술을 다양한 형태의 자료 활용
- ⚠ 창의융합적 문제 해결력 및 인성과 감성 함양에 도움이 되는 소재나 상황들을 적극적으로 발굴하여 활용
- ⚠ 화학 및 화학 관련 사회적 쟁점을 활용한 과학 글쓰기와 토론을 통하여 과학적 사고력 및 과학적 의사소통능력을 함양

💬 **MEMO**

생명과학 Ⅰ

핵심키워드

☐ 플레밍　☐ 페니실린　☐ 인류복지　☐ 줄기세포　☐ 줄기세포 치료법　☐ 생명설계도　☐ 게놈　☐ 유전자
☐ 염기서열　☐ 텔로미어　☐ 텔로머레이스　☐ 후성유전학　☐ 종의 변화　☐ 자연공동체　☐ 생태계 평형
☐ 종다양성　☐ 희귀나비

영역 | 생명과학의 이해

성취기준

[12생과Ⅰ01-02]　생명과학의 통합적 특성을 이해하고, 다른 학문 분야와의 연계성을 예를 들어 설명할 수 있다.

　▶ 생명과학이 살아있는 생명체의 특성을 다루고 있어 타 학문 분야와 차이가 있지만 현대 생명과학 분야의 성과는 여러 학문 분야의 성과와 결합되어 나타난다는 것을 이해하도록 한다.

[12생과Ⅰ01-03]　생명과학 탐구 방법을 이해하고 생명과학에서 활용되고 있는 다양한 탐구 방법을 비교할 수 있다.

　▶ 역사적으로나 실생활에서 쉽게 접할 수 있는 구체적인 탐구 사례를 통해 탐구 방법의 절차에 대한 이해를 높이도록 한다.

탐구주제

7.생명과학Ⅰ — 생명과학의 이해

① 「플레밍이 들려주는 페니실린 이야기」 저자 플레밍은 여러번의 실험을 거쳐 페니실린이 항균 작용을 나타낸다는 것을 확인하였다. 페니실린을 발견한 플레밍에게 인류에 기여한 부분을 생각하고 과학적 성과와 가치를 바탕으로 인류복지에 어떤 도움이 되었는지 감사의 글을 적어 보자.　　*(플레밍이 들려주는 페니실린 이야기, 자음과 모음, 김영호)*

관련학과

인문학부, 사학과, 국어국문학과, 문예창작학과, 문화인류학과, 영어영문학과, 중어중문학과, 일어일문학과, 노어노문학과, 서어서문학과,
불어불문학과, 독어독문학과

사람의 물질대사

성취기준

[12생과Ⅰ03-06] 다양한 질병의 원인과 우리 몸의 특이적 방어 작용과 비특이적 방어 작용을 이해하고, 관련 질환에 대한 예방과 치료 사례를 조사하여 발표할 수 있다.

탐구주제

1 「고맙다, 줄기세포」는 줄기세포에 대한 과학적 해설과 함께 줄기세포의 역사와 현재의 줄기세포 치료법에 대해 기술하고 있다. 책을 읽고, 줄기세포는 어떤 역할을 하며 어떤 질병을 어떤 원리로 치료하고 있는지, 그리고 병들고 노화된 장기가 줄기세포를 통해 치료에 성공한 사례를 참고하여 분석·정리해 보자. 이후 <줄기세포의 효과>라는 주제로 홍보의 글을 작성해 보자.

(고맙다, 줄기세포, 끌리는 책, 라정찬)

관련학과
기독교학과, 인문학부, 국어국문학과, 문예창작학과, 문화인류학과, 철학과, 신학과

유전

성취기준

[12생과Ⅰ04-01~03] 염색체, 유전체, DNA, 유전자의 관계를 이해하고, 염색분체의 형성과 분리를 DNA 복제와 세포 분열과 관련지어 설명할 수 있다. 그리고 사람의 유전 현상을 가계도를 통해 이해하고, 상염색체 유전과 성염색체 유전을 구분하여 설명할 수 있다.

▶ 가계도 분석 활동에서는 이미 잘 알려진 특정 가계를 예로 들어, 염색체 비분리나 돌연변이에 의한 유전병 발생을 가계도 상에서 연계하여 분석하게 할 수 있다.

탐구주제

1 「생명설계도, 게놈」에서 저자 메트 리들리는 게놈은 '인류가 겪어온 중요한 사건을 기록한 자서전'과 같다고 표현한다. 게놈에 대한 전체적인 이해도를 높일 수 있도록 23개 각 염색체마다 하나의 특징적 유전자를 선택해 과학자들 간의 경쟁을 통해 어떻게 이 유전자가 발견되었으며 인간에게는 어떤 영향을 미치는지 전해 준다. 책을 통해 질병과 지능에 유전자가 어떤 식으로 관여하고 있는지 인간에게 어떤 영향을 미치는지 분석하여 발표해 보자.

(생명설계도 게놈, 반니, 메트 리들리)

관련학과
기독교학과, 신학과, 인문학부, 국어국문학과, 문예창작학과, 철학과

탐구주제

2 후성유전학자 네사 캐리의 「유전자는 네가 한 일을 알고 있다」는 DNA의 염기 서열만으로는 설명되지 않는 현상들을 최신 후성유전학 연구 결과에 기대어 상세하게 설명해주는 것이 특징이다. 음식이나 화학물질, 아동학대 등으로 잠들어야 할 유전자가 깨거나, 깨어있어야 할 유전자가 잠들거나 하는 생명현상을 소개해준다. "경험은 유전자에게 흔적을 남긴다"라는 주제로 이 책을 소개하는 글을 써보자. *(유전자는 네가 한 일을 알고 있다, 해나무, 네사 캐리)*

관련학과

기독교학과, 인문학부, 국어국문학과, 문예창작학과, 문화인류학과, 철학과, 신학과

3 빌 앤드루스 박사는 1995년 세계적 과학학술지 '사이언스'에 인간 텔로머레이스를 발견했다는 논문을 발표해 전 세계적으로 큰 주목을 받았다. 텔로미어와 텔로머레이스를 연구하며 인간이 노화를 되돌리는 방법을 찾고 있다. 그의 논문을 바탕으로 텔로미어와 텔로머레이스라는 주제로 보고서를 작성해 보자.

관련학과

기독교학과, 인문학부, 국어국문학과, 문예창작학과, 문화인류학과, 철학과, 신학과

영역 생태계와 상호 작용

성취기준

[12생과 I 05-05] 생태계의 에너지 흐름을 이해하고, 에너지 흐름을 물질 순환과 비교하여 차이를 설명할 수 있다.

▶ 생태계를 하나의 살아있는 유기체와 같은 개념으로서 이해하도록 하여 외부 환경의 변화에 의해 생태계 평형이 깨질 수 있음을 다룬다.

[12생과 I 05-06] 생물다양성의 의미와 중요성을 이해하고 생물다양성 보전 방안을 토의할 수 있다.

▶ 생태계 평형 유지에 생물다양성이 어떻게 기여하는지를 사례 중심으로 이해하도록 하며, 생물자원의 가치를 인식할 수 있도록 한다.

탐구주제

1 이본 배스킨의 「아름다운 생명의 그물」은 열대림으로부터 남극에 이르기까지 세계 곳곳에서 인간의 활동이 자연이 제공하는 서비스를 어떤 형식으로 파괴하고, 어떤 결과를 초래했는지를 구체적인 사례를 통해 보여준다. 코끼리가 없으면 아프리카 사바나 자체가 사라진다는 것과 비버가 없으면 숲이 단조로워 진다는 것 등 우리가 미처 알지 못했던 놀라운 사실들이 담겨있다. 책을 통해 종의 변화가 자연 공동체에 어떤 영향을 미쳐왔는지 다양한 연구사례를 조사하여 분석하고 보고서를 작성해 보자. *(아름다운 생명의 그물, 돌베개, 이본 배스킨)*

관련학과

인문학부, 국어국문학과, 문예창작학과, 문화인류학과, 철학과, 고고학과, 영어영문학과, 중어중문학과, 일어일문학과, 노어노문학과, 서어서문학과, 불어불문학과, 독어독문학과

탐구주제

② 국립산림과학원 산림생태연구팀은 숲을 태운 울진 산불 직후부터 5년 동안 산불 피해지역에서 다달이 출현하는 나비를 조사한 결과, 왕은점표범나비, 지리산팔랑나비 등 희귀 북방계 초지나비가 귀환한 것을 발견했다. 산불이 난 후 생태계의 종다양성이 증가하는 이유를 설명하고, 산림의 종다양성을 증가시킬 수 있는 방안을 도출하여 칼럼 기고문을 작성해 보자.

관련학과
인문학부, 국어국문학과, 문예창작학과, 문화인류학과, 고고학과

활용 자료의 유의점

- ⚠ 생명과학이 타 학문 분야와 연계된 사례 조사는 인터넷 검색이나 관련 서적 등을 활용
- ⚠ 생명과학 및 생명과학과 관련된 사회적 쟁점을 활용한 과학 글쓰기와 토론
- ⚠ 생명과학 이론이 첨단 기술이나 최근의 발명품에 적용된 사례와 생명과학자 이야기, 시사성 있는 생명과학 내용 탐구
- ⚠ 수학적 사고와 컴퓨터 활용, 모형의 개발과 사용, 증거에 기초한 토론과 논증

💬 **MEMO**

생명과학Ⅱ

핵심키워드

☐ 맞춤아기 ☐ 생명윤리 ☐ 인슐린 ☐ 밴팅과 맥클로이드 ☐ 세포 반응 ☐ 산소 농도 ☐ HIF-1 유전자
☐ 텔로미어 ☐ 텔로머레이스 ☐ 기후 변화 ☐ 진화 ☐ 호모 사피엔스 사피엔스 ☐ 인류 최초 조상 ☐ 유전공학

영역
생명과학의 역사

성취기준

[12생과Ⅱ01-01~02] 생명과학의 역사와 발달 과정을 알고, 주요 발견을 시기에 따라 나열하고 설명할 수 있다. 그리고 생명과학 발달에 기여한 주요 발견들에 사용된 연구 방법들을 조사하여 발표할 수 있다.

▶ 과학, 기술, 사회의 관련성과 과학의 본성에 대한 이해를 함양하도록 한다.

탐구주제
8.생명과학Ⅱ — 생명과학의 역사

① 「생명과학, 신에게 도전하다」는 다양한 학문의 연구자들이 유전자가위와 합성생물학과 관련된 윤리, 철학, 종교, 정책의 문제까지 다룬 책이다. 중국에서는 인간의 수정란에서 특정 질병을 유발하는 유전자를 제거하는 실험에 이미 성공한 상태이다. '맞춤아기'가 이미 이론적으로는 가능해진 셈이다. 이 문제와 관련해 인간 수정란을 실험대상으로 이용해도 되는지, 치료 외의 목적으로 유전자를 선택하는 게 윤리적으로 옳은지에 대해 자신의 주장을 정리하여 보고서를 작성해 보자. *(생명과학, 신에게 도전하다, 동아시아, 김응빈)*

관련학과

기독교학과, 신학과, 인문학부, 국어국문학과, 문예창작학과, 문화인류학과, 영어영문학과, 중어중문학과, 일어일문학과, 노어노문학과, 서어서문학과, 불어불문학과, 독어독문학과

---

② 1923년, 노벨상 위원회는 밴팅과 맥클로이드에게 '인슐린을 발견한 공적'으로 노벨 생리·의학상을 수여했다. 추출물을 사람에게 임상실험 하려면 순수하게 정제할 필요가 있어 뒤늦게 생화학자 콜립이 연구팀에 합류하지만 노벨상 명단에서는 제외되었다. 그러자 맥클로이드는 자신의 노벨 상금의 절반을 콜립에게 주었다. 자신이 맥클로이드라고 생각하고 연구하면서 겪었던 노고와 감사의 마음, 노벨상을 받지 못한 미안함 등 마음을 담아 콜립에게 편지를 써보자

관련학과

인문학부, 국어국문학과, 문예창작학과, 문화인류학과, 철학과, 신학과

세포 호흡과 광합성

성취기준

[12생과Ⅱ03-02] 세포 호흡 과정과 광합성의 탄소 고정 반응을 단계별로 구분하여 이해하고, 산화적 인산화 과정을 화학 삼투로 설명할 수 있다.

탐구주제

8.생명과학Ⅱ — 세포호흡과 광합성

① 2019년 노벨위원회는 산소 농도에 따른 세포의 반응에 관한 연구 공로를 인정해 세포 및 분자 생물학자 피터 랫클리프 등 3명을 선정했다. 수상자들은 세포가 산소 농도에 적응하는 과정을 밝혀내 빈혈과 암 등 혈중 산소 농도와 관련된 질환의 치료법 수립에 기여했다. 세포가 저산소 농도에 적응하는 과정에 'HIF-1'이란 유전자가 어떤 중요한 역할을 하는지 조사하여 칼럼 기고문을 작성해 보자.

관련학과
글로벌학부, 인문학부, 국어국문학과, 문화인류학과, 언어학과

생물의 진화와 다양성

성취기준

[12생과Ⅱ05-05] 진화의 증거 사례를 조사하여 변이와 자연선택에 의한 진화의 원리를 설명할 수 있다.

탐구주제

8.생명과학Ⅱ — 생물의 진화와 다양성

① 악셀팀머만 기초과학연구원(IBS) 기후물리연구단장 연구팀이 호주·남아프리카공화국 연구진과 함께 호모 사피엔스 사피엔스의 정확한 발상지와 이주 원인을 세계 최초로 밝혀냈다. 현생 인류 최초의 조상은 20만 년 전 칼라하리에서 출현했고, 인류의 첫 대이동은 기후 변화가 원인이라는 연구 결과를 조사하여 보고서를 작성해 보자.

관련학과
인문학부, 국어국문학과, 문예창작학과, 문화인류학과, 철학과, 고고학과

생명공학 기술과 인간생활

성취기준

[12생과Ⅱ06-05] 생명공학의 발달 과정에서 나타나는 생태학적, 윤리적, 법적, 사회적 문제점을 이해하고, 미래 사회
에 미칠 영향을 예측하여 발표할 수 있다.

탐구주제

8.생명과학Ⅱ — 생명공학 기술과 인간생활

① 하버드 대학 교내신문에는 "키 175센티미터, 탄탄한 몸매, 가족병력 없음, SAT 점수 1400점 이상"인 난자 기증자를
찾는 광고가 실렸다. 유전공학의 힘을 빌려 완벽해지려는 인간의 욕망은 과연 옳은가? 삶과 생명에 대해 우리가 갖춰
야 할 올바른 가치와 미덕은 무엇일까? 자신의 생각을 논리적으로 정리해 보자.

관련학과
기독교학과, 신학과, 인문학부, 국어국문학과, 문예창작학과, 문화인류학과, 철학과

활용 자료의 유의점

⚠ 생명과학적 방법의 다양성, 생명과학 윤리, 과학적 모델의 특성 등 과학의 본성과 관련된 내용을 적절한 소재를 활용

⚠ 생명과학의 주요 발견 사실과 탐구 방법이 과학, 기술, 사회에 미친 영향에 대해 이해하였는가를 과학 글쓰기를 활용

💬 **MEMO**

과학과
9
지구과학 Ⅰ

핵심키워드

☐ 인류세 ☐ 환경파괴 ☐ 대멸종 ☐ 기후 변화 ☐ 그레타 툰베리 ☐ 메탄가스 ☐ 유전자 조작 ☐ 온실가스
☐ 지구온난화 ☐ 빅뱅 ☐ 우주학 ☐ 우주의 역사 ☐ 진화과정 ☐ 우주복사이론

영역 ## 지구의 역사

성취기준

[12지과 Ⅰ 02-05] 지질 시대를 기(紀) 수준에서 구분하고, 화석 자료를 통해 지질 시대의 생물 환경과 기후 변화를 해석할 수 있다.

▶ 대(代) 수준의 지질 시대 구분이 세부적으로 기(紀) 수준으로 구분됨을 이해하고, 구분된 지질 시대의특징을 화석 자료 및 지각 변동의 역사를 통해 확인함으로써 지구 환경의 변화를 설명한다.

탐구주제

(1) 네덜란드의 화학자로 1995년 노벨화학상을 받은 크뤼천이 2000년 2월 멕시코에서 열린 지구환경 국제회의에서 '인류세(人類世)'라는 용어를 공식 사용하였다. 인류의 자연환경 파괴로 인해 지구의 환경체계는 급격하게 변하게 되었고, 그로 인해 지구환경과 맞서 싸우게 된 시대를 뜻한다. 다른 지질시대와는 달리 인간의 환경파괴가 지구 생명 멸종의 원인이 될 '인류세'를 살아가야 할 인류를 위해 우리는 인류세의 심각성을 지각하고 문제해결을 위한 처방적, 실천적 대안 및 올바른 사회운동의 방향을 제시해 보자. *(인류세Anthropocene, 이상북스, 클라이브 해밀턴)*

관련학과
인문학부, 국어국문학과, 문예창작학과, 문화인류학과, 철학과, 고고학과

대기와 해양의 상호 작용

성취기준

[12지과 I 04-04] 기후 변화의 원인을 자연적 요인과 인위적 요인으로 구분하여 설명하고, 인간 활동에 의한 기후 변화의 환경적, 사회적 및 경제적 영향과 기후 변화 문제를 과학적으로 해결하는 방법에 대해 토의할 수 있다.

▶ 인간이 초래한 기후 변화가 지구환경에 미친 영향 및 기후 변화의 사회적, 경제적 영향을 알고, 기후 변화로 초래된 다양한 문제를 해결하기 위한 다양한 과학적 방법을 토의한다.

탐구주제

9.지구과학 I ― 대기와 해양의 상호 작용

① 스웨덴의 10대 환경운동가인 그레타 툰베리는 지구온난화의 심각성을 알리고 기후 변화 대책 마련을 촉구하는 시위를 벌여 왔다. 그리고 유엔 본부에서 전 세계 지도자들을 상대로 기후 변화 대응에 실패했다는 내용의 연설을 했다. 자신이 그레타 툰베리라 생각하고 유엔 본부에서 발표할 연설문을 작성해 보자.

관련학과

인문학부, 국어국문학과, 문예창작학과, 문화인류학과, 철학과, 영어영문학과, 중어중문학과, 일어일문학과, 노어노문학과, 서어서문학과,
불어불문학과, 독어독문학과

② 소를 비롯한 반추동물은 방귀·트림 등으로 메탄가스를 내뿜는다. 대표적인 온실가스 배출이다. 지구온난화의 주범으로 꼽힌다. 인간 활동과 관련된 메탄가스 배출량의 37%를 반추동물이 차지한다는 내용의 보고서도 있다. 메탄가스는 지구온난화에 미치는 영향이 이산화 탄소보다 약 21배 정도 크다. 온실가스를 줄이는 방법으로 유전자 조작을 활용한 사례를 조사하여 보고서를 작성해 보자.

관련학과

인문학부, 국어국문학과, 문예창작학과, 문화인류학과

외부 은하와 우주 팽창

성취기준

[12지과 I 06-02] 우주배경복사, 우주 망원경 관측 등 최신 관측 자료를 바탕으로 급팽창 우주와 가속팽창 우주를 포함하는 빅뱅(대폭발) 우주론을 설명할 수 있다.

▶ 우주론 모형을 역사적 관점에서 서술한다. 대폭발 우주론의 관측적 증거를 가급적 최신 자료를 통해 제시하고, 대폭발 우주론의 모순점을 해결하기 위한 급팽창 우주론의 특징을 간략히 다룬다.

탐구주제

(1) 빅뱅(대폭발)을 우주복사이론으로 설명한 이론 물리학자 제임스 피블스 미국 프린스턴대 명예교수는 우주의 역사와 진화과정을 밝혀내는 데 초석을 놓은 '현대 우주론의 대부'로 불린다. 그는 미셸 마이어와 디디에르 켈로즈와 함께 2019년 노벨 물리학상을 차지했다. 노벨위원회가 어떤 이유로 이들을 수상자로 선정했는지 조사해 보고, 노벨위원회 입장에서 발표할 발표문을 작성해 보자.

관련학과

국어국문학과, 인문학과, 영어영문학과, 중어중문학과, 일어일문학과, 독어독문학과, 노어노문학과, 서어서문학과, 불어불문학과, 인문학부, 글로벌학부

(2) 사이먼 싱의 「우주의 기원 빅뱅」은 빅뱅 모델의 역사와 과학이 무엇인지 과학계가 어떻게 작동하는지에 대한 이야기를 다룬 책이다. 신화에서 우주학으로의 변화, 우주에 대한 이론과 대 논쟁, 패러다임의 전환 등을 설명한다. 이 책을 통해 빅뱅이론이 성립, 증명되기까지의 과정과 빅뱅모델에 남아있는 과제를 조사하여 발표해 보자.

(우주의 기원 빅뱅, 영림카디널, 사이먼 싱)

관련학과

인문학부, 국어국문학과, 문예창작학과, 문화인류학과, 철학과, 고고학과, 신학과, 영어영문학과, 중어중문학과, 일어일문학과, 노어노문학과, 서어서문학과, 불어불문학과, 독어독문학과

활용 자료의 유의점

⚠ 과학 윤리, 과학·기술·사회의 상호 관련성, 관찰과 추리의 차이 등 과학의 본성과 관련된 내용을 적절한 소재를 활용

⚠ 지적 호기심과 학습 동기를 유발할 수 있도록 과학자 이야기, 지구과학사, 시사성 있는 지구과학 내용 등을 활용

⚠ 지구과학 내용과 관련된 기술, 공학, 예술, 수학 등 다른 교과와 통합, 연계하여 활용

💬 **MEMO**

과학과 10
지구과학 Ⅱ

핵심키워드

☐ 파커 태양 탐사선　☐ NASA　☐ 델타4 로켓　☐ 국제천문연맹
☐ 우리은하　☐ 외계별　☐ 외계행성 한라, 백두

영역 ## 행성의 운동

성취기준

[12지과Ⅱ06-02] 내행성과 외행성의 겉보기 운동을 비교하고 지구중심설과 태양중심설로 행성의 겉보기 운동을 설명할 수 있다.

탐구주제

10.지구과학 Ⅱ — 행성의 운동

① 파커(Parker) 태양 탐사선은 미국 항공우주국(NASA)이 계획한 최초의 태양 탐사선 프로젝트로 2018년 8월 플로리다 케네디 우주센터에서 델타4 로켓에 실려 발사됐다. 이는 인공위성이 태양의 대기에 직접 진입한 첫 사례로 기록됐다. 파커 태양 탐사선 프로젝트 및 성과에 대한 칼럼 기고문을 작성해 보자.

관련학과
인문학부, 국어국문학과, 문예창작학과, 문화인류학과, 고고학과

우리은하와 우주의 구조

성취기준

[12지과 II 07-05~06] 우리은하의 속도 곡선을 이용하여 우리은하의 질량과 빛을 내지 않는 물질이 존재함을 설명할 수 있다. 그리고 은하들이 은하군, 은하단, 초은하단으로 집단을 이루고 있으며 우리은하가 국부 은하군의 중심 은하임을 안다.

탐구주제

10. 지구과학 II — 우리은하와 우주의 구조

① 국제천문연맹(IAU)은 창립 100주년을 맞아 전 세계에서 외계행성계 이름 짓기 캠페인을 벌인 결과, 태양에서 약 520 광년 떨어진 별과 이 별을 도는 외계행성에 각각 백두, 한라라는 명칭을 붙이기로 확정했다. 외계별이나 행성에 한글 이름이 붙은 것은 이번이 처음이다. 백두와 한라에 대해 조사해 보고, 보고서를 작성해 보자.

관련학과

인문학부, 국어국문학과, 문예창작학과, 문화인류학과, 철학과, 고고학과

활용 자료의 유의점

- ① 학습 내용, 실험 여건, 지도 시간, 학생의 능력과 흥미 등 개인차를 고려하여 적절한 학습 방법을 활용
- ① 수학적 사고와 컴퓨터 활용, 모형의 개발과 사용, 증거에 기초한 토론과 논증
- ① 지구과학 내용과 관련된 기술, 공학, 예술, 수학 등 다른 교과와 통합, 연계
- ① 과학 윤리, 과학적 모델의 특성, 관찰과 추리의 차이 등 과학의 본성과 관련된 내용을 적절한 소재로 활용

💬 MEMO

과학과
11
과학사

핵심키워드

☐ 신소재 ☐ 초공성 나노구조 ☐ 에어로젤 ☐ 마이크로 의료로봇 ☐ 빛에너지 ☐ 플라스마 ☐ 저궤도 인공위성
☐ 거대 통신망 ☐ 크리스퍼 유전자 가위 ☐ 오가노이드 ☐ 배아줄기세포 ☐ 성체줄기세포 ☐ 유도만능줄기세포

영역 ## 서양 과학사

성취기준

[12과사02-14~15] 여러 과학 혁명이 끼친 사회적 영향에 대해서 설명할 수 있다. 그리고 신약 개발, 신소재 개발 및 나노 화학, 우주 개발 등과 같은 현대 과학의 발전과 그 의의를 설명할 수 있다.

탐구주제

(1) 「세계사를 바꾼 12가지 신소재」의 저자 사토 겐타로는 책의 에필로그에서도 "힘 있는 국가와 조직이 새로운 재료를 만들고 그 재료가 다시 국가와 조직의 힘이 된다"고 강조했다. 12가지 소재는 1억 4000만 개가 넘는 물질들 중에서 거르고 걸러서, 그 중에서 우리 인류가 오랜 시간을 활용하며 시대를 바꾸어 놓은 혁명처럼 이용된 것들을 엄선한 것이다. 12가지 재료가 어떻게 발견되었는지, 그 발견이 발달로 이어져 인간에게 어떤 이득을 가져왔는지, 어떤 사건으로 세계사가 연결되고 바뀌었는지를 미시적인 관점에서 분석하여 설명문을 작성해 보자.

(세계사를 바꾼 12가지 신소재, 북라이프, 사토 겐타로)

관련학과
인문학부, 국어국문학과, 문예창작학과, 문화인류학과, 철학과, 중어중문학과, 일어일문학과, 노어노문학과, 서어서문학과, 불어불문학과, 독어독문학과

(2) 초공성 나노구조 소재의 대표적인 에어로젤은 'Science지'에서 과학기술 발전이 기대되는 10가지 분야 중의 하나로 선정될 만큼 신소재로서 독특한 성질로 이루어져 있다. 1997년 83일간 화성 표면을 돌아다닌 로봇 '소저너'의 단열재료로도 사용되었다. 에어로젤의 특성을 파악하고 다양한 활용분야에 대해 조사하고 정리하여 과학잡지 소개글로 작성해 보자.

관련하가
인문학부, 국어국문학과, 문예창작학과, 문화인류학과

동양 및 한국 과학사

성취기준

[12과사03-06] 한국 현대 과학의 발전 과정을 이해하고, 최근 세계 과학계에서의 한국 과학이 갖는 위상을 소개할 수 있다.

탐구주제

11.과학사 — 동양 및 한국 과학사

① 박종오 로봇과학자는 '마이크로 의료로봇'을 최초로 연구·개발을 주도해 한국이 세계적인 기술경쟁력을 가지도록 일궈낸 장본인이다. 그는 최초로 '대장내시경로봇'(2001년)을 개발·성공했으며, 상상력과 의지 하나로 한국을 마이크로 의료로봇 분야에서 세계 최고의 기술력과 경쟁력을 갖추게 했다. 마이크로 의료로봇 분야에서 한국 과학이 갖는 위상을 소개하는 글을 써보자.

관련학과

인문학부, 국어국문학과, 문예창작학과, 문화인류학과, 중어중문학과, 일어일문학과, 노어노문학과, 서어서문학과, 불어불문학과, 독어독문학과

② KSTAR는 초고온·초진공 상태에서 태양이 빛에너지를 발생하는 원리인 핵융합 반응을 실현함으로써 전기를 생산하려는 한국형 핵융합 실험 장치이다. 전 세계적으로 플라스마 이온 온도를 1억℃ 수준으로 5초 이상 유지하는 데 성공한 것은 KSTAR가 처음이다. 또한 2020년 11월 KSTAR가 1억℃ 초고온 플라스마를 20초간 유지하면서 세계 최고 기록을 또 다시 갈아치웠다. KSTAR가 갖는 의의 및 성과에 대해 조사하고 정리하여 칼럼 기고문을 작성해 보자.

관련학과

글로벌학부, 문화인류학과, 인문학부, 국어국문학과, 문예창작학과

과학과 현대 사회

성취기준

[12과사04-02] 최근의 과학기술의 발전에 따른 윤리적인 쟁점 사례를 이용하여 과학자로서 갖추어야 할 연구 윤리, 생명 윤리 등에 대하여 토의할 수 있다.

[12과사04-03] 현대 사회에서 과학과 기술, 사회와의 관련성에 대해서 토의할 수 있다.

▶ 과학, 기술과 관련된 사회 문제를 찾아 논의하는 과정을 통해 적극적으로 의사 결정 과정에 참여하는 태도를 갖도록 한다.

탐구주제

① 스페이스X, 아마존 등 많은 기업들이 저궤도 인공위성을 쏘아올리고 있는 덕분에 인공위성으로 만드는 거대 통신망 (Satellite mega-constellations)이 형성되어 통신망이 잘 갖춰져 있지 않던 지역에서도 초고속 인터넷을 제공받을 수 있을 것으로 기대된다. 하지만 우려의 목소리도 크다. 지구 저궤도 위성 무더기로 인한 문제점과 해결 방안을 보고서로 작성해 보자.

관련학과

인문학부, 국어국문학과, 문예창작학과, 문화인류학과

② 중국 베이징대의 훙퀴 덩 교수는 세계 최초로 에이즈 환자 치료에 크리스퍼 유전자 가위를 이용해 세포를 변형시킨 임상시험 결과를 발표했다. 이 임상시험의 연구방법 및 결과를 조사해 보고, 현대 과학의 의의와 인류에게 어떤 영향을 끼칠지 자신의 생각을 정리해서 보고서를 작성해 보자.

관련학과

철학과, 신학과, 기독교학과, 인문학부, 국어국문학과, 문예창작학과, 문화인류학과

③ 오가노이드는 배아줄기세포, 성체줄기세포, 유도만능줄기세포 등을 3차원적으로 배양하거나 재조합해서 만든 장기 유사체다. 흔히 미니 장기, 유사 장기라고도 부른다. 오가노이드 형성 과정과 개발 사례 그리고 활용방안에 대해 조사하여 보고서를 작성해 보자.

관련학과

철학과, 신학과, 기독교학과, 인문학부, 글로벌학부, 문화인류학과, 고고학과

활용 자료의 유의점

- ⚠ 과학사와 관련된 다큐멘터리, 동영상 등 시청각 자료를 이용한 교수·학습 자료를 적극 활용
- ⚠ 학생들이 과학사, 과학 철학, 과학과 기술, 과학과 사회 등 다양한 주제로 독서
- ⚠ 주요한 과학 개념이 형성되는 과정을 과학 철학적 맥락에서 이해하도록 많은 과학사 사례를 활용

💬 **MEMO**

과학과

12

생활과 과학

핵심키워드

☐ 항생제　☐ 의약 분업　☐ 의약품 분류　☐ 생츄어리(Sanctuary)　☐ 동물권　☐ 동물복지　☐ 라이브 플러킹
☐ RDS 인증마크　☐ 반려동물　☐ 펫코노미　☐ 프리사이클링　☐ 업사이클링　☐ 폐기물

영역 **건강한 생활**

성취기준

[12생활01-04]　약물 오남용의 폐해에 대해 경각심을 높이고, 약물의 올바른 이해와 사용을 권장하는 캠페인을 기획하고 발표할 수 있다.

탐구주제

① 약국에서는 왜 항생제를 팔지 않을까? 2000년 의약분업이 시행되기 전에는 우리나라가 항생제 처방률 1위라는 오명을 낳았었는데, 이를 제도적으로 막기 위해 등장한 것이 의약 분업 제도이다. 의약 분업 이후 20여년간 지난 지금, 의약품 분류의 가장 본질적인 부분인 접근성과 안정성에 대해 살펴보고, 자신의 견해를 보고서로 작성해 보자.

관련학과
인문학부, 국어국문학과, 문예창작학과, 문화인류학과, 철학과, 신학과

아름다운 생활

[12생활02-04] 화장품 개발의 윤리와 동물 보호 등과 관련된 내용을 조사하고 토론할 수 있다.

탐구주제

12.생활과 과학 — 아름다운 생활

1 생츄어리(Sanctuary)는 동물권·동물복지와 관련 깊은 개념으로, 동물권은 1970년대 후반 철학자 피터싱어가 '동물도 지각·감각 능력을 지니고 있으므로 보호받기 위한 도덕적 권리를 가진다'며 주장한 개념이다. 우리나라의 생츄어리 사례를 조사해 보고, 문제점 및 자신의 견해를 토의해 보자.

관련학과

기독교학과, 인문학부, 국어국문학과, 문예창작학과, 문화인류학과

2 RDS(Responsible Down Standard)는 살아있는 동물의 털을 뽑는 행위인 라이브 플러킹을 하지 않고, 식용으로 사용되기 위해 도축되는 오리나 거위의 털을 모아 만든 다운 제품에 발행되는 인증마크이다. 이와 관련하여 소비가 환경에 미치는 영향과 바람직한 소비생활 실천 방안에 대해 칼럼 기고문을 작성해 보자.

관련학과

철학과, 인문학부, 문화인류학과, 국어국문학과, 문예창작학과, 신학과, 기독교학과

3 최근 반려동물을 키우는 인구가 급증하고 반려동물을 가족 구성원으로 여기는 사람들이 늘어나면서 관련 산업을 뜻하는 펫코노미(Pet+Economy)라는 신조어도 등장했다. 향후 반려동물 시장은 지속적인 성장세를 거듭할 것으로 전망된다. 반려동물과 관련된 신조어들을 조사·분석하여 보고서를 작성해 보자.

관련학과

언어학과, 국어국문학과, 문예창작학과, 문화인류학과, 중어중문학과, 일어일문학과, 노어노문학과, 서어서문학과, 불어불문학과, 독어독문학과

편리한 생활

[12생활03-02] 인간의 외부 환경, 주거의 개념, 건물의 기능, 편안함, 쓰레기, 안전 등 건축물을 설계할 때 고려해야 하는 사항들을 조사하고 발표할 수 있다.

탐구주제

(1) 프리사이클링(Precycling)은 폐기물을 단순히 재활용하는 리사이클링(Recycling), 단순 재활용의 차원을 넘어 새로운 가치를 창출하는 제품으로 재탄생시키는 업사이클링(Upcycling)에서 더 나아가 쓰레기 배출 자체를 최소화하고자 하는 움직임이다. 특히 코로나19로 유통업의 발달하고 포장재로 인한 폐기물 증가가 문제되면서 더욱 관심이 높아지고 있다. 프리사이클링 실천사례를 조사해 보고, 실천할 수 있는 방법을 논의해 보자.

관련학과

인문학부, 국어국문학과, 문예창작학과, 문화인류학과, 철학과, 고고학과, 중어중문학과, 일어일문학과, 노어노문학과, 서어서문학과, 불어불문학과, 독어독문학과

활용 자료의 유의점

- ⚠ 기술, 공학, 예술, 수학 등 다른 교과와 통합, 연계 학습
- ⚠ 과학적 방법의 다양성, 과학 윤리, 과학적 모델의 특성 등 과학의 본성과 관련된 내용을 적절한 소재를 활용
- ⚠ 모형이나 시청각 자료, 소프트웨어, 컴퓨터나 스마트 기기, 인터넷 등 최신 정보통신기술과 기기 등 적절히 활용

💬 **MEMO**

핵심키워드

☐ 주기율표 ☐ 스칸듐(Sc) ☐ 태크네튬(Tc) ☐ 갈륨(Ga) ☐ 저마늄(Ge) ☐ 바이오미메틱스 ☐ 생체모방기술
☐ 양자정보기술 ☐ 반도체 ☐ 광통신 ☐ 식량위기 ☐ 작물의 단일화 ☐ 맹장 ☐ 박테리아 ☐ 면역체계
☐ 태양에너지 ☐ LCA 환경영향 평가방법

영역 태양계와 지구

성취기준

[12융과02-06] 지구의 원소 분포와 주변 화합물의 특성을 주기율과 관련지어 설명할 수 있다.

탐구주제
13.융합과학 — 태양계와 지구

① 주기율표의 등장으로 과학자들은 새로운 원소들을 찾기 위한 연구를 시작했고, 새롭게 발견된 원소들은 다양한 분야에서 유용하게 활용되며 사람들의 삶에 도움을 주고 있다. 스칸듐(Sc), 태크네튬(Tc), 갈륨(Ga), 저마늄(Ge) 등 새롭게 발견된 원소들이 어떤 분야에서 어떻게 활용되고 있는지 사례를 조사하여 보고서를 작성해 보자.

관련학과
인문학부, 국어국문학과, 문예창작학과, 문화인류학과

생명의 진화

성취기준

[12융과03-05] 지구의 모든 생명체가 염색체, 유전자, DNA의 개념을 바탕으로 동일한 유전 암호를 사용하는 것에 근거하여 생명의 연속성을 설명할 수 있다.

탐구주제

13.융합과학 — 생명의 진화

1 바이오미메틱스(biomimetics)는 40억 년이란 길고 긴 진화의 실험실에서 만들어진 생물체로부터 인류 생존에 필요한 여러 가지 기술과 지혜를 배우려 하는 접근 방식이다. '생체모방(biomimicry)'이라 불리는 이 아이디어는 일본에서는 '지능 구조', 영국에서는 바이오미메틱스(biomimetics) 미국에서는 '스마트물질' 등 다양한 이름으로 불리면서 오늘날 과학과 공학의 한 흐름을 형성하고 있다. 생체모방 기술이 각광받는 이유와 응용 사례를 분석하여 칼럼 기고문을 작성해 보자. *(바이오미메틱스, 시그마 북스, 로버트 앨런 공저)*

관련학과
인문학부, 국어국문학과, 문예창작학과, 문화인류학과, 기독교학과, 신학과

정보통신과 신소재

성취기준

[12융과04-02] 정보를 인식하는 여러 가지 센서의 기본 작동 원리를 이해하고, 휴대전화, 광통신 등 첨단정보 전달 기기에서 정보가 다른 형태로 변환되어 전달되는 과정을 설명할 수 있다.

탐구주제

13.융합과학 — 정보통신과 신소재

1 우리나라가 제안한 양자정보기술이 처음으로 국제전기기술위원회(IEC)에서 채택됐다. 양자정보기술은 반도체, 광통신, 암호 산업분야 등에 적용되는 차세대 기술로 기존 산업에 파급효과가 상당할 것으로 예상된다. 미래핵심 기술인 양자정보기술이 갖는 의미와 미칠 영향에 대해 조사하여 과학잡지 소개글로 작성해 보자.

관련학과
인문학부, 국어국문학과, 문예창작학과, 문화인류학과

인류의 건강과 과학기술

[12융과05-02] 식량 자원의 지속적인 개발 및 확보와 관련하여 생태계와 생물다양성의 가치 및 종자은행의 중요성을 이해하고, 물의 소독, 살균, 세제의 사용이 인간 수명의 증가와 건강의 증진에 기여하였음을 조사하여 발표할 수 있다.

[12융과05-04] 병원체로 작용하는 박테리아와 바이러스의 특징을 이해하고, 이들의 확산을 방지하기 위해 개발된 백신과 면역 과정에 대해 설명할 수 있다.

탐구주제

13. 융합과학 ― 인류의 건강과 과학기술

① 저자 롭던은 「바나나 제국의 몰락」에서 역사적 사실의 서술을 통해 우리가 식량 위기에 관심을 기울여야 할 이유를 보여준다. 사람들이 섭취하는 열량의 80%를 차지하는 작물은 열두 종에 불과하며 90%를 차지하는 작물도 열다섯 종에 지나지 않는다. 작물의 단일화는 전 세계적 식량 위기를 부추기고 있다. 책을 통해 저자가 말하는 식량 해결책은 무엇인지 정리해 보고, 다른 해결책도 제시하여 발표해 보자. *(바나나 제국의 몰락, 반니, 롭던)*

관련학과

인문학부, 국어국문학과, 문예창작학과, 문화인류학과, 철학과, 글로벌학부

② 그동안 맹장의 역할과 기능에 대해 알려진 것은 거의 없었다. 별다른 기능이 없는 맹장이 왜 진화 과정에서 사라지지 않는지도 미스터리였다. 그래서 미국 애리조나 미드웨스턴 헤더 스미스(Heather F. Smith) 박사가 이끄는 국제공동연구팀은 맹장의 진화 과정을 추적하는 연구에 나섰다. 그 결과, 사람 몸에 없어도 별다른 문제가 되지 않는다고 알려진 장기인 맹장이 우리 몸에 유익한 박테리아의 저장고 역할을 해 면역체계 유지에 기여하는 것으로 나타났다. 연구과정과 방법에 대해 조사하여 칼럼 기고문을 작성해 보자.

관련학과

인문학부, 국어국문학과, 문예창작학과, 문화인류학과

에너지와 환경

[12융과06-02] 지구의 가장 중요한 에너지원은 태양 에너지와 화석 연료이고, 에너지를 빛, 열, 소리, 전기 등으로 전환시키는 기술을 바탕으로 인류 문명이 발전해온 과정을 설명할 수 있다.

[12융과06-07] 화석연료와 방사성 에너지 자원의 생성 과정을 이해하고, 에너지 자원 고갈로 발생한 문제를 해결하는 방안에 대해 토론할 수 있다.

탐구주제

① 스탠퍼드 대학교의 에너지 전문가 토니 세바는 2030년이면 본격적인 태양에너지 시대가 온다고 예측한다. 태양에너지가 기존 에너지산업인 석유·원자력산업과 다른 점을 살펴보고, 태양에너지의 발달이 우리 일상생활을 어떻게 변화시킬지 보고서를 작성해 보자.

관련학과
인문학부, 국어국문학과, 문예창작학과, 문화인류학과, 글로벌학부

---

② LCA(Life Cycle Assessment)는 특정 세품의 선과성 즉, 원료 획득 빛 가성, 제소, 수송, 유동, 사봉, 재활봉, 폐기불 관리 과정 동안에 소모되고 배출되는 에너지 및 물질의 양을 정량화하여, 이들이 환경에 미치는 영향을 총체적으로 평가하고, 이를 토대로 환경개선의 방안을 모색하고자 하는 객관적이며 적극적인 환경영향 평가방법이다. LCA의 특징 및 국내 적용 사례를 탐구하여 보고서를 작성해 보자.

관련학과
인문학부, 국어국문학과, 문예창작학과, 문화인류학과, 글로벌학부, 철학과, 중어중문학과, 일어일문학과, 노어노문학과, 서어서문학과, 불어불문학과, 독어독문학과

활용 자료의 유의점

- ⚠ 기술, 공학, 예술, 수학 등 다른 교과와 통합하여 학습
- ⚠ 과학 및 과학과 관련된 사회적 쟁점을 활용한 과학 글쓰기와 토론
- ⚠ 학습 내용, 실험 여건, 지도 시간, 학생의 능력과 흥미 등 개인차를 고려하여 적절한 학습방법 활용
- ⚠ 과학 윤리, 과학·기술·사회의 상호 관련성, 관찰과 추리의 차이 등 과학의 본성과 관련된 내용을 적절한 소재로 활용

💬 **MEMO**

인문계열편

영어과 교과과정

영어과

1

영어

핵심키워드

☐ 인공지능   ☐ Earth Hour   ☐ 지구의 기후 변화   ☐ 다양성과 혁신   ☐ 학습 유발자   ☐ 공유경제
☐ 디지털 고고학   ☐ 착한 사마리안 법   ☐ 윤리적 소비   ☐ 신조어   ☐ 쓰레기 섬   ☐ 부정부패
☐ 세계화   ☐ 사회 복지   ☐ 엔지오   ☐ 청소년 공익 활동   ☐ Greenpeace   ☐ 언택트 시대

듣기

성취기준

[10영01-02]   친숙한 일반적 주제에 관한 말이나 대화를 듣고 주제 및 요지를 파악할 수 있다.

▶ 일상생활이나 학업과 관련된 친숙한 일반적 주제에 관한 말이나 대화를 듣고 화자가 말하고자 하는 중심 생각 및 핵심 내용을 이해할 수 있다는 의미이다. 주어진 내용에 드러난 주제나 요지를 선택하는 활동이나 화자의 주장이나 의견을 파악하는 활동 등을 할 수 있으며, 요약하여 말하거나 쓰는 활동과 연계하여 의사소통능력을 향상시키도록 한다.

[10영01-04]   친숙한 일반적 주제에 관한 말이나 대화를 듣고 화자의 의도나 말의 목적을 파악할 수 있다.

▶ 일상생활이나 학업과 관련된 친숙한 일반적 주제에 관한 말이나 대화를 듣고 맥락을 통하여 화자의 의도나 말의 목적을 이해할 수 있다는 의미이다. 전화의 메시지를 듣고 전화한 목적을 간단히 쓰거나, 연설문을 듣고 연설자의 의도를 기록하는 활동을 통하여 상황에 적절한 의사소통을 할 수 있도록 한다.

탐구주제

1.영어 — 듣기

① Stuart Russell의 TED 강의 '3 principles for creating safer AI'를 시청해 보자. 인공지능 로봇 개발 분야에서 인공지능의 선구자인 Stuart Russell은 조금 다른 관점에서 불확실성을 갖는 로봇을 연구하고 있다. 그는 이 강연에서 인간과 공존 가능한 인공지능이 갖는 문제와 이를 해결하는 방법에 대해 이야기하고 있다. 강연자가 이야기하는 공존가능한 인공지능의 문제는 무엇이고 해결방법은 무엇인지 영어로 발표해 보자.

관련학과
영어영문학과, 국어국문학과, 문화인류학과, 문화콘텐츠학과, 철학과, 문예창작학과, 글로벌학부, 인문학부

탐구주제

2 지구를 위해 한 시간 소등을 하는 'Earth Hour'(매년 3월 마지막 토요일) 행사의 의의를 알아보고, 이 행사에 다른 사람들의 동참을 이끌어 낼 수 있는 방법이 무엇인지 토의해 보자. 또한 세계시민의 일원으로서 지구의 기후 변화에 대한 심각성을 인식하고 우리가 할 수 있는 일이 무엇인지 발표해 보자.

관련학과
영어영문학과, 국어국문학과, 문화콘텐츠학과, 문화인류학과, 글로벌학부, 인문학부

3 혐오와 차별의 반대편에는 다양성의 공존과 평등이 있다. 호주는 정책적으로 다양성을 국가 경쟁력을 높이는 데 활용하고 있다. 캐나다는 2015년 '다양성 내각'을 출범시켰다. Rocío Lorenzo의 TED 강의 'How diversity makes teams more innovative'를 시청해 보자. 강연자는 170개의 회사를 서베이한 결과를 공유해주고 있다. 그녀는 회사가 다양성을 경쟁력으로 다룰 때 얼마나 신선하고 창의적인 아이디어들을 창출하는가에 대해 이야기한다. 이 강의를 바탕으로 'diversity'와 'innovation'의 관계를 영어로 발표해 보자.

관련학과
영어영문학과, 철학과, 문화인류학과, 글로벌학부, 인문학부

4 Ramsey Musallam의 TED 강의 '3 Rules to spark learning'을 시청해 보자. 샌프란시스코에서 화학교사로 근무하는 강연자는 교사의 진정한 역할에 대해 이야기한다. 강연자가 이야기 하는 학습을 유발하는 3가지 원칙이 무엇인지 알아보고, 이에 대한 자신의 생각을 경험과 연관지어 영어로 발표해 보자.

관련학과
철학과, 문화인류학과, 인문학부, 영어영문학과, 국어국문학과

영역 말하기

성취기준

[10영02-02] 일상생활이나 친숙한 일반적 주제에 관하여 듣거나 읽고 중심 내용을 말할 수 있다.

[10영02-03] 일상생활이나 친숙한 일반적 주제에 관해 자신의 의견이나 감정을 표현할 수 있다.

▶ 일상생활에서의 친숙한 일반적 주제에 관해 자신의 의견을 조리 있고 설득력 있게 표현하고, 다른 사람과 효과적으로 의견이나 감정을 교환할 수 있다는 의미이다. 찬반 의견이 있는 주제에 대해 서로의 의견이나 감정을 주고받는 짝 활동, 학습자 수준에 맞는 흥미 있는 주제를 정하여 모둠별로 토론하거나 발표하는 활동을 통하여 의사소통능력을 향상시키도록 한다.

탐구주제

1 공유경제가 시민들의 삶 속으로 빠르게 퍼져가면서 다양한 공유서비스와 나눔이 이제는 하나의 문화가 되어가고 있다. 'The Sharing Economy and How it Is Changing Industries' 기사를 읽고 공유경제에 대해 알아보자. 공유경제에서 출발하여 공유분화를 만들고 있는 각국이 사례를 찾아보고, 공유문화구 자리매김하기 위해시는 시민과 공유기업들의 어떠한 노력이 필요한지 발표해 보자.

관련학과
영어영문학과, 국어국문학과, 중어중문학과, 일어일문학과, 독어독문학과, 노어노문학과, 서어서문학과, 불어불문학과, 글로벌학부, 인문학부

(2) 최근 영국은 3D 스캐닝 기술을 이용한 문화재 실측 및 복원 사업에 많은 공을 들이고 있다. 3D 프린터와 스캐너 기술로 복원한 시리아 팔미라 개선문 재현 구조물은 벨 신전 아치 모형과 함께 런던 트라팔가 광장에 전시하고 있다. BBC의 뉴스기사 'Ancient Egypt: Mummified animals 'digitally unwrapped' in 3D scans'를 읽고, 알게 된 점을 영어로 이야기해 보자. 그리고 우리나라의 디지털 고고학의 현주소와 활성화를 위한 방안에 대해 토의해 보자.

관련학과

고고학과, 고고미술학과, 사학과, 문화인류학과

---

(3) 불의를 보고도 모른 척하는 풍조가 늘고 있다. '착한 사마리아인의 법' 도입에 근거를 들어 찬반 토론해 보자. 또한 사회적 약자를 보호하고 따뜻한 사회를 만들기 위해 우리 사회에 필요한 조건을 무엇인지 자신의 의견을 영어로 제시해 보자.

관련학과

영어영문학과, 국어국문학과, 문화콘텐츠학과, 문화인류학과, 철학과, 종교학과

---

(4) '윤리적 소비(ethical consumption)'란 무엇인지, 소비자가 소비할 때 가장 중요하게 생각하는 기준은 무엇인지 알아보자. The Guardian의 'The dilemma of ethical consumption: how much are your ethics worth to you?' 기사를 참고해 보자. 경제적 만족과 윤리적 가치, 소비자는 무엇을 선택할까? 우리 사회 발전을 위해 '경제적 이익'과 '윤리적 가치 추구'를 함께 고려하여 소비할 수 있는 방법에 대해 영어로 토의해 보자.

관련학과

영어영문학과, 국어국문학과, 문화콘텐츠학과, 철학과

영역 **읽기**

성취기준

[10영03-02] 친숙한 일반적 주제에 관한 글을 읽고 주제 및 요지를 파악할 수 있다.

▶ 일상생활이나 학업과 관련된 친숙한 일반적 주제에 관한 글을 읽고 필자가 전달하고자 하는 중심 생각 및 핵심 내용을 이해할 수 있다는 의미이다. 주제와 관련된 핵심 단어 찾기, 글쓴이의 의견이나 주장 파악하기, 주어진 글의 제목 찾기 등의 활동을 할 수 있으며 제시된 글에서 주어진 단어를 이용하여 요약문을 쓰거나 말하는 활동과 연계하도록 한다.

[10영03-06] 친숙한 일반적 주제에 관한 글을 읽고 함축적 의미를 추론할 수 있다.

▶ 일상생활이나 학업과 관련된 친숙한 일반적 주제에 관한 글을 읽고 명시적으로 드러나지 않은 어구나 표현의 문맥적 의미를 추론해서 글의 내용을 올바르게 이해할 수 있다는 의미이다. 문맥 속 낱말, 어구, 문장의 의미와 글 전체의 숨겨진 의미를 파악하는 등 행간의 의미를 제대로 이해하도록 다양한 독해 전략을 지도하여 의사소통능력을 향상시키도록 한다.

1 MS는 개발한 인공지능 Tay가 특정 인종 혐오, 역사적 사실 부인, 나치 찬양 등 온라인 상에서 부적절한 발언으로 인해 논란이 되자, 기능을 개선하며 AI의 공공성 및 도덕성을 위한 별도의 윤리 디자인 가이드도 만들었다. Zdbet의 기사 'Microsoft and the learnings from its failed Tay artificial intelligence bot'를 읽고 인공지능의 도덕성 문제를 해결하기 위한 방안에 대해 토의해 보자.

관련학과

철학과, 문화인류학과, 종교학과, 영어영문학과, 국어국문학과

2 코로나19는 우리 삶의 모든 부분에 영향을 끼쳤다. 언어도 그 예외일 수 없다. 코로나19가 신조어 및 언어에 끼친 영향에 관한 기사 '2020's Influence on the English Language'를 읽어 보자. 이 글을 읽고 이러한 신조어와 사회와의 관계에 대해 생각해 보자. 그리고 신조어 사용이 사회적으로 미치는 영향이 무엇인지 긍정적인 측면과 부정적인 측면을 생각해 보고, 이 시대의 진정한 언어의 역할은 무엇인지에 대해 토의해 보자.

관련학과

언어학과, 영어영문학과, 국어국문학과, 중어중문학과, 일어일문학과, 독어독문학과, 노어노문학과, 서어서문학과, 불어불문학과

3 인간이 만들어 낸 거대한 태평양 '쓰레기 섬'에 이어 최근 배달 음식·테이크아웃·마스크가 쌓아 올린 '코로나19 쓰레기 산'이 문제가 되고 있다. National geographic의 'Great Pacific Garbage Patch'를 읽고 쓰레기 섬에 대해 알아보자. 쓰레기 섬이 초래하는 문제에는 어떤 것이 있는지, 각국의 플라스틱 관련 정책에 대해서 조사해 보고, 우리나라의 포장용 플라스틱 사용량을 줄이는 방안에 대해 토의해 보자. (자신의 영어 수준에 따라 학년을 선택해서 읽어 보자.)

관련학과

영어영문학과, 국어국문학과, 중어중문학과, 일어일문학과, 독어독문학과, 노어노문학과, 서어서문학과, 불어불문학과, 문화인류학과

4 CPI란 부패 인식 지수(Corruption Perceptions Index, CPI)로 국제투명성기구(TI)에서 매년 발표하는 국가별 청렴도 인식에 관한 순위이다. CPI 2020 Global highlights를 읽어보자. 이 중에 관심있는 지역 또는 아시아 부분의 분석을 읽고, 우리 사회의 부패 원인에는 어떤 것들이 있는지와 우리 사회가 부패의 악순환에서 벗어나기 위한 방법에 대해 생각해 보자. 청렴도가 높은 국가에서 시행하고 있는 부패 방지 제도에 대해 조사하고 부패가 없는 깨끗한 사회를 이루기 위한 방안에 대해 발표해 보자.

관련학과

영어영문학과, 국어국문학과, 노어노문학과, 서어서문학과, 독어독문학과, 불어불문학과

영역 **쓰기**

성취기준

[10영04-01] 일상생활이나 친숙한 일반적 주제에 관하여 듣거나 읽고 세부 정보를 기록할 수 있다.

▶ 대상, 상황, 그림, 사진, 도표 등에 관해 묘사 및 설명하는 글을 읽고 구체적이고 상세한 정보를 정확하게 파악하는 읽기 활동과 연계하여 의사소통능력을 신장하도록 한다.

탐구주제

1 세계화와 경기침체로 양극화 현상이 심화되고 사회적 약자 보호 문제가 제기되면서 사회 복지에 대한 관심이 더욱 커지고 있다. 사회 복지는 꼭 필요한 것일까? 시민 개개인의 삶에 대한 국가의 책임은 어디까지인가? 자유권, 평등권 혹은 건강권, 안전권, 환경권 등 다양한 기본권의 측면에서 자신의 견해를 영어 에세이로 작성해 보사.

관련학과

영어영문학과, 국어국문학과, 언어학과, 문화인류학과, 철학과, 인문학부, 신학과

2 비정부 기구, 엔지오(NGO, Non Governmental Organization)와 엔피오(NPO, Non Profit Organization)의 공통점은 무엇인지 알아보고, 지방자치단체가 청년의 공익 활동을 지원하는 이유가 무엇이며, 청년의 공익 활동 활성화가 우리 사회에 어떤 영향을 미칠지에 대해 영어 보고서를 작성해 보자.

관련학과

영어영문학과, 국어국문학과, 글로벌학부, 인문학부, 문화인류학과, 철학과

3 국제적인 환경 보호 단체인 'Greenpeace' 홈페이지 및 관련 기사를 읽고 이 단체가 하고 있는 기후 변화 대응, 세계 원시림 생태계 보호, 에너지 혁명, 지속 가능한 농업 운동 등 다양한 활동에 대해 조사하여 영어로 환경 보호에 대한 캠페인 관련 글을 작성해 보자.

관련학과

영어영문학과, 국어국문학과, 문화인류학과, 인문학부, 글로벌학부, 신학과

4 코로나19로 인한 사회적 거리두기 시행에 따라 외식업계 매출이 크게 줄어 폐업 직전이다. 반면에 비대면 소비가 활성화되면서 공유주방을 활용한 외식창업이 활발해졌다. 공유주방은 음식을 만들어 팔 수 있도록 '주방 공간'을 대여해주는 시스템이다. 언택트 시대가 외식산업과 우리의 식생활에 미치는 영향에 대해 조사하고 영어 보고서를 작성해 보자.

관련학과

영어영문학과, 국어국문학과, 문화콘텐츠학과, 문화인류학과, 인문학부

활용 자료의 유의점

- ① 다양한 시청각 자료 및 웹 기반 동영상 등을 적극 활용
- ① 사회·문화 관련 시사적이고 친숙한 일반적인 주제를 선정하여 탐구
- ① 세계 나라별 비교 시에는 관심 학과 관련 나라를 중점적으로 조사
- ① 모든 탐구 주제는 듣기·말하기·읽기·쓰기 영역의 성취기준을 동시 적용 가능
- ① 다양한 읽기 전략을 활용하여 자기 주도 학습 역량을 신장

영어

영어 회화

핵심키워드

☐ 세계 빈곤   ☐ 외국어를 배워야하는 이유   ☐ 영어 idiom
☐ 전염병   ☐ 죽음의 무도

영역 듣기

성취기준

[12영회01-02]   일반적 주제에 관한 말이나 대화를 듣고 주제 및 요지를 파악할 수 있다.

▶ 일상생활이나 학업과 관련된 일반적 주제에 관한 말이나 대화를 듣고 중심 내용을 이해할 수 있다는 의미이다. 말이나 대화의 줄거리, 주제, 요지 등을 파악하여 주어진 상황에서의 기초적인 의사소통능력을 향상시키도록 한다.

[12영회01-04]   일반적 주제에 관한 말이나 대화를 듣고 화자의 의도나 말의 목적을 파악할 수 있다.

▶ 일상생활이나 학업과 관련된 일반적 주제에 관한 말이나 대화를 듣고 전체적인 흐름을 이해하여 화자의 의도나 말의 목적을 이해할 수 있다는 의미이다. 화자의 의도나 목적을 파악하고 찾아내는 학습 활동을 통하여 일상생활에 필요한 의사소통능력을 배양하도록 한다.

탐구주제

2.영어 회화 — 듣기

① Gary Haugen의 TED 강연 'The hidden reason for poverty the world needs to address now'를 시청해 보자. 인권 변호사인 강연자는 공동체적 인류애(collective compassion)의 의미는 전 세계 빈곤을 감소시키는 것이라고 한다. 강연자는 국제 사회의 원조에도 불구하고 가난이 계속해서 지속되고 있는데는 보다 큰 문제가 있다고 지적한다. 강연을 듣고 이러한 문제가 무엇인지 알아보고, 의견을 나눠 보자. 지구촌 빈곤 문제와 해결 방안에 대해 조사하여 '세계 빈곤 해결은 누구의 몫인가'라는 주제로 토의해 보자.

관련학과
철학과, 영어영문학과, 국어국문학과, 언어학과, 문화인류학과, 인문학부, 신학과

탐구주제

(2) John McWhorter의 '4 Reasons to Learn a New Language' TED 강연을 시청해 보자. 언어학자이자 컬럼비아 교수인 강연자는 친숙하지 않은 언어를 배우는 것이 가진 4가지 매력적인 혜택을 이야기한다. 즉각적인 번역 기술은 매년 발전하고 있음에도 불구하고 우리가 외국어를 배워야하는 이유에 대해 자신의 생각을 정리하여 발표해 보자.

관련학과

영어영문학과, 중어중문학과, 일어일문학과, 독어독문학과, 노어노문학과, 서어서문학과, 불어불문학과, 언어학과, 글로벌학부

영역 **말하기**

성취기준

[12영회02-02] 일상생활이나 친숙한 일반적 주제에 관하여 자료를 요약하여 발표할 수 있다.

[12영회02-03] 일상생활이나 친숙한 일반적 주제에 관해 자신의 의견이나 감정을 표현할 수 있다.

탐구주제

(1) idiom(관용구)이란 둘 이상의 단어들이 연결되어 그 단어들이 가지는 제 뜻 이외의 특별한 의미를 지니는 말이다. 문화적으로 이해되는 말로 의미의 조합으로 설명될 수 없는 모든 언어 형태를 idiom이라고 한다. 이러한 idiom에 대해 알아보자. 색깔, 음식, 동물, 스포츠가 들어가는 영어 idiom을 조사하고, 각각 영어로 발표해 보자.

관련학과

영어영문학과, 중어중문학과, 일어일문학과, 독어독문학과, 노어노문학과, 서어서문학과, 불어불문학과, 언어학과, 글로벌학부

---

(2) 14세기 중반 발병한 흑사병이 창궐한 당시 생상스는 전염병의 공포를 극복하기 위해 '죽음의 무도'를 작곡했다고 한다. 중세 유라시아를 휩쓴 흑사병부터 지금의 코로나19까지 역사적으로 전염병이 음악과 미술에 미친 문화적인 영향을 조사하고 영어로 발표해 보자.

관련학과

고고미술학과, 고고학과, 철학과, 불어불문학과, 영어영문학과, 문화인류학과

활용 자료의 유의점

⚠ 자신의 생각이나 의견을 형식에 맞게 주어진 상황에서 의사소통하는 역량 필요

⚠ 사회·문화 관련 시사적이고 친숙한 일반적인 주제를 선정하여 탐구

⚠ 세계 나라별 비교 시에는 관심 학과 관련 나라를 중점적으로 조사

⚠ 모든 탐구 주제는 듣기, 말하기 영역의 성취기준을 동시 적용 가능

영어과

3

영어 I

핵심키워드

☐ 인문학　☐ 소셜미디어　☐ 한류　☐ 종교와 예술　☐ 난민 정책　☐ 친환경 도시　☐ 애니메이션　☐ 뉴노멀

☐ 언택트 사회　☐ 남녀 차별　☐ 문화와 스포츠　☐ 우주 농사　☐ 시간의 상대성　☐ SNS　☐ 자아 존중감

☐ 전자 화폐　☐ 아동 돌봄 문제　☐ 해녀 문화　☐ 문화콘텐츠

영역 **듣기**

성취기준

[12영 I 01-02]　일반적 주제에 관한 말이나 대화를 듣고 주제 및 요지를 파악할 수 있다.

▶ 일상생활이나 학업과 관련된 일반적 주제의 말과 대화를 듣고 중심 내용을 이해할 수 있다는 의미이다. 전체적인 흐름과 전반적인 내용을 파악하여 의사소통능력을 향상시키도록 한다.

[12영 I 01-03]　일반적 주제에 관한 말이나 대화를 듣고 내용의 논리적 관계를 파악할 수 있다.

▶ 일상생활이나 학업과 관련된 일반적 주제의 말이나 대화를 듣고 제시된 상황이나 사건의 전후 관계 및 인과 관계를 파악할 수 있다는 의미이다. 다양한 학습 활동을 통하여 대화의 맥락을 적절히 파악할 수 있는 의사소통능력을 향상시키도록 한다.

탐구주제

3.영어 I ― 듣기

① Eric Berridge의 TED 강연 'Why tech needs the humanities(기술에 인문학이 필요한 이유)'를 듣고 핵심 내용을 정리해 보고, 지금 인문학이 필요한 이유와 인문학이 사회·경제에 미치는 영향에 대해 토의해 보자.

관련학과

철학과, 인문학부, 한문학과, 영어영문학과, 중어중문학과, 일어일문학과, 독어독문학과, 노어노문학과, 서어서문학과, 불어불문학과, 인문학부, 종교학부

탐구주제

2 Bailey Parnell의 TED 강연 'Is Social Media Hurting Your Mental Health?'를 시청해 보자. 소셜미디어 전문가인 강연자는 소셜미디어에 대한 집착이 의도하지 않은 장기간의 결과를 초래한다고 이야기한다. 자신의 소셜미디어 사용 습관을 점검해 보고, 강연자가 말하는 소셜미디어가 정신 건강에 끼치는 영향은 무엇인지와 안전한 소셜미디어 사용 수칙에 대해 영어로 발표해 보자.

관련학과

문화콘텐츠학과, 문화인류학과, 인문학부, 글로벌학부, 철학과

3 동요 '아기상어'는 북미의 구전동요 'Baby Shark'를 유아들의 눈높이에 맞게 각색한 '상어가족' 캐릭터와 애니메이션으로 세계적인 사랑을 받고 있다. 캐릭터 왕국 미국에서 한국 캐릭터가 새 우상으로 떠오르고 있는 '아기상어'의 열풍 인기 요인을 분석하고 한류와 연결지어 발표해 보자.

관련학과

문화콘텐츠학과, 영어영문학과, 국어국문학과, 언어학과, 문화인류학과, 문예창작학과

4 TED-Ed의 강연 'A brief history of religion in art'를 시청해 보자. 강연자는 우리가 예술품들을 박물관으로 들여놓기 전까지의 예술은 대부분 종교적인 이야기의 대조물이었다고 말하고 있다. 이러한 신학적 회화, 조각, 섬유 및 조명 예술은 우리에게 아직도 영향을 미치고 있는지 알아 보자. 그리고 이 강연을 보고 종교와 예술의 관계와 과거의 종교 예술이 현대에 어떤 의미를 주는지 발표해 보자.

관련학과

고고미술학과, 기독교학과, 종교학과, 철학과, 문화인류학과, 사학과

영역 **말하기**

성취기준

[12영 I 02-02] 친숙한 일반적 주제에 관하여 듣거나 읽고 중심 내용을 말할 수 있다.

[12영 I 02-04] 친숙한 일반적 주제에 관한 정보를 묻고 답할 수 있다.

▶ 일상생활이나 학업과 관련된 친숙한 일반적 주제에 대한 필요한 정보를 교환할 수 있다는 의미이다. 파악한 정보를 전달하고 자신의 의견을 표현하되, 추가적인 정보를 얻기 위해 질문하기, 요청하기 등과 같은 의사소통 전략을 이용하여 표현할 수 있는 다양한 활동을 제시하여 의사소통능력을 향상시키도록 한다.

탐구주제

1 영국과 이탈리아에서 난민 유입을 반대하는 주요한 이유는 무엇인가? '난민 문제'에 대한 각국의 대처 방안을 살펴보고, 자국의 이익을 추구할 뿐만 아니라 세계 시민으로서 연대를 실천할 수 있는 방안은 무엇인지 영어로 토의해 보자.

관련학과

철학과, 문화인류학과, 인문학부, 종교학부, 영어영문학과, 중어중문학과, 일어일문학과, 독어독문학과, 노어노문학과, 서어서문학과, 불어불문학과

탐구주제

(2) 자연과 인간이 공존하는 세계 친환경 도시를 찾아 사례 중심으로 조사하고, 인간과 자연이 공존하기 위한 노력에는 어떤 것이 있는지, 공동체 구성원이 가져야 할 가치 및 태도는 무엇인지에 대해 영어로 발표해 보자.

관련학과

철학과, 문화인류학과, 인문학부, 종교학부, 영어영문학과, 중어중문학과, 일어일문학과, 독어독문학과, 노어노문학과, 서어서문학과, 불어불문학과

(3) 미국 애니메이션의 역사를 알아보고, 나라별 대표 애니메이션을 찾아 주제, 배경, 시사점, 캐릭터 등에 대해 비교·조사하고, 애니메이션이 어린이·청소년층에 미치는 사회·문화적 영향을 발표해 보자.

관련학과

문화콘텐츠학과, 영어영문학과, 철학과, 글로벌학부, 인문학부

(4) 코로나19 팬데믹으로 우리 사회가 비대면 사회로 빠르게 바뀌면서 새로운 생활문화로 자연스럽게 전환되고 있다. 뉴노멀(New Normal: 새로운 사회현상)시대에 생활의 변화에는 어떤 것들이 있는지 살펴보고, 언택트 사회로의 전환에 대한 대응책에 대해 토의해 보자. *(뉴노멀의 철학, 동아시아, 김재인)*

관련학과

문화콘텐츠학과, 영어영문학과, 국어국문학과, 언어학과, 철학과, 글로벌학부, 인문학부

영역 읽기

성취기준

[12영 I 03-01] 일반적 주제에 관한 글을 읽고 세부 정보를 파악할 수 있다.

▶ 일상생활이나 학업과 관련된 일반적인 주제에 관한 글을 읽고 필요한 정보를 이해할 수 있다는 의미이다. 다양한 읽기 전략을 활용하여 구체적인 내용을 파악하는 학습 활동을 통해 의사소통능력을 향상시키도록 한다.

[12영 I 03-02] 일반적 주제에 관한 글을 읽고 주제 및 요지를 파악할 수 있다.

▶ 일상생활이나 학업과 관련된 주제에 관한 글을 읽고 중심 내용을 이해할 수 있다는 의미이다. 전체적인 흐름과 전반적인 내용을 파악하는 학습 활동을 통해 의사소통능력을 향상시키도록 한다.

탐구주제

1 'Olympic Racewalking Is Faced with Dilemma'라는 제목의 기사에서는 올림픽 종목인 경보에서 남녀 차별 요소를 제거하기 위해 시행하고자 하는 변화의 모색이 딜레마에 직면하게 되었다는 내용을 다루고 있다. 기사에 소개된 딜레마가 무엇인지, 이 딜레마에 대한 해결 방안은 무엇인지 발표해 보자.

관련학과

철학과, 영어영문학과, 국어국문학과, 언어학과, 한문학과, 인문학부, 종교학부

2 유립평의회(Council of Europe)의 기사 'CULTURE AND SPORT'를 읽어보자. 이 기사에서는 문화와 스포츠의 의미, 문화적 권리, 문화적 권리와 인권의 관계, 스포츠와 인권 등 문화와 스포츠에 관련하여 서술하고 있다. 이 글을 읽고, 글에 제시된 7개의 질문 중 한 가지를 선택하고, 그 질문에 대한 자신의 생각을 영어로 답변해 보자.

관련학과

철학과, 인문학부, 종교학부, 영어영문학과, 문화인류학과, 문화콘텐츠학과

3 NASA가 개발한 인조 토양을 사용하여 화성과 달의 토양에서 10종의 작물을 재배한 연구 결과가 최근 '오픈 애그리컬처(Open Agriculture)' 저널에 발표되었다. 우주에서 농작물을 재배하기 위해 우주와 지구의 환경을 비교해 보고, 우주 농사를 위해 무엇이 필요한지 조사해 보자.

관련학과

영어영문학과, 문화인류학과, 문화콘텐츠학과, 글로벌학부, 인문학부

4 흑사병(black death)은 14세기 유럽에서 7,500만~2억 명의 목숨을 앗아간 인류사상 최악의 팬데믹이었다. 흑사병과 유럽의 르네상스와 관련된 기사 'The Black Death: Turning Point and End of the Middle Ages?'를 읽고 요약해서 이야기해 보자. 그리고 이와 관련된 주제의 또 다른 글을 읽고 자신의 생각을 정리해 보고, 코로나19의 상황과 연관지어 자신의 생각을 영어로 발표해 보자.

관련학과

철학과, 종교학부, 한문학과, 문화인류학과, 영어영문학과, 중어중문학과, 일어일문학과, 독어독문학과, 노어노문학과, 서어서문학과, 불어불문학과, 문예창작학과, 고고학과

영역 쓰기

성취기준

[12영Ⅰ02-04] 친숙한 일반적 주제에 관한 정보를 묻고 답할 수 있다.

▶ 파악한 정보를 전달하고 자신의 의견을 표현하되, 추가적인 정보를 얻기 위해 질문하기, 요청하기 등과 같은 의사소통 전략을 이용하여 표현할 수 있는 다양한 활동을 제시하여 의사소통능력을 향상시키도록 한다.

[12영Ⅰ03-04] 일반적 주제에 관한 글을 읽고 필자의 의도나 글의 목적을 파악할 수 있다.

▶ 함축적인 의미를 파악하고 글의 전반적인 맥락을 이해하는 학습 활동을 통해 의사소통능력을 향상시키도록 한다.

탐구주제

1 소셜미디어(SNS)가 사용자의 자아 존중감에 미치는 영향을 긍정적인 측면과 부정적인 측면으로 나누어 조사해 보고, 부정적인 측면을 해결할 수 있는 방안과 긍정적인 측면을 활성화시킬 수 있는 방안에 대해 토의해 보자. 그리고 부적절한 사용 습관을 지닌 친구에게 조언의 편지를 영어로 작성해 보자.

관련학과
영어영문학과, 문화인류학과, 문화콘텐츠학과, 글로벌학부, 인문학부

2 Investopedia의 기사 'Electronic Money By ANDREW BLOOMENTHAL'을 읽고 전자 화폐에 대해 알아 보자. 이 글에서 이야기 하고 있는 통화 유통, 전자 결재 처리, 전자 화폐에 대한 비판에 대해 요약해 보고, 이러한 이슈에 대해 추가로 자료를 조사하여 전자 화폐에 대한 영어보고서를 작성해 보자.

관련학과
영어영문학과, 국어국문학과, 문화인류학과, 글로벌학부, 인문학부

3 코로나19의 대유행은 전 세계적으로 엄청난 영향을 미치고 있으며 아동이 홀로 집에 있어야 하는 돌봄 공백 문제가 심각하다. 나라별로 아동 돌봄 문제에 대한 대응과 시사점을 찾아 비교하고, 문제를 해결할 수 있는 방안에 대해 토의해 보고, 돌봄 문제 해결 방안에 대한 영어 보고서를 작성해 보자.

관련학과
문화인류학과, 영어영문학과, 중어중문학과, 일어일문학과, 독어독문학과, 노어노문학과, 서어서문학과, 불어불문학과

4 유네스코 세계문화유산으로 지정된 우리나라의 해녀 문화에 관한 글을 읽고 해녀 문화의 보존 및 전승에 대해 생각해 보자. 우리 해녀 문화를 세계적으로 홍보하기 위한 방법에는 무엇이 있는지, 관광·교육·과학을 융합하여 지속 가능한 문화콘텐츠를 개발할 수 있는 방안에 대해 영어 제안서를 작성해 보자.

관련학과
문화콘텐츠학과, 글로벌학부, 고고학과

활용 자료의 유의점

- ⚠ 단편적인 언어 지식보다는 글의 사실적 이해, 추론적 이해, 종합적 이해가 필요
- ⚠ 유의미한 의사소통 중심의 다양한 활동을 통해 유창성과 정확성을 키우도록 노력
- ⚠ 일반적 주제에 관한 다양한 글을 읽고 글의 세부 정보, 중심 내용, 논리적인 관계를 파악
- ⚠ 진로 및 관심 분야와 관련된 소재를 활용하여 쓰기에 흥미와 자신감을 키우도록 노력
- ⚠ 세계 나라별 비교 시에는 관심 학과 관련 나라를 중점적으로 조사
- ⚠ 모든 탐구 주제는 듣기·말하기·읽기·쓰기 영역의 성취기준을 동시 적용 가능

💬 **MEMO**

4

영어 독해와 작문

핵심키워드

☐ 창의적 아이디어 ☐ 리더십 ☐ photojournalism ☐ 빈곤 ☐ 가짜 뉴스 ☐ 돈으로 살 수 없는 것들
☐ 매력적인 글 쓰기 ☐ 소설과 수필 ☐ Susan Cain ☐ 내성적인 사람의 힘 ☐ Neil Gaiman
☐ 나의 삶을 바꾼 책들 ☐ 기생충 ☐ 계급사회 ☐ 불평등

영역 읽기

성취기준

[12영독03-01] 비교적 다양한 주제에 관한 글을 읽고 세부 정보를 파악할 수 있다.

▶ 일상생활이나 학업과 관련된 비교적 다양한 주제의 글을 읽고 필요한 정보를 파악할 수 있다는 의미이다. 실용문과 기초 학문의 글에서 자주 활용되는 표현을 익혀서 의사소통능력을 향상시키도록 한다.

[12영독03-02] 비교적 다양한 주제에 관한 글을 읽고 주제 및 요지를 파악할 수 있다.

▶ 일상생활이나 학업과 관련된 비교적 다양한 주제의 글을 읽고 중심 내용을 파악하여 글을 포괄적으로 이해할 수 있다는 의미이다. 실생활과 다양한 진로와 전공 분야에서 필요로 하는 읽기 능력을 향상시키도록 한다.

탐구주제

4.영어 독해와 작문 — 읽기

① Teresa M. Amabile and Mukti Khaire의 저널 'Creativity and the Role of the Leader'를 읽어보자. 오늘날의 혁신이 주도하는 경제에서는 어떻게 훌륭한 아이디어를 생산해내는가를 알고 있는 것이 경영에서는 매우 중요하다. 그래서 창의성을 연구하는 학자들이 주목받기 시작했다. 이 저널을 읽고 창의성과 이러한 창의적인 아이디어를 생산할 수 있는 분위기를 만들어내는 리더의 역할은 무엇인지 영어로 발표해 보자.

관련학과
국어국문학과, 영어영문학과, 중어중문학과, 일어일문학과, 독어독문학과, 누어누문학과, 서어서문학과, 불어불문학과, 문예창작학과, 글로벌학부, 인문학부

(2) National Geographic의 기사 'Q&A: Renée C. Byer's Living on a Dollar A Day'를 읽어보자. 이 기사를 읽고, 사진 작가가 말하는 'photojournalism'이 무엇인지 구체적으로 알아보자. 또한, 이 인터뷰에 등장하는 Jestina와 the little boy의 이야기를 구체적으로 스토리텔링하여 느낀 점과 함께 영어로 발표해 보자.

관련학과

철학과, 한문학과, 종교학부, 국어국문학과, 영어영문학과, 중어중문학과, 일어일문학과, 독어독문학과, 노어노문학과, 서어서문학과, 불어불문학과

(3) Unesco의 Journalism, 'Fake News' and Disinformation: A Handbook for Journalism Education and Training을 읽고, 가짜 뉴스에 대해 알아보자. 그리고 현재 이슈가 되고 있는 Fake news를 조사하여 영어로 발표해 보자.

관련학과

철학과, 국어국문학과, 영어영문학과, 중어중문학과, 일어일문학과, 독어독문학과, 노어노문학과, 서어서문학과, 불어불문학과

(4) Michael J. Sandel의 책 「What Money Can't Buy」에서는 시장지상주의 시대에서 돈으로 살수 있는 것들에 대한 이야기들로 예전에는 돈으로 살 수 없던 것들이 거래가 되는 불편한 현실, 즉 시장의 도덕적 한계를 이야기 하고 있다. 이 책의 첫 번째 챕터를 읽어보자. 이 챕터에서 다루고 있는 줄서기와 관련된 fast track, lexus lanes, the standing line business에 대해 알아보고, 자신의 생각을 영어로 발표해 보자.

관련학과

문화콘텐츠학과, 영어영문학과, 국어국문학과, 언어학과, 문화인류학과, 철학과

영역 | 쓰기

성취기준

[12영독04-01] 일반적 주제에 관하여 듣거나 읽고 세부 정보를 기록할 수 있다.

[12영독04-02] 일반적 주제에 관하여 듣거나 읽고 간단하게 요약할 수 있다.

▶ 일상생활이나 학업과 관련된 일반적 주제에 관하여 듣거나 읽고 주제 및 요지, 필자의 의도, 목적 등을 파악하여 글로 표현할 수 있다는 의미이다. 학습자의 흥미와 관심을 높일 수 있는 내용으로 영어 학습에 대한 동기를 이끌어 내어 자기 주도적인 영어 학습 태도를 함양하도록 한다.

탐구주제

(1) Nalo Hopkinson의 'How to write descriptively'를 주제로 한 TED 영상을 시청하고 매력적인 글쓰기에 대한 내용을 정리해 보자. 소설과 수필의 공통점과 차이점에 대해 조사하고 각 장르별 특징에 대해 영어로 작성해 보자.

관련학과

국어국문학과, 영어영문학과, 중어중문학과, 일어일문학과, 독어독문학과, 노어노문학과, 서어서문학과, 불어불문학과, 문예창작학과

② Quiet의 작가 Susan Cain의 TED 강연 'The power of introverts'를 시청해 보자. 이 강연에서 강연자가 말하는 내성적인 사람의 힘이 무엇인지 알아보고, 고독(solitude)과 외향적인(outgoing)에 대한 자신의 생각을 영어로 작성해 보자.

관련학과

영어영문학과, 국어국문학과, 중어중문학과, 일어일문학과, 독어독문학과, 노어노문학과, 서어서문학과, 불어불문학과, 철학과, 신학과

③ Neil Gaiman의 「The Graveyard Book」은 the 2010 Cilip Carnegie Medal, the Newbery Medal, the Booktrust Teenage Book Prize 2009의 상들을 수상했다. 이 작가는 자신의 삶을 바꿔놓은 세 권의 책에 대해 이야기하고 있다. 'Neil Gaiman - 3 books that have changed my life' 영상을 시청해 보자. 이 영상을 보고 느낀점을 영어로 이야기해 보고, 자신의 삶에 큰 영향을 준 책들에 관해 영어 에세이를 작성해 보자.

관련학과

국어국문학과, 영어영문학과, 중어중문학과, 일어일문학과, 독어독문학과, 노어노문학과, 서어서문학과, 불어불문학과, 고고학과, 고고미술사학과, 사학과, 신학과

④ 봉준호 감독의 '기생충'은 자본 계급 사회를 비판하고 사회의 빈부격차를 이야기하고 있다. 작품을 '불평등'이라는 키워드로 분석하고 오늘날 전 세계적으로 불평등이 확산되는 원인은 무엇인지, 또 문제를 해결하기 위해 어떤 방안이 있는지 토의해 보고, 이 토의 내용을 바탕으로 에세이를 작성해 보자.

관련학과

철학과, 언어학과, 문화콘텐츠학과, 문화인류학과, 국어국문학과, 영어영문학과, 중어중문학과, 일어일문학과, 독어독문학과, 노어노문학과, 서어서문학과, 불어불문학과

활용 자료의 유의점

- ⚠ 읽기 자료의 특성에 따라 정독과 다독을 적절히 병행하여 실질적이고 균형 있는 읽기 능력 배양
- ⚠ 진로 및 관심 분야와 관련된 소재를 활용하여 쓰기에 흥미와 자신감을 키우도록 노력
- ⚠ 외국의 다양한 문화를 이해하는 자료 탐색
- ⚠ 세계 나라별 비교 시에는 관심 학과 관련 나라를 중점적으로 조사
- ⚠ 모든 탐구 주제는 읽기·쓰기 영역의 성취기준을 동시 적용 가능

💬 **MEMO**

영어과

5

영어Ⅱ

핵심키워드

☐ 건강한 삶 ☐ 좋은 관계 ☐ 언론의 자유 ☐ 신기술과 고고학 ☐ 행복지수 ☐ 가족 형태 ☐ 정년 연장
☐ 핀란드교육 ☐ 기업가정신 ☐ 헤밍웨이 ☐ 삶에서 중요한 가치 ☐ 목표 ☐ 세익스피어 ☐ 디즈니영화
☐ 언어와 인종 편견 ☐ 노르웨이 감옥 ☐ 모국어 인식 ☐ 코로나19 방역 저항 ☐ 갑질 문화

영역 | 듣기

성취기준

[12영Ⅱ01-02] 다양한 주제에 관한 말이나 대화를 듣고 주제 및 요지를 파악할 수 있다.

▶ 일상생활이나 학업과 관련된 다양한 주제의 말이나 대화를 듣고 주제나 요지와 같은 중심 내용을 이해
할 수 있다는 의미이다. 전체적인 흐름과 전반적인 내용을 파악하는 활동을 통하여 의사소통능력을 향
상시키도록 한다.

[12영Ⅱ01-03] 다양한 주제에 관한 말이나 대화를 듣고 내용의 논리적 관계를 파악할 수 있다.

▶ 일상생활이나 학업과 관련된 다양한 주제의 말이나 대화를 듣고 제시된 상황이나 사건의 전후 관계 및
인과 관계를 파악할 수 있다는 의미이다. 다양한 듣기 전략을 활용하여 대화의 맥락을 적절히 파악하며
상황에 적절한 의사소통을 할 수 있도록 한다.

탐구주제

5.영어Ⅱ — 듣기

(1) Robert Waldinger의 TED 강연 'What makes a good life? Lessons from the longest study on happiness' 강연을
듣고, 연구 결과가 말하고 있는 행복에 대한 메시지를 정리해 보고, 정신적·육체적으로 건강한 삶을 살기 위해 필요한
것은 무엇인지, 좋은 관계란 무엇인지에 대해 발표해 보자.

관련학과
철학과, 인문학부, 종교학부, 한문학과, 국어국문학과, 영어영문학과, 중어중문학과, 일어일문학과, 독어독문학과, 노어노문학과, 서어서문학과,
불어불문학과

(2) Freedom of the Press Foundation의 공동 설립자인 Trevor Timm의 TED 강연 'How free is our freedom of the press?'를 시청해 보자. 미국에는 수정 헌법 제1조에 의해 언론이 대중이 알아야 하는 비밀 정보를 보도할 권리가 보장된다. 9.11 테러 이후 정부의 감시는 내부 고발자들이 국가 안보에 관련한 모든 정보를 보도하는 것을 점점 더 위험하게 만들었다. 이 강연을 듣고, 언론의 자유는 얼마나 보장되어야 할 것인가(How free should be freedom of the press?)에 대해 토의해 보자.

관련학과

철학과, 인문학부, 종교학부, 한문학과, 국어국문학과, 영어영문학과, 중어중문학과, 일어일문학과, 독어독문학과, 노어노문학과, 서어서문학과, 불어불문학과, 어문학과

(3) 오늘날 고고학자와 엔지니어 팀은 미래 세대를 위해 수중 사이트를 보호하기 위해 놀라운 신기술을 개발하고 있다. Most Amazing Cities Found UNDERWATER!를 시청해 보자. 이 다큐멘터리에서 이야기하는 9개의 수중도시에 대해 알아보고, 수중 유적 및 유물을 발굴하고 보존하기 위해 어떤 노력을 하고 있는지, 신기술이 고고학 분야에 미치는 영향에 대해 발표해 보자.

관련학과

고고학과, 사학과, 문화인류학과, 문화콘텐츠학과, 영어영문학과

(4) CNBC의 영상 'Why Finland And Denmark Are Happier Than The U.S.'를 시청해 보자. 행복지수가 가장 높은 두 나라의 이야기를 시청하고, 영상에서 말하는 행복에 필요한 요건이 무엇인지 알아 보자. 영상에 나오는 나라들과 우리나라를 비교하고, 우리나라의 행복지수를 높이기 위한 방안에 대해 개인적, 사회적, 국가적 수준으로 구분하여 발표해 보자.

관련학과

언어학과, 철학과, 인문학부, 종교학부, 한문학과, 국어국문학과, 영어영문학과, 중어중문학과, 일어일문학과, 독어독문학과, 노어노문학과, 서어서문학과, 불어불문학과

영역 # 말하기

성취기준

[12영II02-02]	비교적 다양한 주제에 관하여 듣거나 읽고 중심 내용을 말할 수 있다.
[12영II02-03]	비교적 다양한 주제에 관해 자신의 의견이나 감정을 표현할 수 있다.
[12영II02-04]	비교적 다양한 주제에 관하여 상황과 목적에 맞는 의사소통 전략을 사용하여 묻고 답할 수 있다.

▶ 효과적인 의미 교환 및 전달을 위하여 의미 확인, 화제 전환, 설명 다시 요청하기 등 적절한 의사소통 전략을 선택하여 상황과 목적에 맞는 의사소통을 할 수 있다는 의미이다. 다양한 상황에서의 학습자 간의 상호 작용이 활발한 모둠 활동을 통하여 효과적인 의미 협상이 일어나도록 한다.

탐구주제

1 1인 가족, 한부모 가족, 조손 가족, 다문화 가족 등 가족의 형태가 다양해지고 있다. 이러한 상황에서 사회 보장 및 복지 서비스 등 사회 정책이 전형적인 가족 단위 중심으로 설계되는 방식에는 어떤 문제점이 있는지 조사하고, 여러 형태의 가족이 행복한 삶을 보장받을 수 있는 의식적·제도적 변화에는 무엇이 있는지 영어로 발표해 보자.

관련학과

문화인류학과, 인문학부, 한문학과, 국어국문학과, 영어영문학과, 중어중문학과, 일어일문학과, 독어독문학과, 노어노문학과, 서어서문학과, 불어불문학과

---

2 100세 시대, 우리는 몇 살까지 일할 수 있을까? 정년 연장은 고령화 사회의 해법이 될 수 있을까? 정년 연장에 대한 긍정적인 측면과 부정적인 측면을 살펴보고, 이미 고령화 사회에 진입한 나라의 대처 사례를 조사하여 발표해 보자. 더불어 우리나라의 고령화 사회에 미래세대의 부담과 현 세대의 부담을 조정할 수 있는 방안에 대해 영어로 토의해 보자.

관련학과

철학과, 인문학부, 종교학부, 한문학과, 국어국문학과, 영어영문학과, 중어중문학과, 일어일문학과, 독어독문학과, 노어노문학과, 서어서문학과, 불어불문학과

---

3 호주 공영방송 ABC의 영상 'Why Finland's schools outperform most others across the developed world'를 시청해 보자. 우리나라와 유럽 대부분 나라보다 훨씬 적은 수업시간에도 불구하고 높은 성취를 하는 이유가 무엇인지 알아보자. 우리나라와 결과적으로는 비슷하지만 과정에서 어떤 차이가 있는지 영어로 토의해 보자.

관련학과

철학과, 종교학부, 인문학부, 한문학과, 국어국문학과, 영어영문학과, 중어중문학과, 일어일문학과, 독어독문학과, 노어노문학과, 서어서문학과, 불어불문학과

---

4 MIT OCW에서 제작한 'What is Entrepreneurship'을 시청해 보자. 이 강의에는 기업가정신과 관련된 용어들이 나온다. 이 용어들을 조사하여 알아보고, 강연을 통해 알게 된 기업가정신에 대해 이야기를 나눠보자. 기업가정신을 실천하고 있는 기업가들의 사례를 찾아보고, 한 가지 사례를 영어로 발표해 보자.

관련학과

국어국문학과, 영어영문학과, 중어중문학과, 일어일문학과, 독어독문학과, 노어노문학과, 서어서문학과, 불어불문학과, 언어학과, 고고학과, 사학과, 철학과, 글로벌학부, 인문학부

💬 **MEMO**

성취기준

[12영II03-02] 다양한 주제에 관한 글을 읽고 주제 및 요지를 파악할 수 있다.

> ▶ 일상생활이나 학업과 관련된 다양한 주제에 관한 글을 통해 중심 내용을 파악할 수 있다는 의미이다. 다양한 읽기 전략과 주제에 대한 배경지식 등을 활용하여 전체적인 흐름과 전반적인 내용을 파악하는 능력을 향상시키도록 한다.

[12영II03-06] 다양한 주제에 관한 글을 읽고 함축적 의미를 추론할 수 있다.

> ▶ 일상생활이나 학업과 관련된 다양한 주제에 관한 글을 읽고 명시적으로 드러나지 않은 어구, 문장, 글의 의미를 파악할 수 있는 능력을 의미한다. 글의 전반적인 맥락 속에서 함축적인 의미를 파악하는 능력을 향상시키도록 한다.

탐구주제

5.영어II — 읽기

① 어니스트 헤밍웨이의 「노인과 바다」를 읽고 작가가 전하는 인간의 존엄성과 그 가치는 무엇인지 생각해 보고, 자신의 삶에서 중요한 가치는 무엇인지와 헤밍웨이의 작품들이 세계 문학사에 미친 영향을 발표해 보자.

관련학과
철학과, 인문학부, 국어국문학과, 영어영문학과, 중어중문학과, 일어일문학과, 독어독문학과, 노어노문학과, 서어서문학과, 불어불문학과

② Blind traveler인 James Holman을 다룬 기사 'Legends Series: James Holman' 또는 소설 「A SENSE OF THE WOL-RD: How Blind Man Became History's grestest Traveler」를 읽어보자. 제임스 홀먼은 어떻게 장애를 극복하였는지, 역경에 굴하지 않고 목표를 향해 나아가는 그의 삶의 태도에서 배울 점은 무엇인지 자신의 소감을 영어로 발표해 보자.

관련학과
철학과, 인문학부, 종교학부, 한문학과, 국어국문학과, 영어영문학과, 중어중문학과, 일어일문학과, 독어독문학과, 노어노문학과, 서어서문학과, 불어불문학과

③ William Shakespeare는 영문학에 엄청난 영향을 끼친 인물이다. 그는 자신의 문학 작품에 필요한 단어들과 표현들을 새롭게 만들어냄으로써, 영어의 발달에도 큰 영향을 미쳤다. Shakespeare가 영어에 끼친 영향에 관한 BBC의 기사 'How Shakespeare influences the way we speak now'를 읽고, 새롭게 알게된 점에 대해 발표해 보자.

관련학과
철학과, 인문학부, 종교학부, 국어국문학과, 영어영문학과, 중어중문학과, 일어일문학과, 독어독문학과, 노어노문학과, 서어서문학과, 불어불문학과, 문화콘텐츠학과

④ Eric Wenke의 저널 'Accents in children's animated features as a device for teaching children to ethnocentrically discriminate'를 읽어 보자. 이 저널은 디즈니 영화 캐릭터들의 말과 액센트가 아이들에게 인종적 차별을 가르치는 수단으로 사용되고 있다고 주장한다. 이 저널에서 인용된 영화의 예를 살펴보고, 자신이 알게된 점을 영어로 이야기해 보자. 또 이와 비슷한 저널들을 찾아 읽어보고, 디즈니사에게 인종적 편견을 조장하지 말아 줄 것을 당부하는 영어 편지를 작성해 보자.

관련학과
철학과, 인문학부, 종교학부, 한문학과, 국어국문학과, 영어영문학과, 중어중문학과, 일어일문학과, 독어독문학과, 노어노문학과, 서어서문학과, 불어불문학과, 문화콘텐츠학과

[12영 II 04-01]   비교적 다양한 주제에 관하여 듣거나 읽고 세부 정보를 기록할 수 있다.

▶ 일상생활이나 학업과 관련된 비교적 다양한 주제에 관하여 듣거나 읽고, 대상이나 상황에 대한 구체적인 정보를 기록할 수 있다는 의미이다. 정보처리 역량과 창의적 사고력을 활용하여 필요한 정보를 파악하는 능력을 기르도록 한다.

[12영 II 04-03]   비교적 다양한 주제에 관해 자신의 의견이나 감정을 쓸 수 있다.

[12영 II 04-04]   학업과 관련된 간단한 보고서를 작성할 수 있다.

탐구주제

5.영어 II — 쓰기

① Michael Moore의 다큐멘터리 영화 'Where to Invade Next' 중에서 'Norway : Breed forgiveness , Not Hatred'를 시청해 보자. 노르웨이의 감옥은 복수를 위한 것이 아닌 재활을 위한 곳으로서의 역할을 하고 있다. 수감자들에게 인간 본성을 회복할 수 있는 기회를 제공하는 노르웨이에 대해 알아보고, 인간의 존엄과 사형제도 또는 종신형의 연관성에 대해 토의해 보자. 만약 누군가 살인을 저지른다면, 그 사람은 사회의 다른 구성원과 같은 권리를 가질만한지에 대해 자신의 생각을 영어로 작성해 보자.

관련학과
철학과, 신학과, 인문학부, 글로벌학부, 국어국문학과, 영어영문학과

② National Geographic의 기사 'Five-month-old babies prefer their own languages and shun foreign accents'를 읽어보자. 이 글에서는 우리는 매우 어렸을때부터 액센트나 발화방식의 미묘한 차이를 구별할 수 있으며 자신과 같은 발화방식을 더 좋아하는 것을 태어날 때부터 타고난다고 말하고 있다. 이 글을 읽고 모국어에 대한 사회적 인지에 대하여 영어 에세이를 작성해 보자.

관련학과
국어국문학과, 영어영문학과, 중어중문학과, 일어일문학과, 독어독문학과, 노어노문학과, 서어서문학과, 불어불문학과, 언어학과

③ 신종 코로나바이러스 감염증(코로나19) 관련 동선 누락, 자가 격리 수칙 위반자에 대한 처벌이 강화되었다. 현재 진행형인 코로나19에 대응하기 위해 그 어느 때보다 높은 시민의식이 필요할 때이다. '방역 저항'이 사회에 미치는 파급 효과에 대해 생각해 보고, 시민의식 수준을 제고하기 위해 지향해야 할 방안에 대해 영어로 작성해 보자.

관련학과
철학과, 한문학과, 국어국문학과, 영어영문학과, 중어중문학과, 일어일문학과, 독어독문학과, 노어노문학과, 서어서문학과, 불어불문학과

④ 최근 아파트 경비원에 대한 갑질 등 우리 사회 내 갑질 문제가 논란이 되고 있다. 한국 사회를 병들게 하는 '갑질 문화'의 뿌리는 어디일까? 또한 해결 방안은 무엇일까? 호모 엠파티쿠스(공감하는 인간)와 연결지어 해법을 찾아보고, 영어로 작성해 보자.

관련학과
문화인류학과, 철학과, 한문학과, 국어국문학과, 영어영문학과, 중어중문학과, 일어일문학과, 독어독문학과, 노어노문학과, 서어서문학과, 불어불문학과

활용 자료의 유의점

- ⚠ 단편적인 언어 지식보다는 전체 글의 이해력을 높이도록 노력
- ⚠ 진로 및 전공 분야와 관련한 보고서, 에세이 등을 작성하여 발표
- ⚠ 세계 나라별 비교 시에는 관심 학과 관련 나라를 중점적으로 조사
- ⚠ 모든 탐구 주제는 듣기·말하기·읽기·쓰기 영역의 성취기준을 동시 적용 가능

💬 MEMO

핵심키워드

☐ 목표 설정 ☐ 꿈 ☐ 인종차별 ☐ 유대인 대학살 ☐ 창조 신화 ☐ 인류와 문화 ☐ 반려동물 보유세
☐ 기업의 사회적 책임 ☐ 봉준호 감독 ☐ 언컨택트 사회 ☐ 미래 교회 ☐ 평균의 종말 ☐ 프랑스 문화 정책
☐ 음악 축제 ☐ 미움받을 용기 ☐ 열등감 ☐ 예술가 ☐ 스트레스 관리

영역 | 듣기

성취기준

[12실영01-01] 실생활 중심의 다양한 주제에 관한 방송, 광고, 안내 등을 듣고 세부 정보를 파악할 수 있다.

▶ 실생활에서 학습자들이 쉽게 접할 수 있는 다양한 주제에 관한 말이나 대화를 듣고 세부 정보를 이해할 수 있다는 의미이다. 주변에서 흔히 들을 수 있는 방송, 광고, 안내 등에 포함된 세부 정보를 다양한 듣기 전략을 사용하여 파악하는 학습 활동을 통하여 의사소통능력을 향상시키도록 한다.

[12실영01-02] 실생활 중심의 다양한 주제에 관한 말이나 대화를 듣고 주제 및 요지를 파악할 수 있다.

▶ 실생활에서 학습자들이 쉽게 접할 수 있는 다양한 주제에 관한 말이나 대화를 듣고 중심 내용을 이해할 수 있다는 의미이다. 일상생활에서 사용되는 말이나 대화의 줄거리를 이해하고, 주제 및 요지를 파악하는 학습 활동을 통하여 주어진 상황에서의 기초적인 의사소통능력을 함양하도록 한다.

탐구주제

6.실용 영어 — 듣기

① John Doerr의 TED 강연 'Why the secret to success is setting the right goals'을 시청해 보자. 강연자는 우리에게 Google과 같은 회사들이 목표를 세우고 일하는데 사용했던 OKRs(목표와 핵심 결과, Objective and Key Results)를 설명하고 있다. 우리가 책임감을 갖고 OKRs를 어떻게 사용할 수 있는지 알아보고, 자신의 삶과 관련지어 영어로 발표해 보자.

관련학과
영어영문학과, 국어국문학과, 중어중문학과, 일어일문학과, 독어독문학과, 노어노문학과, 서어서문학과, 불어불문학과, 철학과, 한문학과, 문예창작학과

탐구주제

(2) Bel Pesce의 TED 강연 '5 Ways to Kill Your Dreams'를 시청해 보자. 강연자는 꿈을 이루지 못하는 5가지 방법에 대해 설명하고 있다. 강연을 듣고 자신의 꿈에 대해 생각해 보고, 자신의 꿈을 이루기 위한 방법에 대해 영어로 발표해 보자.

관련학과

영어영문학과, 국어국문학과, 중어중문학과, 일어일문학과, 독어독문학과, 노어노문학과, 서어서문학과, 불어불문학과, 글로벌학부, 인문학부

(3) 영화 'Freedom Writer's Diary'의 교육과 인종차별, 유대인의 이야기를 통해 유색인종, 유대인 대학살 등에 관련된 문제점을 찾고 엉화에서 제시한 해결책은 무엇인지 파악해 보자. 원작 도시에 실린 학생들의 일기를 읽어보고, 자신의 소감을 발표해 보자.

관련학과

영어영문학과, 국어국문학과, 중어중문학과, 일어일문학과, 독어독문학과, 노어노문학과, 서어서문학과, 불어불문학과, 철학과, 종교학부

영역 말하기

성취기준

[12실영02-01]	실생활 중심의 다양한 주제에 관하여 듣거나 읽고 세부 정보를 설명할 수 있다.
[12실영02-02]	실생활 중심의 다양한 주제에 관하여 듣거나 읽고 중심 내용을 말할 수 있다.
[12실영02-03]	실생활 중심의 다양한 주제에 관해 자신의 의견이나 감정을 표현할 수 있다.

탐구주제

(1) 우리가 사는 세계는 어떻게 만들어졌을까? 세계에서 가장 유명한 창조 신화는 히브리의 창조 신화라고 할 수 있는 구약성서의 창세기다. 이 외에도 그리스 신화, 인도 신화, 중국 신화 등 세계 각지에는 각 민족의 고유문화를 담은 창조 신화가 전해지고 있다. 세계의 창조 신화를 조사하여 세계에 대한 이해를 바탕으로 인류와 문화의 기원에 대해 영어로 발표해 보자.

관련학과

문화인류학과, 철학과, 고고미술학과, 종교학과, 기독교학과, 신학과, 불교학과, 인문학부, 문예창작학과

(2) 반려동물을 키우는 가구 비중이 2019년 기준 전체 가구의 26.4%까지 높아졌다. 정부는 최근 논란이 되고 있는 '반려동물 보유세' 도입에 대해 사회적 논의가 더 필요하며 중장기적 검토를 하겠다는 입장이다. 해외 관련 사례를 찾아보고, 반려동물 보유세 도입에 대해 영어로 찬반 토론해 보자.

관련학과

영어영문학과, 국어국문학과, 중어중문학과, 일어일문학과, 독어독문학과, 노어노문학과, 서어서문학과, 불어불문학과, 철학과, 종교학과

탐구주제

③ 여러 글로벌 기업들이 암 퇴치 문제에서 물 관리 활동에 이르기까지 다양한 사회적 책임 활동을 전개하고 있다. 기업의 사회적 책임(CSR, Corporate Social Responsibility)이 무엇인지 알아보고, 각국의 CSR 주요 영역별 우수 사례에 대해 조사하고 영어로 발표해 보자.

관련학과

영어영문학과, 국어국문학과, 중어중문학과, 일어일문학과, 독어독문학과, 노어노문학과, 서어서문학과, 불어불문학과, 철학과, 글로벌학부

영역 읽기

성취기준

[12실영03-01] 실생활 중심의 다양한 주제에 관한 광고, 안내문 등을 읽고 세부 정보를 파악할 수 있다.

▶ 실생활에서 학습자들이 쉽게 접할 수 있는 다양한 주제에 관한 글을 읽고, 세부 정보를 이해할 수 있다는 의미이다. 주변에서 흔히 볼 수 있는 광고, 안내문 등에 포함된 세부 정보를 다양한 읽기 전략을 사용하여 파악하는 학습 활동을 통하여 의사소통능력을 향상시키도록 한다.

[12실영03-02] 실생활 중심의 다양한 주제에 관한 글을 읽고 주제 및 요지를 파악할 수 있다.

▶ 실생활에서 학습자들이 쉽게 접할 수 있는 다양한 주제에 관한 글을 읽고 중심 내용을 이해할 수 있다는 의미이다. 실생활 중심의 다양한 글을 읽고 줄거리, 주제, 요지 등을 파악하는 학습 활동을 통하여 일상생활에 필요한 기초적인 의사소통능력을 계발하도록 한다.

탐구주제

① The Guardian의 기사 'Parasite review – a gasp-inducing masterpiece'를 읽어보자. 이 기사에서는 영화 '기생충'에 대한 감상평을 다루고 있다. 봉준호 감독의 무결점 Tragicomedy의 후기를 읽고 자신의 생각을 영어로 발표해 보자.

관련학과

영어영문학과, 국어국문학과, 중어중문학과, 일어일문학과, 독어독문학과, 노어노문학과, 서어서문학과, 불어불문학과, 글로벌학부

---

② 「언컨택트」의 저자는 "미래 교회는 오프라인 기반의 공간 중심, 종교 지도자 중심을 벗어나는 답을 찾으려 할 것"이라고 언급했다. 포스트 코로나 시대, 목회와 사역은 어떻게 변화해야 할까? 온라인과 오프라인을 넘나드는 창의적이고 미래적인 목회가 시행되기 위한 방안에 대해 토의해 보자. *(뉴노멀 시대의 기독교 리더십, 동연출판사, 계재광)*

관련학과

종교학과, 신학과, 기독교학과, 철학과, 문화인류학과

③ Todd Rose의 책 「The End of Average」는 교육 및 산업 현장에서 평균을 중시하는 풍토의 문제점을 다루고 있다. Nea의 기사 'Dismantling the Myth of the "Average" Student'에서는 작가와의 인터뷰를 통해 평균이라는 허상에 대해 말하고 있다. 책과 인터뷰 기사를 읽고 느낀 점 또는 깨달은 점에 대해 영어로 발표해 보자.

관련학과

영어영문학과, 국어국문학과, 중어중문학과, 일어일문학과, 독어독문학과, 노어노문학과, 서어서문학과, 불어불문학과, 철학과, 사학과, 문화인류학과

영역 ## 쓰기

성취기준

[12실영04-02] 실생활 중심의 다양한 주제에 관해 자신의 의견이나 감정을 쓸 수 있다.

▶ 실생활에서 학습자들이 쉽게 접할 수 있는 다양한 주제에 관해 문장 단위로 기록할 수 있다는 의미이다. 학습자들이 자신의 의견이나 감정을 간단한 문장으로 표현하는 학습 활동을 통하여 일상생활에 필요한 기초적인 의사소통능력을 신장시키도록 한다.

[12실영04-03] 서식, 이메일, 메모 등을 상황과 목적에 맞게 작성할 수 있다.

▶ 실생활에서 학습자들이 쉽게 접할 수 있는 다양한 주제에 관한 글을 상황과 목적에 맞게 작성할 수 있다는 의미이다. 일상생활에서 흔히 접할 수 있는 서식, 이메일, 메모 등을 작성하는 학습 활동을 통하여 일상생활에 필요한 효율적인 의사소통능력을 향상시키도록 한다.

탐구주제

① 프랑스는 세계에서 가장 많은 관광객을 유치하는 나라다. 전 세계 100여개 국가에서 동시에 열리는 음악 축제(Fete de la Musique)에 대해 알아보고, 문화 강국 프랑스의 다양한 문화 정책을 조사하고 영어 보고서를 작성해 보자.

관련학과

불어불문학과, 문화콘텐츠학과, 문화인류학과, 문예창작학과

---

② 기시미 이치로의 「미움받을 용기」를 읽고 자신의 생각에 어떤 변화가 생겼는지 감상문을 써보자. 아들러는 열등감에 대한 새로운 관점을 제시했는데, 열등감 또는 약점을 극복하고 자신의 삶을 창조한 예술가의 사례를 찾아보고, 그 인물에 대한 영어 보고서를 작성해 보자.

관련학과

영어영문학과, 국어국문학과, 중어중문학과, 일어일문학과, 독어독문학과, 노어노문학과, 서어서문학과, 불어불문학과, 철학과, 인문학부

탐구주제

(3) 우리는 같은 자극으로부터 디스트레스를 경험할 수도 있고 유스트레스를 경험할 수도 있다. 스트레스 원인과 고등학생들이 가장 많이 겪는 스트레스에 대해 조사하고, 마음 관리, 신체 관리, 상황 관리 등 스트레스에 대한 대처 방안에 대해 알아보자. 주변에 스트레스로 힘들어 하는 친구가 있다면 스트레스에 대처하는 방법에 대해 영어로 토의해 보자.

관련학과

영어영문학과, 국어국문학과, 중어중문학과, 일어일문학과, 독어독문학과, 노어노문학과, 서어서문학과, 불어불문학과, 언어학과, 문화콘텐츠학과, 문화인류학과, 철학과, 종교학부

활용 자료의 유의점

- ⚠ 진로 및 전공 분야 관련 주제를 활용한 발표 권장
- ⚠ 다양한 시청각 자료 및 웹 기반 동영상 등을 적극 활용
- ⚠ 사회·문화 관련 시사적이고 친숙한 일반적인 주제를 선정하여 탐구
- ⚠ 세계 나라별 비교 시에는 관심 학과 관련 나라를 중점적으로 조사
- ⚠ 모든 탐구 주제는 듣기·말하기·읽기·쓰기 영역의 성취기준을 동시 적용 가능
- ⚠ 다양한 읽기 전략을 활용하여 자기 주도 학습 역량을 신장

💬 MEMO

영어권 문화

핵심키워드

☐ 조앤 롤링 ☐ 상상력과 공감 ☐ 음식 관련 숙어 ☐ 음식 문화 ☐ 버락 오바마 ☐ 화성 ☐ 축제와 문화
☐ 식사예절 ☐ 예술이 필요한 이유 ☐ 랜드마크 ☐ 맥베스 ☐ 죽음에 대한 태도 ☐ 사피엔스
☐ 인공지능 감시 시스템 ☐ 영국의 극장 ☐ 비틀즈 ☐ 여행자 에티켓 ☐ 슈퍼히어로 ☐ 대중 문화 ☐ 사회 심리

영역 **듣기**

성취기준

[12영화01-01] 영어권 문화에 관한 말이나 대화를 듣고 생활양식, 풍습, 사고방식 등을 파악할 수 있다.

▶ 영어권 문화에 대한 말이나 대화를 듣고 문화적 맥락에서 세부 정보를 파악하여 목적, 상황, 형식에 맞게 의사소통할 수 있다는 의미이다. 화자의 말을 경청하여 다양한 세부 정보를 이해하는 학습 활동을 통하여 실생활에 적용할 수 있도록 한다.

[12영화01-02] 영어권 문화에 관한 말이나 대화를 듣고 주제 및 요지를 파악할 수 있다.

▶ 영어권 문화에 대한 말이나 대화를 듣고 중심 내용을 파악하여 타 문화의 다양한 문화적 관점을 이해할 수 있다는 의미이다. 학습한 문화적 내용을 토대로 세계인으로서의 국제적 안목을 기를 수 있도록 한다.

[12영화01-04] 영어권 문화에 관한 말이나 대화를 듣고 화자의 심정이나 태도를 파악할 수 있다.

▶ 영어권 문화에 관한 말이나 대화를 듣고 화자의 심정, 태도에 근거하여 문화적 내용을 이해할 수 있다는 의미이다. 문화적 맥락 및 정보를 학습하고, 더불어 타 문화를 존중하는 태도를 향상시키도록 한다.

탐구주제

7.영어권 문화 — 듣기

① 「해리포터」의 작가 조앤 롤링이 2008년 미국 하버드 대학교 졸업식에서 했던 연설을 듣고, 실패가 우리에게 가르쳐주는 것들이 무엇인지, 상상력과 공감의 중요성이 무엇인지 생각해 보고, 조앤 롤링이 작가로서 성공할 수 있었던 요인은 무엇인지 조사해 보자.

관련학과
영어영문학과, 국어국문학과, 중어중문학과, 일어일문학과, 독어독문학과, 노어노문학과, 서어서문학과, 불어불문학과, 철학과, 인문학부, 문예창작학과

2 'Pie in the sky'와 '그림의 떡'에서도 볼 수 있듯이 언어는 실생활에서 문화를 가장 잘 반영하는 도구이다. 음식과 관련된 숙어를 찾아 숙어의 유래를 바탕으로 언어에서 드러나는 영어권 음식 문화의 특징을 발표해 보자.

관련학과

영어영문학과, 국어국문학과, 중어중문학과, 일어일문학과, 독어독문학과, 노어노문학과, 서어서문학과, 불어불문학과, 언어학과

3 Barack Obama의 2013년 대통령 취임 연설 'Inaugural Address by President Barack Obama'를 들어보자. 연설의 내용 중 '우리 모두는 평등하게 창조되었다'라는 이야기를 하는 부분에 세 곳의 지명 'Seneca Falls, Selma, Stone-wall'이 등장한다. 이 세 곳의 장소가 연설에 등장한 이유를 알아보고, 이 장소들과 평등의 관계를 찾아 영어로 발표해 보자.

관련학과

철학과, 영어영문학과, 국어국문학과, 중어중문학과, 일어일문학과, 독어독문학과, 노어노문학과, 서어서문학과, 불어불문학과

4 영화 'Martian'을 보고, 영화 주인공이 처한 문제점을 해결하기 위해 필요한 물건은 무엇이고 그 이유는 무엇인지 생각해 보자. NASA 웹사이트를 통해 2040년의 화성 유인선 발사 계획 등 화성 관련 자료를 조사하여 화성의 상황과 미래의 화성 여행에 대한 자신의 견해를 발표해 보자.

관련학과

문화인류학과, 영어영문학과, 국어국문학과, 중어중문학과, 일어일문학과, 독어독문학과, 노어노문학과, 서어서문학과, 불어불문학과

영역

말하기

성취기준

[12영화02-01] 영어권 문화에 관하여 듣거나 읽고 생활양식, 풍습, 사고방식 등을 말할 수 있다.

[12영회02-03] 영어권 문화와 우리 문화를 비교·대조하여 서로의 의견을 주고받을 수 있다.

▶ 영어를 사용하는 사람들의 문화와 우리의 문화를 비교·대조하고 공통점과 차이점을 찾아내어 발표하는 학습 활동을 통하여 타 문화에 대한 유용한 정보를 파악하고 타 문화와 관련된 폭넓은 체험을 통해 유연하고 개방적인 사고를 신장시키도록 한다.

탐구주제

1 축제는 그 지역의 문화와 역사를 이해하고 즐길 수 있는 방법 중의 하나이다. 각 나라를 대표하는 축제를 선정하여 비교하고 축제를 통해 엿볼 수 있는 각 나라의 생활양식, 풍습, 사고방식 등을 분석하여 발표해 보자.

관련학과

영어영문학과, 국어국문학과, 중어중문학과, 일어일문학과, 독어독문학과, 노어노문학과, 서어서문학과, 불어불문학과

(2) 각 문화권에서 주로 많이 등장하는 음식, 각 문화권에서 음식이 가지는 긍정적 또는 부정적 이미지를 알아보고, 우리 나라와 영어권 나라의 음식 문화와 식사 예절에 대한 차이점에 대해 영어로 발표해 보자.

관련학과

영어영문학과, 국어국문학과, 중어중문학과, 일어일문학과, 독어독문학과, 노어노문학과, 서어서문학과, 불어불문학과

(3) Alain de Botton의 Animated guide 'What is art for?'를 시청해 보자. 영상에서 알랭드 보통은 예술(미술)이 필요한 이유 5가지를 제시하고 있다. 우리에게 미술 또는 예술이 필요한 이유를 생각해 보고, 자신의 경험을 예로 들어 영어 로 발표해 보자.

관련학과

영어영문학과, 국어국문학과, 중어중문학과, 일어일문학과, 독어독문학과, 노어노문학과, 서어서문학과, 불어불문학과, 문예창작학과

(4) 세계 각 도시를 대표하는 랜드마크를 찾아 그 랜드마크의 문화적, 지리적 특징에 대해 조사해 보자. 랜드마크가 지역 개발 및 관광 분야에 미치는 영향을 긍정적인 측면과 부정적인 측면을 분석하고, 문화 여행을 할 수 있는 랜드마크를 선정하여 영어로 소개해 보자.

관련학과

문화콘텐츠학과, 영어영문학과, 국어국문학과, 중어중문학과, 일어일문학과, 독어독문학과, 노어노문학과, 서어서문학과, 불어불문학과

영역 읽기

성취기준

[12영화03-01] 영어권 문화에 관한 글을 읽고 생활양식, 풍습, 사고방식 등을 파악할 수 있다.

▶ 영어를 사용하는 국가들의 문화에 관한 글을 읽고 문화적 맥락에서 세부 정보를 파악하여 타 문화의 생활양식, 풍습, 사고방식을 이해할 수 있다는 의미이다. 영어를 사용하는 사람들의 문화에 관한 구체적인 정보를 파악하는 학습 활동을 통하여 효율적인 의사소통능력을 함양시키도록 한다.

[12영화03-02] 영어권 문화에 관한 글을 읽고 주제 및 요지를 파악할 수 있다.

▶ 영어를 사용하는 국가들의 문화에 관한 글을 읽고 중심 내용을 파악하여 타 문화에 대한 다양한 관점을 이해할 수 있다는 의미이다. 영어를 사용하는 사람들의 문화에 관한 글에서 주요한 내용을 전반적으로 파악하는 활동을 통하여 타 문화를 존중하고 수용하는 태도를 기르도록 한다.

1 Shakespeare의 4대 비극 중 하나인 'Macbeth'는 욕망에 사로 잡혀 왕을 죽이고 죄책감에 빠진 주인공 맥베스가 공포와 절망 속에 갇혀 죄를 더하며 파멸해 가는 과정을 그린 작품이다. 이 희곡에는 Weird Sisters라고 알려진 세 명의 마녀가 등장한다. 「The history of the witches in Macbeth」를 읽고, 마녀들의 기원과 Shakespeare의 작품과의 관계에 대해 조사하여 발표해 보자.

관련학과

영어영문학과, 국어국문학과, 중어중문학과, 일어일문학과, 독어독문학과, 노어노문학과, 서어서문학과, 불어불문학과, 문예창작학과

2 The Guardian의 기사 'Yuval Noah Harari: Will coronavirus change our attitudes to death? Quite the opposite'를 읽어 보자. 이 글에서는 코로나19 팬데믹이 죽음에 대한 우리의 태도에 어떠한 영향을 주게될 것인지에 대해 「Sapiens」의 저자인 Yuval Harari의 답변을 다루고 있다. 이 글을 읽고 자신의 생각을 정리하여 영어로 발표해 보자.

관련학과

철학과, 사학과, 종교학과, 영어영문학과, 국어국문학과, 중어중문학과, 일어일문학과, 독어독문학과, 노어노문학과, 서어서문학과, 불어불문학과

3 Yuval Harari의 그래픽노블 「Sapiens: A Graphic History: The Birth of Humankind (Vol. 1)」은 그의 전작 「사피엔스」를 그래픽노블로 표현한 책이다. 이 책을 읽고 인류의 발전과 'Fiction(허구)'의 관계에 대해 영어로 발표해 보자.

관련학과

문화인류학과, 사학과, 철학과

4 조지 오웰의 「1984」에는 '텔리스크린'이 등장한다. 텔리스크린은 오늘날 CCTV, 자동차의 블랙박스, 중국의 감시카메라망 '톈왕' 등과 닮아 있다. 소설 속 텔리스크린과 현대의 인공지능 감시사회에 대해 사례를 들어 비교하고, 인공지능 감시 시스템이 향후 우리 사회 문화에 미칠 영향에 대해 토의해 보자.

관련학과

영어영문학과, 국어국문학과, 중어중문학과, 일어일문학과, 독어독문학과, 노어노문학과, 서어서문학과, 불어불문학과, 철학과, 한문학과, 종교학과

영역 쓰기

성취기준

[12영화04-01] 영어권 문화에 관하여 듣거나 읽고 생활양식, 풍습, 사고방식 등을 기록할 수 있다.

▶ 영어를 사용하는 국가들의 문화에 관하여 듣거나 읽고 필요한 정보를 찾아 쓸 수 있다는 것을 의미한다. 영어를 사용하는 사람들의 생활양식, 풍습, 사고방식 등 세부 정보를 파악하여 글을 쓰는 학습 활동을 통해 문제해결 능력과 사고력을 확장시키도록 한다.

[12영화04-06] 영어권 문화에 관해 비교·대조하는 글을 쓸 수 있다.

▶ 영어를 사용하는 사람들의 다양한 문화와 우리 문화를 비교·대조하는 글을 쓰거나 여러 영어권 문화를 비교·대조하는 글을 쓰는 활동을 통하여 영어권 문화와 우리 문화를 올바르게 이해하고, 타 문화를 존중하는 공동체 역량을 함양시키도록 한다.

탐구주제

1 영국이 Shakespeare를 배출할 수 있었던 이유 중 하나는 '극장(theatre)'의 발달과 밀접한 관계가 있다. 'The 10 Best Theatres In The United Kingdom'을 주제로 영국의 극장을 조사하고 이 극장에 관한 영어설명서를 작성해 보자.

관련학과

영어영문학과, 국어국문학과, 중어중문학과, 일어일문학과, 독어독문학과, 노어노문학과, 서어서문학과, 불어불문학과

---

2 CNBC의 기사 'The Beatles remain a pop culture phenomenon even among Gen Z fans. Here's why'를 읽고, 비틀스가 Z 세내에게노 감동과 영향을 술 수 있는 이유가 무엇인지 영어로 에세이를 작성해 보자.

관련학과

영어영문학과, 문화콘텐츠학과, 글로벌학부, 인문학부

---

3 여행자로서 영어권 문화에서 지켜야 할 여러 가지 에티켓에 대해 조사하여 영어권 문화의 사람들과 의사소통을 위한 문화적 감수성, 타 문화에 대한 배려 및 국제적 매너를 기르는 방법에 관한 영어 에세이를 작성해 보자.

관련학과

영어영문학과, 언어학과, 문화콘텐츠학과, 글로벌학부, 인문학부

---

4 미국 슈퍼히어로의 탄생 배경, 리얼라이프 슈퍼히어로의 등장, 관련 창작물 등 다양한 분석을 통해 미국의 대중문화를 이해하고, 슈퍼히어로가 사회에 미치는 영향은 무엇인지, 각 나라별 슈퍼히어로는 어떤 사회 심리와 대중의 욕망을 반영하고 있는지 조사하여 영어 보고서를 작성해 보자.

관련학과

영어영문학과, 국어국문학과, 중어중문학과, 일어일문학과, 독어독문학과, 노어노문학과, 서어서문학과, 불어불문학과, 문예창작학과

활용 자료의 유의점

- ! 문화 차이로 나타나는 의사소통 방식의 차이 이해 필요
- ! 영어권 및 비영어권 문화 관련 자료를 자기 주도적으로 탐색하면서 다양한 문화를 이해
- ! 생활양식, 풍습, 사고방식, 타 문화 이해, 문화 비교 및 대조를 활용한 주제 발표
- ! 다양한 체험 활동을 통하여 타 문화를 이해하고 존중하는 태도 함양
- ! 세계 나라별 비교 시에는 관심 학과 관련 나라를 중점적으로 조사
- ! 모든 탐구 주제는 듣기·말하기·읽기·쓰기 영역의 성취기준을 동시 적용 가능

영어과 8

진로 영어

핵심키워드

☐ 통역사 ☐ 미디어의 발달 ☐ 트위터 마케팅 ☐ 미래 직업 ☐ 4차 산업혁명 ☐ 빌게이츠 ☐ 마윈
☐ 재능 기부 ☐ 언론 윤리 ☐ 실수와 교육 ☐ K-pop ☐ 아웃라이어스 ☐ 역사가의 역할 ☐ 평균의 종말
☐ 나의 브랜딩 ☐ 인문학의 중요성 ☐ 갈등하는 번역 ☐ 인문학과 기술 ☐ 도덕과 종교 ☐ 직업인과 인터뷰

영역 **듣기**

성취기준

[12진영01-02] 다양한 직업 및 진로에 관한 말이나 대화를 듣고 주제 및 요지를 파악할 수 있다.

> ▶ 미래에 가질 수 있는 다양한 직업 및 진로에 관한 말이나 대화를 듣고 중심 내용을 파악하는 학습 활동을 통하여 학습자들에게 미래 진로 탐색과 설계의 기회를 제공하고, 일반적인 직무 수행에 필요한 기초적인 영어 의사소통능력을 함양하도록 한다.

[12진영01-03] 다양한 직업 분야에서 수행하는 업무에 관한 말이나 대화를 듣고 내용의 논리적 관계를 파악할 수 있다.

> ▶ 학습자들이 미래에 가질 수 있는 다양한 직업 및 진로에 관한 말이나 대화를 듣고 일이나 사건의 전후 관계 및 인과 관계를 파악하는 학습 활동을 통하여 다양한 직업 및 진로 분야에서 효율적인 업무 수행 능력과 의사소통능력을 함양하도록 한다.

탐구주제

8.진로 영어 — 듣기

① '기생충'으로 아카데미 상을 받은 봉준호 감독의 수상 소감이 큰 화제가 되었다. 그 소감을 정확하게 통역한 통역사 샤론 최 역시 화제가 되었다. 봉준호 감독의 인터뷰 또는 수상 소감 통역 영상을 시청해 보자. 통역 영상을 보고, 즉각적인 번역 기술의 발달에도 불구하고 통역사가 필요한 이유와 통역사에게 필요한 자질에 대해 발표해 보자.

관련학과
영어영문학과, 국어국문학과, 중어중문학과, 일어일문학과, 독어독문학과, 노어노문학과, 서어서문학과, 불어불문학과

탐구주제

(2) 영화 'Chef'의 예고편을 시청해 보자. 이 영화에서 나오는 어린아이가 트위터 마케팅을 통해 푸드 트럭을 성공으로 이끄는 방법에 대해 자신의 생각을 이야기 해 보자. 또한 다양한 푸드 트럭 비즈니스를 찾아 'Food Truck Business'의 성공 요소를 분석하고 매력적인 비즈니스 플랜의 요소가 무엇인지 탐구해 보자.

관련학과

영어영문학과, 국어국문학과, 중어중문학과, 일어일문학과, 독어독문학과, 노어노문학과, 서어서문학과, 불어불문학과, 문예창작학과, 문화콘텐츠학과

(3) Andrew McAfree의 TED 강연 'What will future jobs look like?'를 시정해 보자. 경제학자인 강연자는 Droids가 우리의 직업을 가져갈 것이라고 말한다. 강연을 통해 미래의 직업에 대해 알아보고, 앞으로의 미래 세대를 어떻게 교육해야 할지에 대해 영어로 발표해 보자.

관련학과

영어영문학과, 국어국문학과, 중어중문학과, 일어일문학과, 독어독문학과, 노어노문학과, 서어서문학과, 불어불문학과, 언어학과, 한문학과, 문예창작학과, 문화콘텐츠학과, 고고학과, 고고미술사학과, 문화인류학과, 사학과, 기독교학과, 불교학부, 신학과, 철학과

(4) Quartz의 Bill Gates의 인터뷰 'Bill Gates thinks we should tax the robot that takes your job'에서 Bill Gates는 로봇에게 세금을 내게 해야 한다고 말하고 있다. 이 영상을 보고, Bill Gates가 말하는 목적과 의도에 대해 알아 보고, 자신의 생각을 영어로 발표해 보자.

관련학과

영어영문학과, 국어국문학과, 중어중문학과, 일어일문학과, 독어독문학과, 노어노문학과, 서어서문학과, 불어불문학과, 언어학과

(5) World Economic Forum에서 제공하는 영상 'Alibaba Founder Jack Ma: 'Harvard Rejected Me 10 Times'을 시청해 보자. 알리바바의 창업주인 Jack Ma(마윈)는 자신의 삶과 기업 운영에 관해 이야기하고 있다. 영상을 보고, 느낀 점을 영어로 이야기해 보자. 마윈의 다른 영상 또는 글을 찾아 읽고 마윈의 이야기가 귀감이 되는 부분은 어디인지 배울 점은 무엇인지 발표해 보자.

관련학과

영어영문학과, 국어국문학과, 중어중문학과, 일어일문학과, 독어독문학과, 노어노문학과, 서어서문학과, 불어불문학과, 언어학과, 인류학과, 철학과

영역 ## 말하기

성취기준

[12진영02-02] 다양한 직업 및 진로에 관하여 듣거나 읽고 중심 내용을 말할 수 있다.

[12진영02-03] 다양한 직업 및 진로에 관해 자신의 의견이나 감정을 표현할 수 있다.

[12진영02-06] 다양한 직업 및 진로에 필요한 인터뷰를 적절하게 수행할 수 있다.

▶ 일상생활에서의 다양한 직업 및 진로 분야에서 인터뷰를 성공적으로 수행할 수 있다는 의미이다. 경우 자신들의 직업 및 진로 분야의 면접 상황이나 성공한 사람과의 인터뷰를 할 때 자신의 생각을 적절하게 표현하는 활동을 통해 자신 있게 의사소통을 할 수 있도록 한다.

탐구주제

(1) 직업과 관련된 자신의 재능을 사회에 환원하는 재능 기부 관련 사례를 조사하여 재능 기부가 사회에 미치는 선순환적 영향을 조사하고, 자신의 미래 직업을 디자인하고 자신의 미래 재능 기부에 대한 계획에 대해 영어로 발표해 보자.

관련학과

영어영문학과, 국어국문학과, 중어중문학과, 일어일문학과, 독어독문학과, 노어노문학과, 서어서문학과, 불어불문학과, 언어학과, 한문학과, 문예창작학과, 문화콘텐츠학과, 고고학과, 고고미술사학과, 문화인류학과, 사학과, 기독교학과, 불교학부, 신학과, 철학과

(2) Kevin Carter는 'A vulture watching a starving child in Sudan'이라는 사진으로 퓰리처 상을 수상했다. 하지만 소녀가 당장 죽을 수도 있는 상태에서 사진을 찍는 것보다 소녀를 구했어야 한다는 논란이 있었다. 기사 'Media Ethics In Professional Journalism: The Case Of Kevin Carter'를 읽고, 언론 윤리에 대한 자신의 생각을 영어로 발표해 보자.

관련학과

영어영문학과, 국어국문학과, 중어중문학과, 일어일문학과, 독어독문학과, 노어노문학과, 서어서문학과, 불어불문학과, 언어학과, 철학과

(3) 자신만의 롤모델을 갖는다는 것은 자기발전을 위한 좋은 방법 중의 하나이다. 롤모델을 정하기까지 자신이 어떤 꿈을 꾸고 있는지 파악하고 그 목표를 달성하기 위해 가장 적합한 롤모델을 찾아보자. 롤모델을 정했다면, 그 롤모델에게 무엇을 배우고 싶은지 왜 닮고 싶은지에 관하여 영어로 발표해 보자.

관련학과

영어영문학과, 국어국문학과, 중어중문학과, 일어일문학과, 독어독문학과, 노어노문학과, 서어서문학과, 불어불문학과, 언어학과, 한문학과, 문예창작학과, 문화콘텐츠학과, 고고학과, 고고미술사학과, 문화인류학과, 사학과, 기독교학과, 불교학부, 신학과, 철학과

(4) Diana Laufenberg의 TED 강의 'How to learn? From mistakes'를 시청해 보자. 강연자는 토마스 에디슨의 말 "I have not failed, I've just found 10,000 ways that won't work"를 교육에 적용했다고 이야기 한다. 이 강연을 통해 회복탄력성(resilience)이 무엇이며, 실수로부터 배우는 것과는 어떤 관계가 있는지 영어로 발표해 보자.

관련학과

영어영문학과, 국어국문학과, 중어중문학과, 일어일문학과, 독어독문학과, 노어노문학과, 서어서문학과, 불어불문학과

(5) 최근 BTS(방탄소년단)는 수많은 나라에서 청소년의 롤모델이 되고 있다. 세계 청소년이 BTS에게 열광하고 있는 요인은 무엇이고, BTS가 우리나라 케이팝, 사회·경제·문화적인 측면에 미치는 영향에 대해 영어로 토의해 보자.

관련학과

영어영문학과, 국어국문학과, 중어중문학과, 일어일문학과, 독어독문학과, 노어노문학과, 서어서문학과, 불어불문학과, 문화콘텐츠학과

💬 **MEMO**

성취기준

[12진영03-02]   다양한 직업 및 진로에 관한 글을 읽고 주제 및 요지를 파악할 수 있다.

> ▶ 일상생활에서의 다양한 직업 및 진로를 소개하거나 설명하는 글을 읽고 중심 내용을 파악할 수 있다는 의미이다. 학습자들이 미래에 가질 수 있는 다양한 직업 및 진로에 관한 글에 나타나 있는 줄거리, 수제, 요지를 파악하는 활동을 통해 학습자들이 다양한 직업 및 진로 분야에 대한 지식을 확충하여 미래의 직업 및 진로를 탐색하는 기회를 가질 수 있도록 한다.

[12진영03-03]   다양한 직업 및 진로에 관한 글을 읽고 논리적 관계를 파악할 수 있다.

> ▶ 일상생활에서의 다양한 직업 및 진로를 소개하거나 설명하는 글을 읽고, 글에 나타난 논리적 관계를 파악할 수 있다는 의미이다. 다양한 직업 및 진로에 관한 글의 인과 관계, 사건의 순서, 전후 관계를 추론하는 학습 활동을 통하여 효과적으로 의사소통능력을 기를 수 있도록 한다.

[12진영03-04]   다양한 직업 및 진로에 관한 글을 읽고 필자의 의도나 글의 목적을 파악할 수 있다.

탐구주제

8.진로 영어 — 읽기

(1) Malcom Gladwel의 「The Outliers」의 'chapter 2. The 10,000-hour Rule'을 읽어 보자. 이 부분을 읽고 10,000 시간의 법칙만으로 성공이 가능한지 알아 보자. 작가가 말하는 뛰어난 사람들이 성공하기 위한 조건이 무엇인지 영어로 이야기해 보고, 이 부분에서 소개된 인물들 중 가장 인상 깊은 한 사람에 대해 영어로 발표해 보자.

관련학과
영어영문학과, 국어국문학과, 중어중문학과, 일어일문학과, 독어독문학과, 노어노문학과, 서어서문학과, 불어불문학과, 언어학과, 한문학과, 문예창작학과, 문화콘텐츠학과, 고고학과, 고고미술사학과, 문화인류학과, 사학과, 기독교학과, 불교학부, 신학과, 철학과

(2) History Today의 기사 'Is it the Duty of Historians to Correct National Mythologies?'를 읽어 보자. 이 글은 국가주의가 점점 강조되고 있는 요즘 역사학자의 역할에 대해 이야기 하고 있다. 이 글을 읽고, 역사가의 역할과 의무는 무엇인지 알아보고, 영어로 발표해 보자.

관련학과
사학과, 철학과

(3) Todd Rose의 책 「The End of Average」의 'Part II 6. We All Walk the Road Less Traveled'에서는 빠르게 습득하는 것과 잘 배우는 것을 동일시하는 교육 현황을 비판하고 있다. 이 부분을 읽고 'Pace of learning, pace of excellence'에 대한 자신의 생각을 영어로 발표해 보자.

관련학과
영어영문학과, 국어국문학과, 중어중문학과, 일어일문학과, 독어독문학과, 노어노문학과, 서어서문학과, 불어불문학과

탐구주제

(4) Businessinsider의 기사 '6 Tips On Becoming The Best In Your Field From Advertising Legend David Ogilvy'를 읽어 보자. 이 기사는 마케터 또는 직업인으로서 성공하기 위한 조언에 대해 이야기 하고 있다. 이 기사를 읽고 느낀 점을 이야기 해 보자. 그리고 마케터를 희망하는 학생은 David Ogilvy의 책을 읽고 자신의 진로에 대한 확신을 구체화시켜 보자.

관련학과

영어영문학과, 국어국문학과, 중어중문학과, 일어일문학과, 독어독문학과, 노어노문학과, 서어서문학과, 불어불문학과, 언어학과, 한문학과, 문예창작학과, 문화콘텐츠학과, 고고학과, 고고미술사학과, 문화인류학과, 사학과, 기독교학과, 불교학부, 신학과, 철학과

영역 쓰기

성취기준

[12진영04-02] 다양한 직업 및 진로에 관하여 듣거나 읽고 간단하게 요약할 수 있다.

> ▶ 다양한 직업 및 진로에 관하여 듣거나 읽고, 중심 내용을 요약하는 글을 작성할 수 있다는 의미이다. 직업 및 진로에 관한 말이나 대화 및 글을 전반적으로 이해하여 요약문을 작성하는 학습 활동을 통해 일상생활에서의 직업 및 진로에 관한 의사소통능력을 신장시키도록 한다.

[12진영04-06] 자신의 직업 및 진로에 대한 계획서를 쓸 수 있다.

> ▶ 학습자들이 자신들의 흥미와 적성에 맞는 직업 및 진로에 대한 계획을 구체적으로 작성할 수 있다는 의미이다. 다양한 직업 분야에서 수행하는 업무에 관한 영어를 학습하고 자신의 향후 직업 및 진로에 대한 계획서를 체계적으로 작성하는 학습 활동을 통하여 영어를 활용한 실무 능력을 함양하도록 한다.

탐구주제

(1) 인문은 사전적 정의로는 '인류의 문화'를 뜻한다. 그렇다면 인문학[人文學, humanities]은 어떤 학문인가? 왜 인문학을 공부해야 하는가? 기술의 발달과 함께 더욱 인문학의 중요성이 강조되고 있는 이유는 무엇일까? 질문에 대한 자신의 견해를 바탕으로 진로 계획서를 작성해 보자. *(청소년 인문학 수업, 한빛비즈, 이화진 외)*

관련학과

영어영문학과, 국어국문학과, 중어중문학과, 일어일문학과, 독어독문학과, 노어노문학과, 서어서문학과, 불어불문학과, 언어학과, 한문학과, 문예창작학과, 문화콘텐츠학과, 고고학과, 고고미술사학과, 문화인류학과, 사학과, 기독교학과, 불교학부, 신학과, 철학과

---

(2) 윤영삼의 책 「갈등하는 번역」을 읽어보자. 이 책에서는 원문을 직접 번역할 수 있는 기회를 제공하고 있다. 이 책에서 제시하는 번역의 실제 사례들을 직접 경험해 보고, 이 책을 통해 알게 된 번역가의 소양 'What translaters should have'에 관하여 조사하여 영어 보고서를 작성해 보자.

관련학과

영어영문학과, 국어국문학과, 중어중문학과, 일어일문학과, 독어독문학과, 노어노문학과, 서어서문학과, 불어불문학과

탐구주제

③ 기업가인 Eric Berridge의 TED 강연 'Why tech needs the humanities'를 시청해 보자. 강연에서 Eric은 예술과 인문학을 공부한 사람들이 어떻게 기술분야 회사에서 창의성과 통찰력을 가져오는지에 관하여 이야기 하고 있다. 이 강연을 시청한 후 '인문학이 왜 필요한가('Why are humanities important?')'에 관하여 자신의 생각을 영어로 작성해 보자.

관련학과

영어영문학과, 국어국문학과, 중어중문학과, 일어일문학과, 독어독문학과, 노어노문학과, 서어서문학과, 불어불문학과

---

④ 현대에 들어 북미권 지식인들을 중심으로 무신론이 확산되면서 도덕과 종교와의 관계에 대한 자신의 의견을 피력하는 경우가 많아졌다. '도덕은 종교를 필요로 하는가(Does ethics need religion?)'라는 주제로 도덕과 종교와의 관계에 대해 영어 에세이를 작성해 보자.

관련학과

종교학과, 신학과, 기독교학과, 불교학부, 인문학부, 철학과

---

⑤ 자신의 관심 분야의 직업인과의 인터뷰를 하고 영어 보고서를 작성하여 발표해 보자.

관련학과

영어영문학과, 국어국문학과, 중어중문학과, 일어일문학과, 독어독문학과, 노어노문학과, 서어서문학과, 불어불문학과, 언어학과, 한문학과, 문예창작학과, 문화콘텐츠학과, 고고학과, 고고미술사학과, 문화인류학과, 사학과, 기독교학과, 불교학부, 신학과, 철학과

활용 자료의 유의점

⚠ 다양한 직업 및 진로 분야에서 수행하는 일에 대한 동영상, 성공한 인물과의 인터뷰 등을 활용

⚠ 직업 및 진로에 관한 주제로 인터뷰 및 자기소개서 작성 후 발표

⚠ 다양한 직업 및 진로에 관한 실제적인 읽기 자료를 활용

⚠ 모든 탐구 주제는 듣기·말하기·읽기·쓰기 영역의 성취기준을 동시 적용 가능

💬 **MEMO**

영미 문학 읽기

☐ The Giver　　☐ 사회의 모습　　☐ River Boy　　☐ 과거·현재·미래의 삶　　☐ Robinson Crusoe　　☐ 한계를 극복하는 법
☐ To kill a mockingbird　　☐ 인종차별　　☐ 멕베스　　☐ 권력　　☐ 셰익스피어　　☐ 말괄량이 길들이기　　☐ 제인 에어
☐ 페미니즘　　☐ 오만과 편견　　☐ 올리버 트위스트　　☐ 인종 차별　　☐ 작품의 시대적 상황　　☐ 문화 비교　　☐ 작가별 작품세계

영역 읽기

성취기준

[12영문03-03]　　문학 작품을 읽고 줄거리, 주제, 요지를 파악할 수 있다.

> ▶ 문학 작품을 읽고 전체적인 흐름을 이해하여 중심 내용을 파악하는 능력을 기른다는 의미이다. 문학 작품을 읽으면서 줄거리를 정리하고, 주제나 요지를 파악하는 활동을 통해 문학 작품을 이해하고, 감상하는 능력을 기르도록 한다.

[12영문03-07]　　문학 작품을 읽고 심미적 표현과 의미를 파악할 수 있다.

> ▶ 문학 작품 속에 다양하게 나타나는 심미적 표현을 찾아내서 그 의미를 파악하는 능력을 향상시킨다는 의미이다. 일반적인 글에서 찾을 수 없는 문학 작품만의 특성을 잘 보여주는 심미적 표현을 찾아 의미를 유추하고, 감상하는 학습 활동을 통해 예술적인 안목을 키우고 자기 주도적 학습 능력을 신장시키도록 한다.

[12영문03-08]　　문학 작품을 읽고 작품의 배경과 시대적 상황을 이해할 수 있다.

탐구주제
9.영미 문학 읽기 — 읽기

① 영미 문학 작품 「The Giver」에서 보여지는 두 가지 사회의 모습을 비교·대조하고 주인공 Jonas가 추구하는 사회에 대해 비판적으로 생각해 보자. 또한 미래에 자신이 살아갈 사회에 이떤 변회가 필요한지 구체적으로 발표해 보자.

(The Giver, Lois Lowry)

관련학과
영어영문학과, 국어국문학과, 중어중문학과, 일어일문학과, 독어독문학과, 노어노문학과, 서어서문학과, 불어불문학과, 철학과

---

(2) 영미 문학 작품 「River Boy」를 읽고 책의 내용과 관련된 자신의 과거·현재·미래의 인생에 대해 생각해 보고, 자신의 과거의 삶과 현재의 삶, 또 추구하는 미래의 사회에 대해 구체적으로 생각해 보고, 직접 'Life Stream'을 작성해 보자.

(River Boy, Tim Bowler)

관련학과

영어영문학과, 국어국문학과, 중어중문학과, 일어일문학과, 독어독문학과, 노어노문학과, 서어서문학과, 불어불문학과, 언어학과, 한문학과, 문예창작학과, 문화콘텐츠학과, 고고학과, 고고미술사학과, 문화인류학과, 사학과, 기독교학과, 불교학부, 신학과, 철학과

(3) 영미 문학 작품 「Robinson Crusoe」의 독서와 감상을 통해 자신에게 닥친 어려움을 해결하는 다양한 방법에 대해 구체적으로 생각해 보고, 무인도에서 살아남을 수 있는 구체적인 생존 방법 및 한계를 극복하는 방법에 대해 토의해 보자.

관련학과

영어영문학과, 국어국문학과, 중어중문학과, 일어일문학과, 독어독문학과, 노어노문학과, 서어서문학과, 불어불문학과, 언어학과, 한문학과, 문예창작학과, 문화콘텐츠학과, 고고학과, 고고미술사학과, 문화인류학과, 사학과, 기독교학과, 불교학부, 신학과, 철학과

(4) 미국 남부지역의 계층 간의 갈등, 용기, 연민, 성 역할 등 그 당시 시대를 대변하는 주요 사회문제를 다루고 있는 「To kill a mockingbird」를 읽고 소설에서 말하고 있는 인종 간의 불평등을 찾아보고, 지속되고 있는 '인종차별적 가스라이팅' 사례를 들어 해결 방안을 제시해 보자.

(앵무새 죽이기, Harper Lee)

관련학과

영어영문학과, 국어국문학과, 중어중문학과, 일어일문학과, 독어독문학과, 노어노문학과, 서어서문학과, 불어불문학과, 문화인류학과, 사학과, 철학과

(5) 셰익스피어 4대 비극 중 「멕베스」를 읽고 멕베스의 시대적 배경, 장별 줄거리, 특징 등 작품을 분석하여 소감과 함께 권력에 대한 자신의 견해를 발표해 보자. 또한 셰익스피어 희극의 특징과 작품 경향에 대해 조사해 보자.

관련학과

영어영문학과, 국어국문학과, 중어중문학과, 일어일문학과, 독어독문학과, 노어노문학과, 서어서문학과, 불어불문학과, 문예창작학과, 사학과, 철학과

(6) 주요 영미 시인들의 작품을 읽고 비평적 분석을 통하여 영미시의 중요 논점을 파악하고 아울러 각 나라의 사회, 역사, 정치적 배경을 조사하여 비교 발표해 보자.

관련학과

영어영문학과, 국어국문학과, 중어중문학과, 일어일문학과, 독어독문학과, 노어노문학과, 서어서문학과, 불어불문학과, 사학과, 철학과

영역 **쓰기**

성취기준

[12영문04-02] 문학 작품을 읽고 작품의 분위기, 어조, 상황, 등장인물의 심정에 대해 쓸 수 있다.

[12영문04-04] 문학 작품을 읽고 요약하는 글을 쓸 수 있다.

[12영문04-05]   문학 작품을 읽고 감상이나 비평하는 글을 쓸 수 있다.

▶ 문학 작품에 대한 자신의 감상을 자유롭게 표현하고, 바르게 비평하는 쓰기 활동을 통하여 심미적 태도
와 창의적이고 비판적인 사고력을 신장시키도록 한다.

탐구주제

1 William Shakespeare의 「The Taming of Shrew(말괄량이 길들이기)」를 읽어 보자. 이 작품을 읽고, 여성의 고정관념
화에 대한 영어 비평문을 작성해 보자.

관련학과

영어영문학과, 국어국문학과, 중어중문학과, 일어일문학과, 독어독문학과, 노어노문학과, 서어서문학과, 불어불문학과

2 순응하고 인내하며 봉사하는 여성이 이상적인 여성상으로 간주되었던 빅토리아 시대를 배경으로 하고 있는 「Jane
Eyre」를 읽고, 당대 여성의 교육, 고용, 사랑, 결혼 등 가치관에 대해 생각해 보고, 작품에서 드러난 페미니즘적 요소를
찾아 영어 에세이를 작성해 보자.

관련학과

영어영문학과, 국어국문학과, 중어중문학과, 일어일문학과, 독어독문학과, 노어노문학과, 서어서문학과, 불어불문학과, 문예창작학과, 철학과

3 「Pride and Prejudice」를 읽고 작품의 시대적 배경과 등장 인물의 성격을 분석해 보자. 작품에서 말하는 진정한 사랑
은 무엇이며, 자신이 생각하는 진정한 사랑은 무엇인지 자신의 견해를 밝히고, 일상에서 볼 수 있는 오만과 편견과 관
련된 사례에 대한 영어 보고서를 작성해 보자.

관련학과

영어영문학과, 국어국문학과, 중어중문학과, 일어일문학과, 독어독문학과, 노어노문학과, 서어서문학과, 불어불문학과, 언어학과, 한문학과,
문예창작학과, 문화콘텐츠학과, 고고학과, 고고미술사학과, 문화인류학과, 사학과, 기독교학과, 불교학부, 신학과, 철학과

4 Charles Dickens의 소설 「Oliver Twist」는 19세기 영국 런던의 뒷골목을 배경으로 올리버 트위스트라는 고아 소년이
겪는 파란 많은 인생여정을 통해 영국 사회의 불평등한 계층화와 산업화의 폐해를 비판하는 소설이다. 이 소설을 읽
고 산업화와 인권에 관한 영어 비평문을 작성해 보자.

관련학과

철학과, 문예창작학과, 영어영문학과

5 Angie Thomas의 소설 「The Hate U Give」를 읽어보자. 이 소설에 대한 비평문 'The Hate U Give by Angie Thomas
review? racism and police brutality'도 함께 읽어보자. 현재 이슈가 되고 있는 BLM (Black Lives Matter)과 연관지어
자신의 비평문을 영어로 작성해 보자.

관련학과

영어영문학과, 국어국문학과, 중어중문학과, 일어일문학과, 독어독문학과, 노어노문학과, 서어서문학과, 불어불문학과

6 영문학을 르네상스, 근대, 현대로 구분하여 각 시대별 흐름에 따라 대표 작가들과 작품들을 조사하여 도표화하고, 작
가별 작품세계에 대해 영어 보고서를 작성해 보자.

관련학과

영어영문학과, 국어국문학과, 중어중문학과, 일어일문학과, 독어독문학과, 노어노문학과, 서어서문학과, 불어불문학과

활용 자료의 유의점

- ⓘ 읽기 자료의 특성에 따라 정독과 다독을 적절히 병행하여 실질적이고 균형 있는 읽기 능력 배양
- ⓘ 문학 작품의 비평이나 평론을 읽기 자료로 활용
- ⓘ 영미문학 작품 읽기를 통해 문학 작품을 감상하고, 이해하는 능력 배양
- ⓘ 모든 탐구 주제는 듣기·말하기·읽기·쓰기 영역의 성취기준을 동시 적용 가능

💬 MEMO

01

직업 바이블

직업 탐색이 필요할 땐, 이 책이 답!

10% sale
44,100원/권당

국내 최대 직업 정보 수록! 진로 탐색을 위한 최고의 바이블
총 205개의 대표 직업과 약 1,000개의 관련 직업 소개
직업별 로드맵(관련학과, 관련교과, 적성, 흥미, 미래전망) 소개

02

학과 바이블

학과 선택이 고민 될 땐, 이 책이 답!

10% sale
44,100원/권당

계열별 대표학과 및 관련학과까지 1,000여개 학과 수록
계약학과&특성화학과 정보까지 수록되어
더 강력해진 개정판

03

교과세특 플래너

교과세특 관리를 위한 **필수 플래너! 강력추천!**

20% sale
8,800원/권당

탐구활동 기록 가이드 역할
체계적인 탐구활동 관리

나만의 진로 가이드북 시리즈

총 6개 계열별
대표 20개 직업과 20개 학과를 연결한 진로 도서

● 인문 ● 사회 ● 자연 ● 공학 ● 의료보건 ● 예체능

10% sale
16,650원/권당

각 직업과 학과에 대한 심도 있는 이해 OK!
실질적인 직업 진출 계획을 위한 진로 가이드북

도서 시리즈 01

학생부 바이블 시리즈

도서 시리즈 02

학생부종합전형 맞춤형 진학 설계 가이드북

● 인문 ● 사회 ● 자연 ● 공학 ● 의약 ● 예체능 ● 교육

10% sale
17,100원/권당

학교생활기록부 다양한 활동 추천 및 기재예시 제시
계열별 맞품형 학생부 관리법 수록
계열 이해와 직업·학과 로드맵까지 All in One

'어떻게 되었을까?' 시리즈

현직 직업인의 생생한 스토리가 담긴 직업가이드북

10% sale
13,500원/권당

실무지의 생생한 직업 이야기
각 분야 전문가들의 다양한 커리어패스
경험담을 통해 진로 설계의 동기부여

49가지의 직업 시리즈 출간!

도서 시리즈 03

학교 맞춤제작 도서

고교학점제 바이블

더 자세한 고교학점제에 대한 정보가 필요할 때!

10% sale

단행본 – 9,900원/권당

고교학점제 A부터 Z까지 모두 담은 도서
고교학점제 정책에 대한 이해부터 대학 계열별
선택과목 안내까지! 한 번에 해결!

맞춤제작 – (권당) 11,000원

자세한 견적은 전화로 문의주세요 :)
Tel) 02-333-5966(내선 2번)

표지/내지 수정 가능!
학교별 교육과정 편제표 및 학업계획서 양식 추가(무료)
고교학점제 안내 책자 제작 시간과 비용 절감 효과

내지구성 미리보기

고교학점제 바이블 맞춤제작 특별 혜택

고교학점제 수업에 활용할 수 있는 총 4차시 강의안 PPT파일 무.료.제.공

선생님들을 위한 교육 교구몰

캠퍼스멘토 교구몰

도서/교구/활동지/워크북 등 다양한 교육 교구재를 한 번에 만날 수 있습니다.

[캠토몰 링크] www.campusmentor.co.kr

나에게 필요한 모든 것이 있는 곳

MOYACOMPANY

일상 속 변화를 이끄는 교육콘텐츠 전문기업, 모아컴퍼니를 만나보세요.

[모아컴퍼니 홈페이지] moyamall.com   [모아몰 링크] smartstore.naver.com/moya_mall

MEMO

※ 참고문헌

- K.메데페셀헤르만, F. 하마어, H-J.크바드베크제거. (2007). 화학으로 이루어진 세상 (pp. 1-455). 서울: 에코리브르.
- 가치를꿈꾸는과학교사모임. (2019). 정답을 넘어서는 토론학교 : 과학 (pp. 1-232). 서울: 우리학교.
- 강원도교육청. (2018). 전공 연계 선택과목 가이드북 - 고교학점제 연계 학생 선택중심 교육과정.
- 한국과학창의재단. 과학 교양 교수·학습자료.
- 교육부. (2015). 2015 개정 교육과정. 교육부 고시 제2015-74호. 교육부.
- 권숙자 외. (2020). 도덕수업, 책으로 묻고 윤리로 답하다 (pp. 1-320). 서울: 살림터.
- 금동화. (2006). 재미있는 나노 과학기술 여행 (pp. 1-192). 양문출판사.
- 길벗R&D 일반상식 연구팀. (2019). 시나공 일반상식 단기완성 (pp. 1-464). 서울: 길벗
- 김난도 외. (2019). 트렌드 코리아 2020 (pp. 1-448). 서울: 미래의창.
- 김동겸 외. (2020). 취업에 강한 에듀윌 시사상식 9월호 (pp. 1-208), 서울: 에듀윌.
- 김미란, 정보근, 김승. (2018). 미래인재 기업가정신에 답이 있다. 미디어숲.
- 김범수. (2016). 진짜 공신들만 보는 대표 소논문 (pp. 1-242). 서울: 더디퍼런스.
- 김선옥, 박맹언. (2015). 광물성 약재(광물약)의 표준화에 관한 연구. 자원환경지질, 48(3), pp. 187-196.
- 김성원 외. (2020). 자유 주제 탐구 학생 안내서. 서울: 이화여대.
- 김성훈 외. (2020). 수학과 함께하는 AI 기초 (pp. 1-240). 경기도: EBS.
- 김영호. (2019). 플레밍이 들려주는 페니실린 이야기 (pp. 1-160). 서울: 자음과모음.
- 김응빈 외. (2017). 생명과학, 신에게 도전하다 (pp. 1-292). 동아시아.
- 김준호. (2017). 미래산업, 이제 농업이다 (pp. 1-164). 가인지캠퍼스.
- 김채화. (2020). 나는 탐구보고서로 대학간다 : 인문계 (pp. 1-288). 미디어숲.
- 김현. (2009). 한국문학의 위상 (pp. 1-256). 문학과지성사.
- 김형진, 윤herr기, 김환묵. (2006). 전자변형생물체(GMO)의 인체위해성평가. 한국보건교육건강증진학회 학술대회 발표논문집, pp. 16-17.
- 김혜영. 정훈. (2016). 소논문을 부탁해 (pp. 1-236). 서울: 서울: 꿈결.
- 김혜원. (2017). 로봇수술을 담당하는 간호사의 직무 인식(석사학위논문). 경희대학교 공공대학원, 서울.
- 낸시포브스, 배질 마흔. (2015). 패러데이와 맥스웰 (pp. 1-408). 서울: 반니.
- 네사 캐리. (2015). 유전자는 네가 한 일을 알고 있다 (pp.1-480). 해나무.
- 데이비드 앳킨슨. (2020). 위험한 일본 경제의 미래 (pp. 1-280). 서울: 더난출판.
- 도나 디켄슨. (2012). 인체쇼핑 (pp. 1-312). 서울: 소담출판사.
- 라정찬. (2017). 고맙다 줄기세포 (pp. 1-344). 끌리는책.
- 랄프 뵌트. (2011). 전기로 세상을 밝힌 남자, 마이클패러데이 (pp. 1-392). 21세기북스.
- 레이첼 카슨. (2011). 침묵의 봄 (pp. 1-400). 서울: 에코리브르.
- 로버트 P 크리스. (2006). 세상에서 가장 아름다운 실험 열 가지. 경기도: 지호.
- 로버트 앨런 외. (2011). 바이오미메틱스 (pp. 1-192). 서울: 시그마북스.
- 롭던. (2018). 바나나 제국의 몰락 (pp. 1-400). 서울: 반니.
- 류대곤 외. (2016). 국어교과서로 토론하기 1 (pp. 1-328). C&A에듀.
- 박주희. (2016). 국어교과서로 토론하기 2 (pp. 1-288). C&A에듀.
- 마이클 샌델. (2014). 정의란 무엇인가 (pp.1-443). 와이즈베리.
- 메트 리들리. (2016). 생명 설계도, 게놈 (pp. 1-440). 서울: 반니.
- 명혜정. (2013). 토론의 숲에서 나를 만나다 (pp.1-308). 살림터.
- 바츨라프 스밀. (2011). 에너지란 무엇인가 (pp. 1-272). 삼천리.
- 박건영. (2012). 발효식품의 건강기능성 증진효과. 식품산업과 영양, 17(1), pp. 1-8.
- 박경미. (2009). 수학비타민 플러스 (pp.1-367). 김영사.
- 박경미. (2013). 박경미의 수학콘서트 플러스 (pp.1-372). 동아시아.
- 박규상. (2016). 중고등학생을 위한 처음 쓰는 소논문 쓰기 (pp. 1-272). 경기: 샌들코어.
- 박재용 외. (2020). 100가지 예상 주제로 보는 중고등학교 과학토론 완전정복 (pp. 1-400). MID.
- 배영준. (2019). 자신만만 학생부 세특 족보 - 전2권 (pp. 1-864). 예한.
- 백제헌, 유은혜, 이승민. (2019). 과제 연구 워크북 (pp. 1-260). 서울: 나무생각.
- 백제헌, 유은혜, 이승민. (2016). 진로선택과 학생부종합전형을 위한 고등학생 소논문 쓰기 워크북 (pp. 1-256). 서울: 나무생각.
- 법정스님. (2004). 무소유 (pp.1-142). 경기도: 범우사.
- 봉명고등학교 주제탐구프로젝트 누리집.
- 사이먼 싱. (2008). 우주의 기원 빅뱅 (pp.1-552). 영림카디널.
- 사토 겐타로. (2019). 세계사를 바꾼 12가지 신소재 (pp. 1-280). 북라이프.
- 샘 킨. (2011). 사라진 스푼 (pp. 1-500). 해나무.
- 서강선. (2016). 토크콘서트 과학 (pp. 1-240). 서울: 꿈결.
- 서대진, 장형유, 이상호. (2016). 소논문 작성법 (pp.1-320). 경기도: 북스타.
- 서울특별시교육청교육연구정보원. (2017). 수업-평가-기록 이렇게 바꿔볼까요(고등학교 통합사회).
- 헨리 데이비드 소로. (2011). 월든 (pp. 1-503). 서울: 은행나무.
- 손보미. (2011). 세상에서 가장 이기적인 봉사여행 (pp. 1-328). 서울: 쌤앤파커스.
- 수학동아 편집부. 수학동아(월간). 서울: 동아사이언스.
- 에르빈 슈뢰딩거. (2020). 생명이란 무엇인가 (pp. 1-234). 한울.
- 스티마. (2020). 2020 Stima 면접. 혜윰출판사.
- 시사상식연구소(2020). 신문으로 공부하는 말랑말랑 시사상식. ㈜시대고시기획.
- 바문각 시사상식편집부. (2020). 2020 최신시사상식 200-205집. 서울: 박문각.
- 앤드루 H. 놀. (2007). 생명 최초의 30억 년 (pp. 1-391). 서울: 뿌리와이파리.
- 에리히프롬. (2020). 자유로부터 도피 (pp. 1-348). 서울: 휴머니스트.
- 엘리자베스 콜버트. (2014). 6번째 대멸종 (pp.1-344). 서울: 처음북스.
- 연세대 인문학연구원. (2014). 10대에게 권하는 인문학 (pp. 1-240). 서울: 글담출판.
- 오승종. (2019). 생각하는 십대를 위한 토론콘서트 법 (pp. 1-288). 서울: 꿈결.
- 오정근. (2016). 중력파 아인슈타인의 마지막 선물 (pp. 1-300). 동아시아.
- 오중협. (2009). 항공우주의학의 이해와 한국의 항공우주의학 역사. 대한평형의학회지. 8(1). pp. 87-89.
- 와다 다케시 외. (2016). 함께 모여 기후 변화를 말하다 (pp. 1-240). 서울: 북센스.
- 유광수 외. (2013). 비판적 읽기와 소통의 글쓰기 (pp.1-242). 박이정 출판사.
- 유발 하라리. (2015). 사피엔스 (pp.1-636). 서울: 김영사.
- 육혜원, 이송은. (2018). 생각하는 십대를 위한 토론 콘서트 정치(pp. 1-260). 서울: 꿈결.
- 윤용아. (2014). 생각하는 십대를 위한 토론 콘서트 사회 (pp.1-288). 서울: 꿈결.
- 윤용아. (2015). 생각하는 십대를 위한 토론 콘서트 문화 (pp. 1-280). 서울: 꿈결.
- 이본 배스킨. (2003). 아름다운 생명의 그물 (pp. 1-352). 돌베개.
- 이상헌. (2018). 4차 산업혁명 시대의 의료계 현황 및 전망. 한국성인간호학회 춘계학술대회. pp. 8-33.
- 이소영. (2016). 생각하는 십대를 위한 토론콘서트 문학 (pp. 1-256). 서울: 꿈결.
- 이수빈, 차승한. (2014). 도덕교과서로 토론하기(pp. 1-320). C&A에듀.
- 이완배. (2016). 생각하는 십대를 위한 토론 콘서트 경제 (pp.1-260). 서울: 꿈결.
- 장 폴 사르트르. (1998). 문학이란 무엇인가 (pp. 1-444). 민음사.
- 청유희. 안계정. 김채화. (2020). 의학·생명계열 진로 로드맵 (pp. 1-256). 미디어숲.
- 제니퍼라이트. (2020). 세계사를 바꾼 전염병 13가지 (pp.1-384). 산처럼.
- 제리 브로턴. (2014). 욕망하는 지도 (pp. 1-692). 서울: 알에이치코리아.
- 제임스 러브록. (2008). 가이아의 복수 (pp. 1-263). 서울: 세종서적.
- 제임스 왓슨. (2019). 이중나선 (pp. 1-260). 경기도: 궁리출판.
- 조나단 월드먼. (2016). 녹 (pp.1-344). 서울: 반니
- 조명선. (2019). 재난 피해자의 삶의 질에 영향을 미치는 요인: 제3차 재난 피해자 패널 자료 분석. 지역사회간호학회지, 30(2). pp. 217-225.
- 조앤 베이커. (2010). 물리와 함께하는 50일 (pp.1-336). 서울: 북로드.
- 즐거운 수학, EBS Math.
- 최재붕. (2019). 스마트폰이 낳은 신인류 포노 사피엔스 (pp. 1-336). 서울: 쌤앤파커스.
- 칼 포퍼. (2006). 삶은 문제해결의 연속이다 (pp. 1-302). 부클북스.
- 클라이브 해밀턴. (2018). 인류세 (pp. 1-272). 서울: 이상북스
- 태지원. (2020). 토론하는 십대를 위한 경제+문학 융합 콘서트 (pp. 1-235). 시울. 꿈결.
- 페니 르 쿠터, 제이 버레슨. (2007). 역사를 바꾼 17가지 화학 이야기 진 2권. 서울: 사이언스북스.
- 폴 스트레튼. (2003). 멘델레예프의 꿈 (pp. 1-372). 몸과마음
- 피터 앳킨스. (2014). 원소의 왕국 (pp. 1-270). 서울: 사이언스북스.
- 한스 요나스. (1994). 책임의 원칙 (pp.1-378). 서광사.
- 한승배, 김강석, 허희. (2020). 학과바이블 (pp. 1-624). 캠퍼스멘토.
- 헤르만 헤세. (2006). 헤르만 헤세의 독서의 기술 (pp. 1-284). 뜨인돌.
- 후쿠오카 신이치. (2020). 생물과 무생물 사이 (pp. 1-251). 은행나무.

※ 참고사이트

- e-대학저널 http://www.dhnews.co.kr/
- LG 사이언스랜드 http://lg-sl.net/home.mvc
- LG사이언스랜드 http://lg-sl.net/home.mvc
- LG사이언스랜드 lg-sl.net/home.mvc
- NCIC 국가교육과정 정보센터 http://ncic.kice.re.kr/
- SCIENCE ON scienceon.kisti.re.kr
- The ScienceTimes https://www.sciencetimes.co.k
- YTN 사이언스 https://science.ytn.co.kr/
- 경기도 융합과학 교육원 https://www.gise.kr/index.jsp
- 경기도융합과학교육원 https://www.gise.kr
- 과학기술정보통신부블로그 https://blog.naver.com/with_msip
- 과학동아 dongascience.donga.com
- 과학문화포털 사이언스 올 https://www.scienceall.com/
- 과학창의재단 STEAM 교육 https://steam.kofac.re.kr/
- 교수신문 http://www.kyosu.net
- 교육부공식블로그 https://if-blog.tistory.com/
- 국가에너지국 www.nea.gov.cn
- 국가직무능력표준(NCS) https://www.ncs.go.kr
- 국립국어원 https://www.korean.go.kr
- 국립산림과학원 https://nifos.forest.go.kr
- 국립중앙과학관 https://www.science.go.kr/mps
- 내일 교육 재수 없다 https://nojaesu.com/
- 네이버 백과사전 https://terms.naver.com/
- 더 사이언스타임지 www.sciencetimes.co.kr
- 동북아역사재단 https://www.nahf.or.kr
- 동아사이언스 http://dongascience.donga.com/
- 두산백과 https://www.doopedia.co.kr/
- 문화재청 https://www.cha.go.kr
- 사이언스 타임즈 : https://www.sciencetimes.co.kr/
- 수학동아 http://www.polymath.co.kr/
- 에듀넷 www.edunet.net
- 위키백과 https://ko.wikipedia.org/
- 청소년 과학 탐수 소논문(밴드). 리더 바람난 과학자 https://band.us/
- 청소년과학탐구소논문 https://band.us/band/58305057
- 최강 자격증 기출문제 전자문제집 CBT http://www.comcbt.com
- 탐구스쿨 https://www.tamguschool.co.kr
- 통계지리정보서비스 https://sgis.kostat.go.kr/view/community/intro
- 통계청 http://kostat.go.kr/
- 통계청 전국 학생활용대회 http://www.xn--989a71jnrsfnkgufki.kr/report/main.do
- 한국과학교육학회 http://www.koreascience.org
- 한국과학창의재단 사이언스올 www.scienceall.com
- 한국교육학술정보원 http://www.keris.or.kr
- 한국생명공학연구원 https://www.kribb.re.kr/
- 한화사이언스첼린지 https://www.sciencechallenge.or.kr/main.hsc
- 해피학술 http://www.happyhaksul.com
- 환경공간정보서비스 https://egis.me.go.kr/main.do

교과세특 탐구주제 바이블 인문계열편

1판 1쇄 찍음   2021년 6월 23일
1판 6쇄 펴냄   2024년 4월 25일

출판   (주)캠퍼스멘토
제작   (주)모야컴퍼니
저자   한승배, 강서희, 근장현, 김강석, 김미영, 김수영, 김준희, 김호범, 노동기,
             배수연, 신경섭, 안병무, 위정의, 유현종, 이남설, 이남순, 최미경, 하희

총괄기획   박선경 (sk@moyacompany.com)
책임편집   (주)엔투디
연구기획   김예솔, 민하늘, 최미화, 양채림
디자인   박선경, (주)엔투디
경영지원   지재우, 임철규, 최영혜, 이석기
마케팅   윤영재, 이동준, 신숙진, 김지수, 조용근, 김연정
발행인   안광배, 김동욱

주소   서울시 서초구 강남대로 557(잠원동, 성한빌딩) 9F
출판등록   제 2012-000207
구입문의   (02) 333-5966
팩스   (02) 3785-0901
홈페이지   www.campusmentor.co.kr (교구몰)
             smartstore.naver.com/moya_mall (모야몰)

ISBN 978-89-97826-68-1 (54080) ⓒ

한승배 외 17인 2021